高职高专能力导向市场营销学科规划教材

U0722949

食品企业管理

刘厚钧　苏会侠　张晓丽　主编

李雁函　徐永涛　杨　光　许红娜　副主编

SHIPIN
QIYE
GUANLI

SHIPIN
QIYE
GUANLI

SHIPIN
QIYE
GUANLI

SHIPIN
QIYE
GUANLI

SHIPIN
QIYE
GUANLI

SHIPIN
QIYE
GUANLI

电子工业出版社
Publishing House of Electronics Industry
北京·BEIJING

图书在版编目（CIP）数据

食品企业管理 / 刘厚钧，苏会侠，张晓丽主编. —北京：电子工业出版社，2018.8

高职高专能力导向市场营销学科规划教材

ISBN 978-7-121-34673-6

Ⅰ．①食… Ⅱ．①刘… ②苏… ③张… Ⅲ．①食品企业－企业管理－高等职业教育－教材

Ⅳ．①F407.826

中国版本图书馆 CIP 数据核字(2018)第 149816 号

策划编辑：晋　晶
责任编辑：杨洪军
印　　刷：山东华立印务有限公司
装　　订：山东华立印务有限公司
出版发行：电子工业出版社
　　　　　北京市海淀区万寿路 173 信箱　　邮编 100036
开　　本：787×1092　1/16　印张：15.25　字数：353 千字
版　　次：2018 年 8 月第 1 版
印　　次：2023 年 12 月第 13 次印刷
定　　价：48.00 元

凡所购买电子工业出版社图书有缺损问题，请向购买书店调换。若书店售缺，请与本社发行部联系，联系及邮购电话：(010) 88254888，88258888。

质量投诉请发邮件至 zlts@phei.com.cn，盗版侵权举报请发邮件至 dbqq@phei.com.cn。

本书咨询联系方式：(010) 88254199，sjb@phei.com.cn。

前　言 ●　●　●

　　《食品企业管理》一书以全新的形象展现在广大教师、学生和管理职业人面前。"食品企业管理"是由坐落在中国食品工业名城、全国唯一一所以食品类为特色的、荣获"中国十大职业教育品牌"的漯河食品职业学院的食品企业管理教学团队，按照"专业共建、课程共担、基地共享、教材共编和师资共训"的模式进行校企合作，在特色课程的基础上，改革创新而开发的具有鲜明食品行业特色的品牌课程。我国是一个有着13亿人口的食品生产和消费的大国，随着人们消费水平的提高，对食品产业的发展提出了更多的需求和更高的要求。当前，在"互联网+"的新形势下，众多食品企业已经认识到，"互联网+"带来的既是机遇又是挑战。食品企业应该顺应"互联网+"思维的潮流，不断变革旧的管理理念与管理方式，才能使食品企业在互联网的大潮中不断前进。企业管理理论已成为指导食品企业管理创新的有效武器。因此，围绕食品企业的具体情况开展理论联系实际的教学和研究显得越来越重要。学习食品企业管理，培养高素质的食品企业管理专业人才，对于迅速提高食品企业的管理水平具有十分重要的意义。

1. 课程定位的创新

　　"食品企业管理"是食品企业生存和发展的管理之道、效率之道、效益之道，具有极强的职业性、技能性和实践性。因此，食品企业管理课程的培养理念是"把学生培养成能够适应食品企业管理岗位工作需要的综合能力的创新型管理合格职业人"，要贯彻落实食品企业管理课程的培养理念，把传统的普通高等教育企业管理学知识导向的学科型课程模式，转变为高等职业教育工作过程导向的技能型课程模式。不是把食品企业管理作为一门学科去研究，而是当作一种技能去培养。所以就要把体现知识导向的学科型课程"食品企业管理学"更名为"食品企业管理"，把传统的作为基础课的"食品企业管理学"重新定位为专业核心技能课，进而确定"食品企业管理"课程整体设计的内容，包括课程培养理念、课程定位、课程培养目标、课程培养内容、课堂形式、培养模式与培养特色、学生学习角色定位、课程考核评价标准等，从根本上改变重知识、轻能力，重书本、轻技能，重课堂讲授、轻实践教学的弊端，突出高等职业教育职业性、开放性和实践性的特点，培养出有用之才，为实现学生"零距离上岗"打下良好基础。

2. 培养内容和培养模式的创新

　　为了体现高等职业教育工作过程导向的技能型课程模式，同时考虑到食品企业的特殊性，本教材突出了食品企业生产管理、食品企业质量管理、食品企业卫生安全管理和信息化管理。经过多年的教学改革，本书创立了"制订××食品公司企业管理方案"工学结合团队项目任务化实践培养模式，改变了传统的由教师依据每章内容主观设计实训内容和方式的做法；改变了课后主观设计实训内容和方式，采取课前按照管理岗位工作内容和工作任务整体设计实训内容和方式，与学习内容同步进行；改变了传统实训方式"空对空"（虚）缺乏针对性、实践性的做法。学生针对客观存在的、活生生的管理存在问题的食品企业进行诊断、解决，变"虚"为"实"；采用团队化运作、项目管理的方式，培养学生的团队意识。因此，培养模式突出了实战性，体现了职业性、实践性、技能性，使学生在真实的食品企业管理环境中体验食品企业管理实践活动，有利于学生职业能力和社会能力的培养。

3. 编写方法的创新

（1）开篇增加了绪论，即食品企业管理课程整体设计。第一节课首先学习课程整体设计，解决学生"为什么学""学什么""如何学"的问题，使学生处于"明确""清晰"的学习状态。

（2）采用项目任务化编写体例，设计12个项目，每个项目确定项目目标和项目检测，使学生更容易理解和掌握食品企业管理内容的整体性、逻辑性、统一性。

（3）本书是与双汇集团校企合作共建的成果。双汇集团商业公司综合管理部部长徐永涛、综合管理部副部长杨光参与了课程开发和教材的编写。

本书主编是刘厚钧、苏会侠、张晓丽，副主编是李雁函、徐永涛、杨光、许红娜。刘厚钧负责课程的整体设计，以及编写思路、编写内容、编写方法的规划和设计，并创立了"制订××食品公司企业管理方案"工学结合团队项目任务化实践培养模式。苏会侠参与了教材编写内容的设计，张晓丽参与了教材的修改。苏会侠编写项目1、7、10；张晓丽编写项目4、5、6；杨光编写项目11；李雁函编写项目2、3；许红娜编写项目8、9；徐永涛编写项目12。

本教材不仅适用于高职高专院校的学生，也可作为个人自学和食品企业培训用书。

刘厚钧

2018 年 3 月 10 日

目　录 ● ● ●

绪　论 ● ● ●

为了提升对食品企业管理的认识，进而提高食品企业管理的培养质量，首先要明确课程定位、课程设计理念、课程培养目标、课程内容、培养途径、课堂形式、立体化学习与培养模式、"制订××食品公司企业管理方案"工学结合团队项目任务化实践培养模式和学生角色定位等，解决学生"为什么学""学什么""如何学"的问题，使学生处于明确的、清晰的学习状态，便于学生积极、主动地配合教师完成学习任务，同时有利于学生自我培养、实现课程的培养目标。

1. 课程定位

食品企业管理是对食品企业生产经营活动进行计划、组织、指挥、协调和控制等一系列活动的总称，是社会化大生产的客观要求。食品企业通过科学管理，使企业人力、物力、财力和信息等资源得到优化配置，以最小的投入获得最大的产出，实现成本低、费用省、效率高、效益好的最佳目标。所以，食品企业管理是食品企业生存和发展的管理之道、效率之道、效益之道。因此，食品类专业的学生要具有运用管理之道为食品企业提高生产效率和创造经济效益的能力。

"食品企业管理"是一门建立在经济科学、行为科学、管理科学和现代科学技术基础之上的应用科学，是食品科学与工程、食品营养与检测和食品储存与营销等食品类专业的一门必修课程。

2. 课程设计理念

要贯彻食品企业管理"把需要工作和职业发展的学生培养成能够适应食品企业中基层管理岗位工作需要的具有综合能力的创新型管理合格职业人"的培养理念，食品企业管理课程设计主要考虑以下因素：

（1）注重与行业的联系，将课程内容与职业标准对接，与职业资格证书对接。

（2）注重与企业的联系，将"新知识、新理论、新技术、新方法"及时输入课堂，使授课内容更具有前瞻性、针对性和实用性。

（3）实施"制订××食品公司企业管理方案"工学结合团队项目任务化实践培养模式。

（4）不是把食品企业管理作为一门学科去研究，而是当作一种技能去培养，以食品企业管理培养的中基层管理岗位所需要的综合能力为导向，确立课程培养质量观念，进而确定食品企业管理的课程培养质量的内容和形式。从根本上改变重知识、轻能力，重书本、轻技能，重课堂讲授、轻实践训练的弊端，采用项目任务化培养模式，突出职业教育职业性、开放性、实践性的特点，培养出有用之才，为实现学生"零距离上岗"打下良好基础。

3．课程培养目标

（1）管理知识目标。

1）熟悉食品企业管理的基本理论和基本方法。

2）掌握食品企业的经营决策、生产管理、技术管理、营销管理、质量管理、人力资源管理、安全管理、信息化管理、财务管理和创新管理的内容和方法。

（2）管理能力目标。

1）培养发现、辨别食品企业管理问题的能力。

2）培养分析食品企业管理问题的能力。

3）培养解决食品企业管理问题的能力。

4）培养管理创新的能力。

5）培养撰写食品企业管理方案的能力。

（3）社会能力目标。

1）培养职业道德。

2）培养交际沟通的能力，宣讲和答辩方案的能力。

3）培养团队合作的能力。

4）培养自我管理、自我培养的能力。

4．课程内容

依据食品企业管理课程培养目标，食品企业管理课程内容包括 12 个项目：项目 1 食品企业管理、项目 2 食品企业组织与文化、项目 3 食品企业战略管理、项目 4 食品企业经营管理、项目 5 食品企业市场营销管理、项目 6 食品企业生产管理、项目 7 食品企业质量管理与卫生管理、项目 8 食品企业物流管理、项目 9 食品企业人力资源管理、项目 10 食品企业财务管理、项目 11 食品企业技术和信息化管理、项目 12 食品企业管理创新。

5．培养途径

为了实现食品企业管理的培养目标，食品企业管理的培养途径是"教师培养+学生自我培养"。学院培养是一种共性培养，学生自我培养是个性培养、补缺培养。重点在于自己学后的思考、分析、训练，内化为自己的知识与能力。

6．课堂形式

课堂形式由理论课堂向实训课堂、线上课堂、双创课堂、社会（市场）课堂、企业课堂延伸，形成课堂形式的六形态，保证课程培养目标的实现。

7．立体化学习与培养模式

学：认识食品企业管理，理论学习方式，是培养管理技能的基础，解决"是什么"的问题。思：体验食品企业管理，能力培养方式，解决"如何做"的问题。练：实践企业管理，能力培养方式，解决"如何做"的问题。战：实践企业，能力培养方式，提高"如何做"的问题。"思"是实践培养模式的初级层次。"练"是实践培养模式的中级层次，既是重点又是难点。"战"是实践培养模式的高级层次，既是关键点又是难点。立体化学习与培养模式，学、思、练、战相结合，将全面提高企业管理的服务能力。

百学不如一思，百思不如一练，百练不如一战。采用"制订××食品公司企业管理方案"工学结合团队项目任务化实践培养模式，是实施学、思、练、战的立体化学习与培养模式的体现。

8．课程考核

食品企业管理理论试卷考核：分值 50 分。

食品企业管理方案考核：分值 30 分。

项目检测考核：分值 20 分。

9．课程课时安排

总课时 72 学时（按 18 周计），具体分配如下：

项　　目	教学内容	教学时数
绪论	课程整体设计	2
项目 1	食品企业管理	4
项目 2	食品企业组织与文化	4
项目 3	食品企业战略管理	4
项目 4	食品企业经营管理	4
项目 5	食品企业市场营销管理	6
项目 6	食品企业生产管理	6
项目 7	食品企业质量管理与卫生管理	6
项目 8	食品企业物流管理	4
项目 9	食品企业人力资源管理	4
项目 10	食品企业财务管理	4
项目 11	食品企业技术和信息化管理	4
项目 12	食品企业管理创新	4
项目考核	食品企业管理方案 宣讲、答辩、评价	10
合计		72

10．学生角色定位

（1）学习者。学习食品企业管理的内容和方法。

（2）分析者。运用企业管理理论和方法，分析食品企业存在的管理方面的问题。

（3）解决者。运用企业管理理论和方法，针对食品企业管理方面存在的问题提出解决方案。

（4）提高者。具备运用企业管理理论、策略与方法，分析问题、解决问题的能力；具备撰写、宣讲、答辩管理方案的能力；具备基本的社会能力。

项目 1 ●　●　●

食品企业管理

项目目标

管理知识目标

明确食品企业的概念、特征和类型；熟悉现代食品企业制度的内容；掌握食品企业管理的内容、基本原理和管理的方法。

管理能力目标

具备运用食品企业管理原理和管理方法的能力。

项目导入案例

双汇、春都：两种管理，两种结果

我国两大肉类加工企业双汇集团和春都集团在市场竞争中因管理不同而呈现出不同景观：双汇集团 1999 年实现利税 5.02 亿元，比上年增长近 70%，步入快速发展轨道；春都集团近几年连续出现巨额亏损，企业陷入困境。

双汇集团和春都集团的前身分别是漯河肉联厂和洛阳肉联厂，都始建于 1958 年，又都是在 1984 年由省管下放到地方。不同的是，1984 年漯河肉联厂的资产总额是 468 万元，企业累计亏损 534 万元；而洛阳肉联厂当时的资产总额是 2 000 万元，当年实现利税 200 万元。1986 年，中国第一根火腿肠在洛阳肉联厂诞生，而漯河肉联厂生产出第一根火腿肠已经是 6 年之后的 1992 年。1993 年，春都集团实现工业总产值、利税分别达到 11.599 亿元、1.082 亿元，而双汇集团仅为 8.57 亿元和 7 045 万元。无论从各方面都处于劣势的双汇集团，为什么在短短几年内成了同行业的排头兵，而春都集团却在市场竞争中败下阵来？

双汇集团注重决策管理，而春都集团却多次失误。同是企业扩张，双汇集团紧紧围绕肉类加工主业上项目，扩大规模，使企业迅速形成了以肉类加工为主，养殖、屠宰、包装、彩印等紧密联系的产业群体，1998 年集团实现利税 2.95 亿元，1999 年又突破了 5 亿元大关。而春都集团在发展中盲目贪大求快，不仅收购和兼并了洛阳市旋宫大厦、平顶山肉联厂、重庆万州区食品公司等 10 多家扭亏无望的企业，使春都背上了沉重的包袱，而且在条件不成熟的情况下，还投巨资上了茶饮料项目等 10 多个大型项目，由于缺乏流动资金，这些项目大多无法启动。春都集团在成本管理、人事管理、营销管理、质量管理、基础管理等方面与双汇集团的差距更大。在营销管理上，双汇集团提出了"踏遍千山万水、历尽千辛万苦、走进千家万户、说尽千言万语"地找市场营销策略，而春都集团则"在全国不设一兵一卒"。在基础管理上，双汇集团建立健全了财务部垂直管理、审计部日常监督的财务管理体制，使财务管理走上了规范化、制度化、法制化轨道，而春都集团财务上报数据虚假，该集团债转股情况汇报上显示 1998 年集团实现利润–4 994 万元，而上报省贸易厅的数字是实现利润 2 055 万元。

对春都集团目前的状况，集团新任总裁赵海均坦言："现在看来，春都在发展中确实是轻视了管理。"而双汇总裁万隆也不避讳，他说："管理是企业的生命，双汇赢就赢在管理上。"

资料来源：www.docin.com。

? 辩证性思考：

谈谈你对双汇集团与春都集团成败的看法。

任务 1　食品企业

1.1.1　食品企业的概念

食品企业是指在市场经济条件下，以营利为目的，直接组合和运用生产要素，从事商品生产、商品流通或服务性活动，为满足社会需要依法进行自主经营、自负盈亏、独立核算的法人实体和市场竞争主体。

食品企业主要由人、财、物、信息、目标五个要素组成。

1. 人

人即一定数量和质量的工人和管理者。人是食品企业的主体，人是食品企业所有资源中最宝贵的资源。

2. 财

财是指资金，资金的数量和周转速度是食品企业生存和发展的保证。如何筹集资金、管好和用好资金，以加快资金的运动速度，是每个食品企业所面对的一个重要问题。

3. 物

物是指食品企业中的各种劳动资料和劳动对象，包括土地、自然资源、建筑物、机器设备、工具和各种原（辅）材料等。它是食品企业从事生产经营活动的客观条件和物质基础，它们的数量、质量和技术状况会对食品企业的经营和运转效果产生很大影响。

4．信息

信息包括来自食品企业外部和产生于食品企业内部生产经营活动过程中的信息。现代食品企业每时每刻都离不开信息，信息对于企业，就如同神经中枢对于人体。哪里有生产经营活动，哪里就必然会产生信息；哪里有管理活动，哪里就必然需要信息。所以信息已成为现代食品企业中一个重要的构成要素。信息的全面性、及时性、准确性、实用性和经济性影响甚至决定着食品企业的正常有效运转。

5．目标

食品企业生产经营活动的目标是获得利润。

1.1.2　食品企业的特征

1．食品企业是一个经济性组织——营利性

从经济角度看，食品企业是从事商品生产和经营活动的营利性的经营实体。食品企业有别于行政机关和事业单位，后者是靠财政拨款的，不是营利单位；而食品企业只有在生产经营过程中获得利润，才能生存和发展。实现利润最大化是食品企业管理首先要解决的问题。

2．食品企业是一个社会性组织

从系统论观点看，食品企业自身是一个系统，按照自身的规律有序地运行，它还是社会大系统中的子系统。食品企业的供、产、销不仅是经济问题，还受政治、法律、道德、心理、社会等因素的制约和影响。食品企业直接向社会提供商品或劳务，满足社会的需要，同时对社会发展、政治进步、文化繁荣产生重大影响，发挥重要作用。食品企业的目标不仅是追求利润，还要承担一定的社会责任。食品企业已不再是拥有者创造利润和财富的工具，它还必须对整个社会的政治、经济发展负责。

3．食品企业是一个独立的法人

法人是自然人的对称，是依法成立并能以自己的名义行使权利和义务的组织，如公司、社团等。具有法人资格的相对独立的食品企业，至少应具备以下三个条件：一是必须在工商行政管理部门登记注册（验资、名称、场所、组织和经营范围等）；二是独立核算，在银行设立账户，独立行使财产支配权；三是独立自主地进行生产经营活动并严格按照法律规定行使权利和履行义务。从法律的角度看，食品企业是自主经营、自负盈亏，依法独立享有民事权利，并承担民事责任的从事经营活动的法人组织。

4．食品企业是一个自主经营系统

在市场经济体制下，食品企业是独立的商品生产者和经营者，必须使企业成为开放的经营系统，创造完善的市场环境和秩序，让食品企业自主经营、自由进出市场、公平竞争、追求可持续发展的长期效益。

1.1.3 食品企业的类型

1. 食品企业类型的划分

在现实的经济生活中，依据不同的标准，可以把食品企业分为多种不同的类型。

（1）按社会分工角度不同，可以把食品企业分为食品工业企业、食品农业企业、食品商业企业等类型。

（2）按企业规模不同，可以把食品企业分为大型企业、中型企业、小型企业三类。

（3）按企业生产力各要素所占比例不同，可以把食品企业分为劳动密集型企业、资金密集型企业和技术密集型企业。

（4）按食品企业所有制性质不同，可以把食品企业分为国有企业、集体企业、私营企业、外商企业等类型。

（5）按企业制度不同，可以把食品企业分为业主制企业、合伙制企业和公司制企业三种类型。

2. 常见的企业类型

（1）个人独资企业。也称业主制企业，是最古老和最简单的一种企业形式。它是指依照法律规定在中国境内设立的，由一个自然人投资，财产为投资人个人所有，投资人以其个人财产对食品企业债务承担无限责任的经营实体。个人独资企业不具有法人资格，属于自然人企业。业主个人享有食品企业的全部经营所得，同时对企业的债务负有完全无限清偿责任，也就是说，当企业的资产不足以清偿其债务时，食品企业主应以个人财产来清偿。

个人独资企业由于独自出资、独立经营、独自承担风险，所以经营方法比较灵活，决策迅速及时，制约因素较少，业主能够独享利润，企业保密性强，企业主会全力以赴地经营。而且这类企业投资较少，办理手续简单，法令限制少，容易成立。因此，个人独资企业在各种形式的企业组织中占大多数，适用于食品零售商业、家庭农场等。但是个人独资企业也有天生的缺陷：一是企业规模有限。企业由业主个人出资创办，个人的资金、信用、偿债能力、获贷能力一般都是有限的，企业资本的扩张主要依靠自身的积累。二是企业的寿命有限。由于企业的经营完全依赖于业主个人的素质，企业通常与业主共存亡。业主的死亡、破产、犯罪或转业都可能使企业不复存在，这就会使企业的员工和债权人不得不承担较大的风险。三是企业存在一定的后顾之忧。这主要是指业主要承担无限责任，当企业的资产不足以偿还企业的全部负债时，法律强制业主以个人的其他财产来清偿企业的债务，这使得业主的所有财产都有风险，一旦经营失败，甚至有倾家荡产的可能性。

（2）合伙企业。合伙企业是指依照法律在中国境内设立的，由各合伙人订立合伙协议，共同出资、合伙经营、共享收益、共担风险，并对合伙企业债务承担无限连带责任的营利性组织。

合伙企业具有以下特征：须有两个以上的合伙人，合伙人为自然人；全体合伙人须订立书面的合伙协议；各合伙人须共同出资、合伙经营、共享收益、共担风险；各合伙人对合伙企业债务承担无限连带责任。至于合伙企业的法律地位，英美法系认为合伙企业不具有独立的法人资格，不是法人，而某些大陆法系的国家，如法国、荷兰等则认为合伙企业是法人。

与个人独资企业相比，合伙企业在一定程度上适应了不同层次生产力水平和企业规模扩大的需要，增加了企业发展的可能性。而且合伙企业由于参加的人数较多，共同出资、共同管理、共担风险，因此其经营风险比个人独资企业要小。但由于所有合伙人都有权代表企业从事经济活动，重大决策都需要得到所有合伙人的同意，因此容易造成决策上的延误。合伙人有一个退出或加入都会引起企业的解散和重组，企业存续相对不稳定，而且由于企业的合伙人需承担无限责任，且每个合伙人不能对企业的经营活动单独行使完全的控制权，这就增加了合伙人的风险，使企业规模的扩大仍然受阻。

合伙企业一般适用于生产规模较小、管理不太复杂、不需要设立专门管理机构的生产经营行业或服务行业。

（3）公司制企业。公司制企业，也称公司，是指依照公司法设立的、以营利为目的的企业法人。公司制即现代企业制度，是现代企业中最重要、较普遍的一种企业类型。它是随着生产力的发展而产生的，是现代企业制度的典型形式。公司具有法人资格，享有法人的权利，承担法人的义务。公司制是企业发展的高级形式。我国《公司法》规定的公司为有限责任公司和股份有限公司两种类型。

1）有限责任公司。简称有限公司，是指由两个以上股东共同出资，每个股东以其认缴的出资额为限对公司债务承担责任，公司以其全部资产对其债务承担责任的企业法人。

有限责任公司具有以下特征：有限责任公司一般由 2 个以上 50 个以下股东共同出资设立；股东仅以其出资额为限对公司债务承担有限责任，如果公司财产不足以清偿其债务时，股东没有另行出资偿还的义务；公司的全部资产不分为等额股份；公司不能发行股票及募集股份，股东所持有的证明其出资额的权利证书不是股票而是股单，它属于有价证券，不得在市场上买卖；股东出资的转让有严格的限制，股东向股东以外的人转让出资时，必须经全体股东过半数同意而且本公司股东具有对所转让股份的优先购买权；财务状况和许多信息资料可以不公开，其保密性要比股份公司高，有限责任公司的设立较为简便，注册资本额起点低。

现在我国允许成立一人有限责任公司。例如，国有独资公司是指国家授权投资的机构单独出资设立的有限责任公司。它是一种特殊的有限责任公司，因为它的股东只有一个，即国家授权投资的机构单独开办。除此以外，它具备一般有限责任公司的一切特征，并享有有限责任公司应有的权利和义务。

有限责任公司解除了投资者的后顾之忧，鼓励和刺激了投资者的投资欲望和积极性；资本所有者可在一定的条件下将自己所拥有的股权转让出去，较方便地转移所有权；企业管理制度化、科学化，管理效率高，企业寿命长。但是有限责任公司的最大缺陷在于筹资渠道较为狭窄，无法利用股票市场积聚大量资本，在公司业务发展到一定规模后，要想继续扩大规模，通常都要改制为股份有限公司。

有限责任公司特别适合中小食品企业的发展。

2）股份有限公司。股份有限公司是指由一定数量以上的股东组成，公司全部资本分为等额股份，股东以其所持股份为限对公司承担责任，公司以其全部资产对公司的债务承担责任的企业法人。

我国的股份有限公司具有以下特征：设立股份有限公司，应当有 2 人以上 200 人以下为发起人，注册资本的最低限额为人民币 500 万元；资本划分为等额股份并体现为股票形式，公司公开出售股票募集资本；股票可依法自由转让；股东只就其所持有的股份对公司债务负清偿责任；财务公开。

1.1.4　现代企业制度

1．现代企业制度的概念

现代企业制度是以市场经济为基础，以企业法人制度为主体，以公司制度为核心，以产权清晰、权责明确、政企分开、管理科学为条件的新型企业制度。

2．现代企业制度的特征

现代企业制度是企业制度的现代形态，是由若干个具体制度相互联系而构成的系统；产权制度是现代企业制度的核心，企业法人制度是现代企业制度的基础。其基本特征如下。

（1）产权清晰。产权清晰是要用法律手段来界定企业的出资人与企业组织的基本财产关系。完整意义上的产权关系是多层次的，它表明财产最终归谁所有、由谁实际占有、谁来使用、谁享受收益、归谁处置等产权中的一系列关系。

出资者的最终所有权一般表现为股权。企业的实际占有权表现为法人财产权。

（2）权责明确。权责明确是指在产权关系清晰的基础上，企业通过法律来确立出资人与企业法人各自应履行的义务和承担的责任，从而形成各生产要素之间的科学的行之有效的相互制衡的法人治理结构。

（3）政企分开。政企分开是指在产权清晰的基础上，实行企业与政府的职能分离，理顺政府与企业的关系。

（4）管理科学。管理科学，即现代企业必须形成一套严格、科学、系统的管理制度。一是科学的组织管理机构，使企业权力机构、经营机构和监督机构权责明确、相互制衡、各司其职；二是科学的内部管理体制，包括合理的领导体制、科学的决策体制、民主的管理体制、严格的核算体制等管理制度；三是科学的企业规章制度等。

3．现代企业制度的基本内容

现代企业制度的基本内容由三部分组成，即现代企业产权制度、现代企业组织制度和现代企业管理制度。

（1）现代企业产权制度。

1）产权。产权实质上是一种财产权，即支配财产的权利。它是法定的主体对财产所拥有的各项权能的总和，其中包括所有权、使用权、收益权和处置权。产权的基础和核心是所有权，它是法律规定的主体（所有者）对于客体（财产）的最高的、排他的独立权。产权包含的各项权能既可以统一也可以分离，即人们对财产没有所有权，却可拥有一定时间和一定程度内的使用、收益、转让和处置的权利。产权本质上是一定社会阶段人们之间社会经济关系的反映，产权的内容和权利约束结构是一个动态的变化过程。

2）产权制度。产权制度是指以产权为依托，对财产关系进行合理有效的组合、调节的制度安排。具体表现为在一定的所有制基础上，对财产占有、支配、使用、收益和处置过程中所形成的各类产权主体的地位、行为、权利、责任、相互关系加以规范的法律制度。

产权制度的确立和完善可以使所有者约束经营者，保证资产增值；可以自主经营和激励自己；可以提高资源配置效率；可以规范市场交易行为。

3）现代企业产权制度——企业法人制度。现代企业产权制度，即企业法人制度，其关键在于确立法人财产权，理顺国家与企业的财产关系，实行出资者所有权与法人财产权的分离。现代企业产权制度与原始产权制度相比，最大的差别如下：现代企业产权制度把经济学意义上完整的财产所有权分解为最终所有权和法人财产权两部分，实现了"两权分离"，使企业享有独立的法人财产权，而原始产权制度下这"两权"是合二为一的。

法人财产是指由出资者依法向企业注入的资本金及其增值和企业在经营中负债所形成的财产。企业的总资产就是企业的法人财产，它包括所有者权益和企业负债。

企业的总资产=负债+所有者权益

法人财产权是指企业法人支配法人财产的权利。法人财产权是现代企业制度的基石，出资者所有权表现为出资者拥有股权，即以出资者的身份依法享有资产受益、选择管理者、决定公司章程和财产处置等权利；法人财产权表现为公司依法享有法人财产的占有、使用、收益和处置权，以独立的财产对自己的生产经营活动负责。同时，企业法人行使法人财产权，受出资人所有权的约束和限制，必须对出资人履行义务，依法维护出资人的权益，对所有者承担资产保值增值的责任。企业拥有独立的法人财产权，是现代企业产权制度的核心。

（2）现代企业组织制度。在市场经济的发展中，公司制企业已经形成了一套完整的组织制度。其基本特征如下：所有者、经营者和生产者之间，通过公司的决策机构、执行机构、监督机构，形成各自独立、权责分明、相互制约的关系，再以法律和公司章程的形式加以确定和实现。

现代企业组织制度坚决支持和维护决策权、执行权、监督权三权分离的原则，由此形成了股东大会、董事会和监事会并存的组织架构，如图1-1所示。

公司的组织机构通常包括股东大会、董事会、监事会及经理人员四大部分，按其职能分别形成决策机构、监督机构和执行机构。股东大会及其选出的董事会是公司的决策机构，股东大会是公司的最高权力机构；董事会是股东大会闭会期间的最高权力机构；监事会是由股东大会选举产生的，对董事会及经理人员的活动进行监督的机构；经理人员是董事会领导下的公司管理和执行机构。

（3）现代企业管理制度。现代企业管理制度是有关约束和调整企业经营管理活动中各种经营管理行为方式和关系的行为规则。

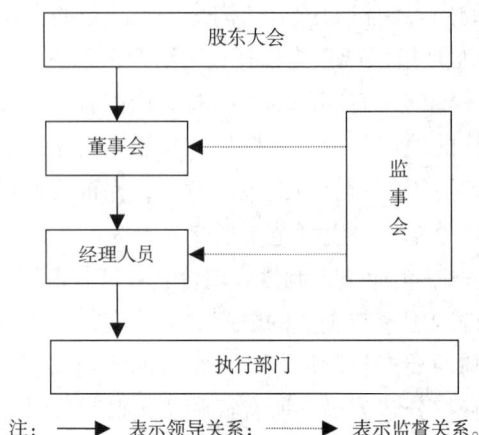

```
        ┌─────────────────┐
        │    股东大会      │
        └────────┬────────┘
                 │
        ┌────────▼────────┐        ┌─────────┐
        │    董事会       │◄┄┄┄┄┄┄┤  监      │
        └────────┬────────┘        │         │
                 │                 │  事      │
        ┌────────▼────────┐        │         │
        │   经理人员      │◄┄┄┄┄┄┄┤  会      │
        └────────┬────────┘        └─────────┘
                 │
        ┌────────▼────────────────┐
        │      执行部门            │
        └─────────────────────────┘
```

注：──► 表示领导关系；┄┄► 表示监督关系。

图 1-1　现代企业组织制度

现代企业制度的运作和完善需要有科学的管理制度做保障，加强企业管理是我国企业面临的迫切与长期的重要任务。其主要包括以下几个方面：

1）现代企业领导制度。企业领导制度的核心是关于企业内部领导权的归属、划分及如何行使等所做的规定。建立科学完善的企业领导制度，是搞好企业管理的一项最根本的工作。现代企业领导制度应该体现领导专业化、领导集团化和领导民主化的原则。

2）现代企业劳动人事制度。在市场经济条件下，企业实行市场化用工，即实行企业与职工双向选择的企业自主用工、劳动者自主择业的用工制度，并打破身份界限，实行能者上、庸者下的管理人员聘任制度。

3）现代企业财务制度。现代企业财务制度应充分体现产权关系清晰、财会政策公平、企业自主理财并与国际惯例一致的原则。现代企业有充分的理财自主权，包括自主的市场取向筹资、自主投资、资产处置、折旧选择、科技开发费提取，以及留用资金支配等权利。现代企业有健全的内部财会制度，并配备合格的财会人员，其财务报告须经注册会计师签字，上市公司要严格执行向公众披露财务信息的制度。

4）现代企业破产制度。破产制度是用来处理企业在生产经营过程中形成的各种债权债务关系，维护经济运行秩序的法律制度。它不是以行政命令的方式来决定企业的存亡，而是以法律保障的经济运行方式"自动"筛选和淘汰一些落后的企业，为整个经济运行提供优胜劣汰的途径。

现代企业产权制度、现代企业组织制度和现代企业管理制度三者相辅相成，共同构成了现代企业制度的总体框架。

任务 2　食品企业管理概述

1.2.1　食品企业管理的概念

食品企业管理，就是由食品企业的管理人员或管理机构对食品企业的经营活动过程进行计划、组织、领导和控制，以提高经济效益，实现以营利为目的的活动的总称。食品企业管理的主体是人，包括经营者和企业职工；食品企业管理的客体是资源，包括食品企业可使用的一切内外部资源，如人力、物力、财力、时间、信息等；食品企业管理的运动过程是通过实施计划、组织、领导和控制等一些职能进行的；食品企业管理的目的是实现食品企业的经营目标，取得尽可能好的经济效益。随着生产精细化的发展，分工越来越细，生产专业化程度不断提高，生产经营规模不断扩大，食品企业管理也越来越重要，科学化管理成为培育企业核心竞争力、实现食品企业可持续发展的重要途径。

1.2.2　食品企业管理的职能

管理职能是管理过程中各项行为内容的概括，是人们对管理工作应有的一般过程和基本内容所做的理论概括。现代食品企业管理的职能划分为计划、组织、领导、控制和创新五项。

1．计划职能

计划职能是指对管理活动进行规划和安排，或指对未来的管理活动进行探索，制订方案。它包括：调查研究并预测外部环境；分析研究内部条件；决策管理目标和计划任务；编制管理计划和行动方案；实施计划管理。

2．组织职能

组织职能是指对实现组织目标的各种要素和人们在社会经济活动中的相互关系进行组合、配置的活动。它使组织的各要素、各环节形成有机联系和有序运营的整体。它包括：建立组织机构；划分职责和职权；形成信息的沟通渠道；合理配置各种要素。

3．领导职能

领导职能是指处于管理职位的个人在组织内外向其他人施加影响。它包括：推动他人工作，实现组织目标；提供便利条件，促使下属活动；组织信息交流，改善人际关系；建立激励机制，干涉行为变量；规范领导行为，控制他人活动。

4．控制职能

人们在执行计划的过程中，由于受到各种因素的干扰，常常会使实践活动偏离原来的计划。为了保证目标及为此而制订的计划得以实现，就需要控制职能。控制职能是指为保证管理目标的实现，对企业活动过程进行检查、监督和调节。它包括：监督检查计划的执行情况；纠正计划执行的偏差；调节各要素和各环节之间的关系；实施有效控制，反馈信息等。

5．创新职能

创新职能是指为求得新局面，对管理活动主体和客体确立新目标、制定新措施、创造新财富的活动。它包括：树立创新意识，改变思维方式；确立创新目标，分析创新条件；研究创新策略，健全创新机制；评价创新成果，总结创新经验。

一般来说，每项管理工作都是从计划开始，经过组织、领导到控制结束的。各职能之间同时相互交叉渗透，控制的结果可能又导致新的计划，开始又一轮新的管理循环。如此循环不息，把工作不断推向前进。创新在这一管理循环之中处于轴心的地位，成为推动管理的原动力。

1.2.3　食品企业管理的内容

（1）食品企业战略管理的内容，包括食品企业的经营战略思想、战略目标、战略体系及其任务、战略过程、战略措施等。

（2）食品企业经营决策与经营计划的内容，包括食品企业决策的程序、方法和类型以及企业计划的编制与实施。

（3）食品企业生产管理的内容，包括生产过程管理、质量管理、技术与设备管理、物资与仓库管理等，以及与生产过程有关的各项活动的管理。

（4）食品企业营销管理的内容，包括分析食品企业的营销机会，确定营销战略，实施营销组合，加强营销活动的控制等。

（5）食品企业人力资源管理的内容，包括食品企业人力资源的规划，工作分析，人力资源的选聘、激励，以及人力资源的培训与发展等活动。

（6）食品企业财务管理的内容，包括食品企业资金的筹措、资金的投放和使用，以及资金的收入和分配等企业资金的运动过程。

（7）食品企业物流管理的内容，包括商品采购管理、商品运输管理和商品仓储管理。

（8）食品企业文化管理的内容，包括食品企业文化的概念、结构与功能，食品企业建立的意义、原则和步骤。

（9）食品企业管理创新的内容，包括食品企业经营方式的创新、企业组织制度的创新、企业技术创新、企业文化创新等企业管理创新体系。

（10）食品企业国际化管理的内容，包括企业国际化经营的含义及基本方式，企业国际化经营的一般模式等。

任务 3　食品企业管理的原理与方法

1.3.1　食品企业管理的原理

1. 系统原理

系统原理认为，管理是一个系统，其各要素不是孤立的，要实现管理的目标必须对食品企业经营管理活动及其要素进行系统分析，综合治理。

（1）整体性观点。整体性观点是系统论最基本的观点。该观点认为系统所构成的各要素按一定的逻辑要求为实现系统目标构成一个整体，这就要求在管理活动中将系统要素之间的相互关系及要素与系统之间的关系以整体为主进行协调，局部服从整体，使整体效果达到最优。即要求局部利益服从整体利益，系统要素功能服从系统整体功能。

（2）开放性观点。开放性观点又称有序性观点。系统按与环境的关系可分为：与外部环境无任何形式交换的封闭系统和与外部环境有交换的开放系统。任何一个有机系统都是耗散结构系统，系统外界不断交换物质、能量和信息，才能维持其生命。从理论上讲，管理过程实际上应该是一个增强有序化、消除不确定性和降低混乱度的过程。这就要求必须意识到对外开放是系统的生命，只有不断与外界进行人、财、物、信息等要素的交流，才能维持系统的生命，进而实现可持续发展，绝对不能把本系统封闭起来与世隔绝地去搞管理。

（3）动态性观点。系统总是处于动态之中的，稳定状态是相对的。这就要求管理活动要在坚持原则的基础上留有余地。掌握动态性观点，研究系统的动态规律，有助于预见系统的发展趋势，树立超前观念，减少偏差，掌握主动，使系统向期望的目标顺利发展。

（4）综合性观点。综合性是指任何系统都是由其内部诸要素按一定方式构成的综合体，系统产生和形成于综合，并由此而使自己具有整体性质和功能。

系统的综合性观点就是要求一方面将系统的各部分、各方面和各因素联系起来，考察其中的共同性和规律性，另一方面任何复杂的系统又都是可分解的，因此要求管理者既要学会把许多普普通通的东西综合为新的构思、新的产品，创造出新的系统，又要善于把复杂的系统分解为最简单的单元加以解决。

2. 人本原理

现代管理思想把人的因素放在第一位，重视处理人与人的关系，强调人的自觉性和自我实现精神，主张以人及人的积极性、主动性、创造性为管理核心和动力。为了实现管理目标，一切管理工作必须以提高人的素质，调动人的积极性、主动性和创造性，以做好人的工作为根本，这就是管理的"人本原理"。

（1）能级原则。在食品企业管理中，机构、人员、制度等都有一个能量问题，能量大，作用就大。能级原理的主要含义如下：在管理系统中建立一套合理的能级，即根据各个单位和个人的能量大小来安排其职位和任务，使才能与职位相称。这样一种结构，才能充分发挥不同能级的能量，才能保证结构的稳定性和有效性。

正确地应用能级原则须注意以下两点： 第一，科学、合理地确定组织的能级结构；第二，按层次需要选人用人，使各种人才处于相应的能级，做到使能者有其位、有其岗、有其资、有其利，实现能力优化组合。

（2）动力原则。管理必须有强大的动力，并且正确地运用动力，才能使管理运动持续有效地进行下去，这就是动力原则。食品企业管理中有三种基本动力：物质动力、精神动力、信息动力。物质动力包括对个人的物质鼓励，还包括企业的经济效益、社会效益；精神动力主要指信仰、价值观、精神鼓励和思想工作等；信息动力主要指有利于企业发展的信息。

动力原则要求管理者在管理工作中，必须正确认识和掌握管理的动力源，运用有效的管理动力机制，激发、引导、制约和管制管理对象，使其行为有助于整体目标的实现。在现实管理中正确运用动力原则，必须树立以人为中心的管理理念，正确认识和综合运用三种动力，保证管理活动得到足够的动力源；正确处理个人动力与集体动力、当前动力与长远动力的关系；建立有效的动力机制，使各种动力的作用方向与企业目标尽可能一致。

3. 效益原理

效益原理是指现代管理的基本目标在于获得最佳管理效益，即创造出更多的经济效益，实现更好的社会效益。这就要求各项管理活动都要始终围绕系统的整体优化目标，通过不断地提高效率，使投入的人力、财力、物力、信息、时间等资源得以充分、合理、有效的利用，从而产出最佳的管理效益。效益原理要求食品企业管理必须遵循以下原则。

（1）效用最大化原则。效用是经济学中的一个概念，是指某一商品给消费者带来的满足程度。在市场经济中，消费者追求的消费目标是效用最大化，食品企业只有实现消费者的消费目标才可能保证自己盈利，换句话说，满足消费者的需要是食品企业获利的前提条件。而消费效用因时、因事、因人而异，这就要求食品企业必须适时开发、生产符合消费者需要的产品，最大限度地满足消费者的需要。

（2）效益最优原则。效益最优原则是指在一定的技术条件下，食品企业根据其目标、外部环境和内部条件，对三者综合平衡而制定的效益标准。效益最优原则要求管理不仅要追求效益，而且要综合分析，追求最优效益。同时，效益最优是一个相对的、动态的概念，短期最优不一定长期最优，局部最优不一定整体最优。效益最优原则要求食品企业必须从全局的角度考虑企业长远的发展。

效益是管理的根本目的，管理是对效益的不断追求。要实现最佳管理效益，应注意以下几点：要重视经济效益；要有正确的管理战略；要努力提高管理系统的效率；管理应追求长期、稳定的高效益；要确立管理活动的效益观。

总之，现代管理要求在全面提高经济效益和社会效益的基础上，实现系统的最佳管理效益，这正是管理效益原理的实质和核心内容。

4. 80/20 原理

80/20 原理，又称二八法则、二八黄金分割定律，是由意大利著名经济学家帕莱托于

1897 年提出来的，是指在特定群体中，重要的因子通常只占少数，而不重要的因子却占多数；或者说，80%的价值来自 20%的因子，而其余 20%的价值来自 80%的因子。80/20 原理要求在管理活动中只要在影响管理对象的诸因素中找出这些关键的少数，并进行重点管理，就能取得事半功倍的效果。80/20 原理运用在食品企业管理中，着重在于引导管理者把主要精力集中于重点问题的管理，对重点的因素给予特别的关注，以提高管理功效。

1.3.2　食品企业管理的方法

管理方法是指在管理活动中，为提高管理功效和实现管理目标而采取的各种有关管理的方式、办法、手段和措施的总和。管理原理必须通过管理方法才能在管理实践中发挥作用。管理方法是管理理论、原理的自然延伸和具体化、实际化，是管理原理指导管理活动的必要中介和桥梁，是实现管理目标的途径和手段。管理方法一般可分为法律方法、行政方法、经济方法、教育方法和数学方法。

1．法律方法

法律方法是指运用法律规范以及类似法律规范性质的各种行为规则来管理食品企业的一种方法。法律方法的主要形式有：国家的法律、法规；食品企业内部的规章制度；司法和仲裁等。

法律方法的实质是实现全体人民的意志，并维护他们的根本利益，代表他们对社会经济、政治、文化活动实行强制性的、统一的管理。法律方法既要反映广大人民的利益，又要反映事物的客观规律，调动各个企业、单位和群众的积极性和创造性。

法律方法具有严肃性、规范性、强制性的特点。严肃性是指法律和法规的制定必须严格按照法律程序和规定进行，司法工作必须通过严格的执法活动来维护法律的尊严。规范性是规定该做什么，不该做什么；同时又通过这种指引作为评价人们行为的标准。强制性是指法律、法规一经制定就要强制执行，任何企业、单位和个人都必须毫无例外地遵守，否则将受到严惩。

法律方法适用于处理共性的一般问题，便于集权与统一领导，权利与义务分明，同时还能自动调节。但法律方法缺少灵活性和弹性，不便处理特殊问题和及时处理管理体制中出现的新问题。

2．行政方法

行政方法是指依靠食品企业各级行政管理机构的法定权力，通过命令、指示、规定、条例以及具有强制性的计划等行政手段来管理食品企业的方法。

行政方法的实质是通过行政组织中的职务和职位来进行管理。它特别强调职责、职权、职位，而并非个人的能力或特权。下级服从上级是对上级所拥有的管理权限的服从。

行政方法具有权威性、强制性、垂直性、具体性、无偿性等特点。食品企业所有成员对上级所采用的行政手段，都必须服从和执行。行政方法是管理企业必不可少的方法，是执行管理职能的一种重要手段。

行政方法有利于集中统一管理，保证组织内各部门的协调一致；有利于及时、灵活、有效地处理特殊问题或紧迫问题，避免出现"一刀切"的僵化管理现象；有利于与法律、经济等方法之间形成互补作用，结合使用，提高整体管理功效，从而维护组织系统的稳定。但由于它强调领导者的权威性，易导致搞"人治"。并且由于过分强调集中统一，易导致权力过于集中，不便于管理分权，容易使一些领导者过分迷信行政方法的力量，从而助长他们的独断专行。

3．经济方法

经济方法是指根据客观经济规律的要求，正确运用价格、税收、信贷、利润、工资、资金、罚款以及经济合同等经济手段来管理食品企业的方法。

经济方法的实质是围绕着物质利益，运用各种经济手段正确处理好国家、集体和劳动者个人三者之间的经济关系，最大限度地调动各方面的积极性、主动性、创造性和责任感。

经济方法具有利益性、普遍性、灵活性和平等性的特点。利益性是指经济方法是通过利益机制引导被管理者去追求某种利益。普遍性是指经济方法被整个社会所广泛采用，特别是在经济管理领域，它是最为重要的管理方法。灵活性是指经济方法针对不同的管理对象，可以采用不同的经济手段，对同一管理对象在不同情况下，可以采用不同方式来进行管理。平等性是指经济方法承认被管理的组织或个人在获取自己的经济利益上是平等的。

经济方法易于被管理对象所接受，能充分调动各级机构和人员的积极性，但也容易产生讨价还价的现象，易诱发拜金主义思想。因此，既要注意将经济方法与教育方法等其他方法有机地结合起来运用，也要注意经济方法的不断完善。

4．教育方法

教育方法是指通过学习、讨论、讲授、示范等手段，对职工进行思想政治教育和文化科学技术知识教育，提高食品企业全体成员的素质，使其自觉地为实现组织的目标而努力工作的一种管理方法。

教育方法的主要内容有人生观及道德教育、爱国主义和集体主义教育、民主及参与管理教育、法制及规章制度教育、科学文化教育、组织文化教育等。

教育方法有利于提高组织成员的综合素质；有利于组织成员更好地理解组织目标和各项管理措施，从根本上调动员工的积极性和创造性，以高效率实现组织目标。但要注意进行政治思想教育时，反对空洞说教和形式主义，反对采用粗暴、强制压服的方法，反对用简单的惩罚手段来解决问题，反对言行不一致；在知识技能教育时，不要完全采用讲授式教育。教育方法是法律约束、行政命令、经济奖惩所不能替代的。

5．数学方法

数学方法是指对食品企业生产经营活动，用科学的理论及数学模型或系统模型来寻求优化方案的定量分析方法。数学方法能使食品企业管理进一步定量化、合理化、精密化。

食品企业管理常用的数学模型主要有盈亏平衡点模型、线性规划模型、存储模型、网络模型、排队模型、模拟模型等。

数学方法在食品企业管理中具有非常重要的作用。但由于人的因素难以用数学模型来描述，以及食品企业生产经营活动的复杂多变，数学方法也有它的局限性。只有各种方法综合运用、相互补充，才能更好地发挥每一种方法的作用。

项目案例分析

三全食品"互联网+"的转型之路

2015 年 5 月 29 日，中国冷冻食品市场占据头把交椅的三全食品在结束十天"停牌"后发布的复牌公告首度披露：三全不仅要转型互联网，而且要切入互联网大热门 O2O 行业，瞄准称为都市白领"痛点"的万亿级午餐刚性市场。

"传承+创新"的企业转型决策考量

三全食品创业初期的当家产品是汤圆，企业目标和口号也极为简单明了——"中华汤圆王"。三全做大的核心能力并不完全来自产品本身的风味，更来自标准化、工业化的生产能力。多年来，三全在−18℃速冻食品方面取得了较大优势，通过冷冻、冷藏技术，让汤圆走向了全国。然而，近年来宏观经济下行对快消品行业整体增速产生了一定影响，中国速冻食品行业增长低迷。国家统计局行业数据显示，2015 年 1—10 月国内速冻食品企业利润增速同比大幅下滑至 8.95%，且大幅低于同期收入增速 14.60%。在不利的消费大环境下，三全从 2013 年开始呈现出净利润逐年减少的趋势，2015 年下滑幅度更高达 57%。对于企业来说，不发展即倒退。在宏观经济下行、公司净利润负增长的情况下，为了应对速冻食品消费升级的换挡期，自主创新推动转型已成为必要之举。

开启"三全鲜食"的 O2O 之路

早在 2014 年，"三全鲜食"App 悄然登场，这标志着三全食品正式进入午餐市场。而线下三全"鲜食团队"正在向一线城市的楼堂馆所紧锣密鼓地选址布点——安置其自主研发的冷藏"盒饭机"。消费者通过三全鲜食 App 在线预订后，可凭借发送手机的出餐密码在当天任何时段，在盒饭机内领取盒饭。当天预订而没有被领取的盒饭，将会在第二天被物流员补充新鲜盒饭时带走。都市白领的午餐需求极具刚性和黏度，以此为入口，App 将快速积累一定客户群体和稳定的流量。客户和流量正是移动物联网时代 O2O 的本质，基于此而形成的平台将潜力无限。在如何满足消费者的口味上，三全通过调研发现，人的味觉记忆周期是 23 天，所以三全鲜食提供的菜单是每天四种选择，一周六天（周日歇业），一天一个主题不重样。自 2014 年 10 月至今，三全食品太仓基地已开发百余款便当，并在上海铺设 400 余个智能售卖机。每天，三全鲜食的信息化后台会根据基于用户反馈的数据管理系统（消费者喜好、客单价、留言、时令等），对不同区位的售卖机定向推送产品。目前，三全鲜食已在北京、上海实现初步覆盖。

O2O 项目受挫，转型之路并不轻松

三全"问道"O2O，不仅闯入了完全陌生的互联网世界，而且跨入了午餐市场的红海竞争。白领午餐市场目前竞争已非常激烈，主要受两大势力所控制。其一，以全家、罗森为代表的便利店；其二，是以"饿了么""美团外卖"为代表的"电商平台 + 餐馆外卖"。与便利店和第三方电商平台相比，三全售卖机不具备餐厅的灵活性，每台售卖机的接客量有限，并且办公室的消费场景决定了售卖机周末歇业。同时，两大势力深耕市场多年，已形成较稳固的市场份额和口碑。因此，如何利用自身优势与上述两类竞争者拉开距离，同时保持住用户黏性，科学合理构建起售卖机的布局生态，都是三全急需解决的难题。

在激烈的市场竞争下，三全的转型之路并没有预想中的一帆风顺。三全的O2O消费模式并没有被白领们普遍接受。自从上海试运营开始，三全鲜食项目一直处于千万级的亏损中。2016 年 6 月 24 日，三全鲜食线下所有的贩卖机暂时停运。面对外界资本市场的质疑，三全公司认为这是"试错"的成本，创新投入还应该继续下去。

对食品企业而言，O2O 是个热词，但成功者寥寥无几。三全的转型符合时代趋势，进军午餐市场的想法也很具有前瞻性，但是三全鲜食项目脱离了主业，其 O2O 模式没有直接可以借鉴的经验，自我摸索的成本太高。因此，在自身商业模式并不成熟的情况下，这种需要长期投入的板块，并不非常适合当下的三全食品。为了改善业绩下滑状况，三全鲜食未来或可从两方面入手，一是强化数据监测，提高补货能力，对售卖机布局进行优化调整；二是培养用户提前订餐的习惯，同时在售卖机之外挖掘增量订单。例如，与"饿了么""美团外卖"等餐饮O2O平台进行深入合作，利用这些大的平台去进行线上产品销售，争取用户流量，强化自身品牌。

资料来源：东方财富网。

? 辩证性思考：

你认为食品企业如何进行"互联网+"的转型。

项目检测

管理知识目标检测

1．简述食品企业的特征和类型。

2．现代食品企业制度包括哪些内容？

3．简述食品企业管理的内容。

4．食品企业管理的原理有哪些？

5．食品企业管理的方法有哪些？

管理能力目标检测

检测项目：

选择一家食品生产企业，对该食品企业管理现状进行分析，撰写食品企业管理现状的分析方案。

检测目的：

通过检测，进一步熟悉、掌握食品企业的特征、类型，具备分析食品企业管理现状的基本能力。

检测要求：

由班级学习委员组织全员分团队对食品企业管理现状分析方案进行讨论，评选三个优秀方案，在全班进行宣讲，教师进行评价。

项目 2 ●　●　●

食品企业组织与文化

项目目标

管理知识目标

明确食品企业组织的概念与食品企业文化的概念、功能、构成；熟悉食品企业组织结构的类型、食品企业文化建设的目标；掌握食品企业组织结构设计、食品企业文化建设与食品企业形象塑造的步骤与方法。

管理能力目标

具备运用食品企业组织结构设计与文化建设的能力。

项目导入案例

海底捞公司的组织文化建设

四川海底捞餐饮股份有限公司成立于 1994 年，是一家以经营川味火锅为主、融汇各地火锅特色为一体的大型跨省直营餐饮品牌火锅店，创始人是张勇。经过 20 多年的艰苦创业，海底捞不断进取，团结拼搏，逐步从一个不知名的小火锅店，发展成拥有近 2 万名员工、连续 5 年获"中国餐饮百强食品企业"荣誉称号的大企业。海底捞的企业文化是海底捞全体员工在长期工作和生活中培育、积淀形成的，反映海底捞人特征的做法、习惯、观念、意识等。海底捞企业文化建设的特色如下。

1．理念明确

"海底捞"是一个有着明确目标、共同使命的组织。与我们常见的民营食品企业不同，这个组织不仅是老板、股东赚钱的工具，它真的是在为员工谋福利，它的成长壮大与员工的切身利益紧密相关，是一个承载着大家"共同理想"的组织。最重要的是，它的使命感是深入人心的，是大家共有的，不是某个人写下来贴在墙上作秀的。

2．机制公平

"海底捞"在努力营造组织的归属氛围和公平发展机制。尽管不同能力、不同级别的员工获得的报酬不同，但是，每个人都会得到与其贡献相应的报酬，都会得到作为一个组织成员有尊严的生活条件、工作与学习支持、成长发展机会和辅导教育等各种"组织关怀"，员工们的工作、生活、家庭条件在与组织共同进步，分享着组织的成功与成长的回报。

3．文化有效

"海底捞"建立了与"农民工们"特征相适应的组织文化。师徒制、传帮带、家庭观念、群众监督、集体智慧、最佳实践、集体荣誉，这些当年在火红年代里被证明实用、有效、符合国人文化习惯的管理方法，都被海底捞移植了过来，并发扬光大、落地生根。而海底捞大学的建立，更是在实现大家"大学梦"的同时，实现了将这些最佳实践与食品企业案例教学有效结合的"与时俱进"。

4．以人为本

明确了组织能力、员工队伍建设作为核心能力的价值理念。"海底捞"能够客观、清醒地看待资本、员工、文化、组织、领导力这些组织发展要素对食品企业发展战略的价值，能够静下心来，一心一意从组织内功的角度考虑食品企业的稳步发展，从员工队伍、领导力建设和管理机制、流程体系、文化传承体系等方面做好基础建设，以实现整合资本资源、社会资源来发展组织的目的，而不是被资本和市场机会整合掉。

资料来源：http://sh.yuloo.com/hr/knowledge/qywh/80112.html。

？ 辩证性思考：

你认为海底捞成功的要素有哪些。

任务 1　食品企业组织结构

2.1.1　食品企业组织

一个食品企业组织的管理活动，首先通过计划活动，明确企业组织所要达到的目标，在此基础上就要对包括人、财、物和信息在内的各种资源在一定的空间和时间范围内进行有效的配置，尤其要明确各自的权力和责任，建立一种既分工又协作的集体活动结构，不断对组织结构做出调整和变革，这些就是食品企业组织职能所要完成的任务。

1．食品企业组织的概念

食品企业组织是在企业里，由两个或两个以上的个人为了实现共同目标组合而成的有机整体。食品企业组织具有明确的目标和精心设计的结构，它是构成要素彼此协调的活动系统，是同外部环境保持密切联系的社会实体。

2．食品企业组织的要素

食品企业组织的要素是企业组织系统的各个部分或成分，是企业组织的最基本单位。一个实体之所以称为组织，必须具备三个要素。

（1）食品企业组织起源于共同的目标。任何组织都是为了目标而存在的。企业组织目标是组织一切活动的源泉。这种共同的目标既是企业组织运营和组织协调所必需的，又能为组织成员所接受和理解，并且必须随着环境的变化而做出相应的调整。

（2）每个食品企业组织都由一定人群组成。人群是组织的基本单位。人们为了某种共同的目的聚合在一起，并为了目标相互协作、共同工作，建立良好的人际关系。

（3）食品企业组织都派生出相应的系统性的结构。为实现目标、提高效率，组织必须进行分工协作，建立某种协调关系，把食品企业组织成员联系起来，形成一个有机的整体。通过建立一定的食品企业组织结构关系、规则规章制度，编写职务说明书等来限制和规范企业组织成员的行为。

3. 食品企业组织的职能

食品企业组织的职能是指为有效实现企业组织目标、建立企业组织结构、配备人员，使组织协调运行的一系列活动。它主要体现在以下几个方面。

（1）食品企业组织结构设计与建立。包括企业组织内横向管理部门的设置和纵向管理层次的划分。

（2）适度分权和正确授权。分权适度和授权成功有利于食品企业组织内各层次、各部门为实现组织目标而协同工作。

（3）人员的选择和配备。包括人员的招聘和定岗、训练和考核、奖惩制度，以及对人的行为的激励等。

（4）食品企业组织运作和组织变革。食品企业组织运作是指管理者怎样使已设计好的企业组织系统目标有效地运转，包括制定和落实各种规章制度及建立企业组织内部的信息沟通模式。组织变革是指不断适应实现目标的需要，对企业组织工作进行必要的调整、改革与再设计。

2.1.2　食品企业组织结构的设计

食品企业组织结构设计的任务是设计清晰的组织结构，规划和设计组织中各部门的职能和职权，确定组织中职能职权、参谋职权、直线职权的活动范围并编制职务说明书。

1. 组织结构设计的原则

在长期的食品企业管理实践活动中，人们逐渐认识到由人构成的组织群体要高效而有序地工作，就必须遵守一定的原则，组织结构设计也符合这样的规律。因此，在食品企业组织结构设计过程中要注重以下原则，以便为组织的生存和发展奠定良好的基础。

（1）目标统一原则。组织结构的设计和组织形式的选择必须有利于组织目标与任务的实现。组织目标层层分解，部门目标层层设置，直到每个部门和每个人都了解自己在组织总目标实现中的具体目标和应完成的具体任务。

（2）统一指挥原则。统一指挥原则是组织中每个下属只能接受一个上级的指挥，并向这个上级负责。统一指挥原则可避免组织中更高级别的主管或其他部门的主管越级指挥或越权发布命令的现象的产生，有利于组织的政令统一、高效率地贯彻执行各项决策，避免多头领导而造成的混乱。但是，在实际管理活动中，这一原则有时过于刻板，使组织缺乏必要的灵活性，造成同层次的不同部门之间的横向沟通困难。因此，在组织结构设计和沟通方式设计时应采取适当的措施予以弥补。

（3）管理幅度原则。管理幅度是指一个管理者直接指挥的下属数目。管理幅度原则就是要求一个管理者要有一个适当的管理幅度。管理幅度过大，不利于监督和指挥；管理幅度过小，造成管理成本上升，甚至浪费资源。一个组织的各级管理者究竟选择多大的管理幅度合适，应视实际情况而定。

（4）责权一致原则。责权一致原则是指在赋予每一个职务责任的同时，都必须赋予这个职务自主完成任务所需的权力，权力的大小需要和责任相对应。没人愿意承担没有职权对应的职责，如果职权太小，职责承担者的积极性、主动性就会受到束缚，甚至无法承担相应的责任；相反，只有职权而无任何责任，或责任程度远远小于职权，将导致滥用权力，产生官僚主义等。在实际组织设计时应尽量避免这两种现象的产生。

（5）精干高效原则。精干高效，是指在能够保证组织活动正常开展的前提下，尽可能减少管理层次，简化部门机构，并配置少而精的主管人员。坚持这个原则的优点包括：第一，组织精干，反应敏捷，协调工作量小，工作效率高；第二，节省人员的费用开支和组织的管理费用。

（6）分工协作原则。由于组织规模的扩大，管理问题日益复杂化，因此需要将有专业知识和技能的人员纳入管理系统中来。分工协作原则是指在组织设计时，按不同专业和性质进行合理的分工，并规定各个部门之间或部门内部的协调关系和配合方法，这是提高组织效率的有效手段。

（7）以人为本原则。设计组织结构前，要综合考虑食品企业现有的人力资源状况以及食品企业未来几年对人力资源的素质和数量等方面的需求，要以人为本进行设计。

（8）适应创新原则。组织结构设计应综合考虑组织的内外部环境、组织的理念与价值观、组织当前和未来的发展战略、组织使用的技术等以适应组织的现实状况。并且，随着组织的成长和发展需要，组织结构应有一定的拓展空间。

2．职务分析与职务设计

（1）职务分析。职务分析是对每种工作做出明确界定，确定完成这种工作需要的行为，收集所有与这种工作相关的信息并进行评价的系统工程。要使组织中的每个职务存在并有意义，必须满足以下两个特征。

1）明确职位要求。职位要求主要包括如下问题：该职位要做些什么，要求哪些技能和知识背景，该职位的任务是否可以通过其他方式实现等。为了获得这些问题的答案，就必须通过观察、调查、系统分析等手段对职位进行详细的分析。职位要求应当既满足组织目标的要求，也满足个人的需要。

2）明确候选人应当具备的条件或资质。组织职位的人选必须具备一定的资格。要成为一个有效的管理者，必须具备各种必要的管理技能，包括技术技能、人际技能、概念技能等，各种技能的相对重要性因职位在组织中的层次不同而有所差异。除了这些技能，还有一些个性特征也十分重要。这些特征包括从事管理工作的欲望、与人沟通的能力、正直忠诚的品质以及过去从事管理工作的资历等。

（2）职务设计。职务设计就是将若干工作任务组合起来构成一个完整的职位。职务因任务组合的方式不同，而这些不同的组合就形成了多种职务设计方案。

1）职务专业化。职务设计基本上是按职务专业化的模式进行的，管理者力求将组织中的工作设计得尽可能简单易做。职务专业化有利于提高人员的工作熟练程度，有利于缩短因工作变换而损失的时间，有利于使用专用设备和减少人员培训的要求，以及扩大劳动者的来源和降低劳动成本等。但如果职务设计得过于狭窄，就不可避免地带来负面影响，如枯燥、单调、乏味，造成人们生理、心理上的伤害，导致员工的厌烦和不满，工作之间的协调成本上升，进而影响总体的工作效率和工作质量。

2）职务扩大化。避免职务专业化缺陷的一种方法是职务扩大化，它主张通过把若干狭窄的活动合并为一件工作的方式来扩大工作的广度和深度。职务扩大化所增加的任务往往与员工以前担任的工作内容类似，因此它只是工作内容水平方向的延展。但是正因为如此，不需要员工具备新的技能，导致员工在工作之后也会产生枯燥的感觉。

3）职务轮换。与职务扩大化相似的做法是，让员工定期地从一项工作更换到另一项工作中。其缺点是，增加培训成本，导致生产效率下降；大量的工作人员安置在他们经验有限的岗位上，导致日常决策与业务处理问题增加；非自愿地对员工进行职务轮换，可能使那些聪明而富有进取心的员工的积极性受挫，他们喜欢在其所从事的专业中寻找更大的、更具体的责任。

4）职务丰富化。职务丰富化则是指从纵向上充实和丰富工作内容，即增加员工对工作的自主性和责任心，使其体验工作的内在意义、挑战性和成就感。

职务丰富化的途径：一是实行任务合并，即让员工从头到尾完成一项完整的工作。二是建立客户关系，即让员工有和客户接触的机会，出现问题也由其负责。三是让员工规划和控制自己的工作，而不是由别人控制，员工可以自己安排时间进度，可以自己处理遇到的问题，并且自己决定上下班时间。四是建立畅通的反馈渠道，使任职者能够迅速评价和改进工作绩效。

5）工作团队。当职务设计是围绕群体而不是个人时，就形成了工作团队。工作团队有多种类型，自主管理工作团队是其中最具代表性的一种。这种团队享有相当大的自主权，除了安排工作进度、决定工作方法，还可以自主挑选成员、自主考评工作绩效以及决定对于团队成员的奖惩。

3. 食品企业组织结构设计的程序

食品企业组织结构设计是一个动态的工作过程，它包含了众多的工作内容，既有职位、职权的确定与部门的分工，又有组织内部各机构运行规则的制定和各部门联系方式的规定，还包括对人员的配备和培训。总体来看，要做好一个组织结构设计，必须经过以下八个环节。

（1）确定组织结构设计的基本依据。确定组织结构设计的基本依据包括：公司一级的管理跨度是宽一些还是窄一些，部门分工形式是采用职能制还是事业部制，是集权还是分权，等等。这些是进行组织设计的基本依据。

（2）进行职能分析和职能设计。对食品企业而言，这一步骤的内容包括：确定为了实现食品企业的战略目标而需要设置的各项经营职能和管理职能，并明确其中的关键职能，不仅要确定企业总的管理职能及其结构，而且要分解各项具体的管理业务和工作；为了提高管理效率，需要进行管理和业务流程的优化，合并相应的职能。

（3）设计组织结构的框架。即设计承担这些管理职能和业务的各管理层次、部门、岗位及其权力和责任，这个阶段是组织设计的主体工作。框架设计可以有两种方法。

1）自下而上的设计方法。即先确定组织运行所需的各个岗位和职务，然后按一定的要求（职能专业化或顾客、地区专门化）将某些岗位和职务组合成多个相对独立的部门，再根据部门的数量和设计幅度的要求，划分出各个管理层次。

2）自上而下的方法。即先确定管理层次，然后划分部门，最后分解成各个岗位和职务。其设计思路与前一种设计方法相反。

由于岗位—部门—层次三者是相互联系、相互制约的，因此在实践中，这两种设计方法一般结合使用，相互修正。

（4）联系方式的设计。即设计上下管理层次之间、左右管理部门之间的协调方式和控制手段，其目的是把各分解的部门联合起来，共同为实现组织的整体功能和战略目标服务。

（5）管理规范的设计。即确定各项管理业务的管理工作程序、管理工作应达到的要求（管理工作的标准）和管理人员应采用的管理方法等，它形成了各层次、各部门和各位组织成员的行为规范，有利于实现组织的合法化和规范化，起到巩固和稳定组织的作用。

（6）人员配备和训练管理。这个环节主要是明确各岗位、职务任职人员的资质要求和数量，如担任某一职务管理人员应具备的思想素质、身体素质、业务素质和业务技能及相关管理经验等，主要目的是保证管理人员从事管理工作的胜任力。

（7）各类运行制度的设计。这一环节的工作主要是制定各管理部门和管理人员的绩效评价和考核制度、管理人员的激励制度等，以保证整个组织的有序运行，提高效率。

（8）反馈和修正。组织设计是一个动态的过程，因此对组织实际运行中所反映出来的问题及时反馈，并对组织结构不适应的地方进行修正，从而使组织不断完善，不断符合新的环境变化和组织任务的要求。

2.1.3　食品企业组织结构的类型

1．直线制组织结构

（1）直线制组织结构的特点。直线制，也叫军队制，是一种最早也是最简单的组织形式。它的特点是不设专门的职能机构，食品企业各级行政单位从上到下实行垂直领导，下属部门只接受一个上级的指令，各级主管负责人对所属单位的一切问题负责。要求食品企业领导者精明能干，具有多种管理专业知识和生产技能知识，如图 2-1 所示。

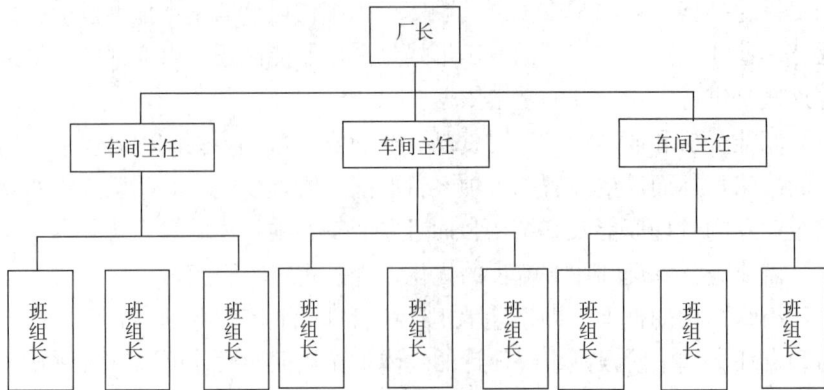

图 2-1　直线制组织结构

1）组织中每位主管人员对其直接下属拥有直接职权。

2）组织中的每个人只对他的直接上级负责或报告工作。

3）主管人员在其管辖范围内，拥有绝对职权或完全职权，即主管人员对所管辖的部门的所有业务活动行使决策权、指挥权和监督权。

（2）直线制组织结构的优点。

1）权力集中，职权和职责分明、命令统一，信息沟通简捷方便，便于统一指挥。

2）集中管理，管理机构简单，管理费用低。

3）决策迅速，责任明确，指挥灵活。

4）直接上级和下级关系十分清楚，维护纪律和秩序比较容易。

（3）直线制组织结构的缺点。

1）各级行政首脑必须熟悉与本部门业务相关的各种活动（尤其是最高行政首脑，必须是全能管理者）。

2）缺乏横向的协调关系，没有职能机构作为行政首脑的助手，容易使行政首脑产生忙乱现象。所以，一旦食品企业规模扩大，管理工作复杂化，行政首脑可能由于经验、精力不济而顾此失彼，管理工作简单粗放，难以进行有效的管理。

3）成员之间和组织之间横向联系差。

4）难以找到继任者。

（4）直线制组织结构的适用范围。直线制组织结构适用于食品企业规模不大、职工人数不多、生产和管理工作都比较简单的情况或现场作业管理。

2．职能制组织结构

（1）职能制组织结构的特点。职能制组织结构是按职能来组织部门分工，即从食品企业高层到基层，均把承担相同职能的管理业务及其人员组合在一起，设置相应的管理部门和管理职务。例如，把所有与销售有关的业务工作和人员都集中起来，成立销售部门。由分管市场营销的副经理领导全部销售工作，研究开发、生产制造、工程技术等部门同样如此。示例如图 2-2 所示。

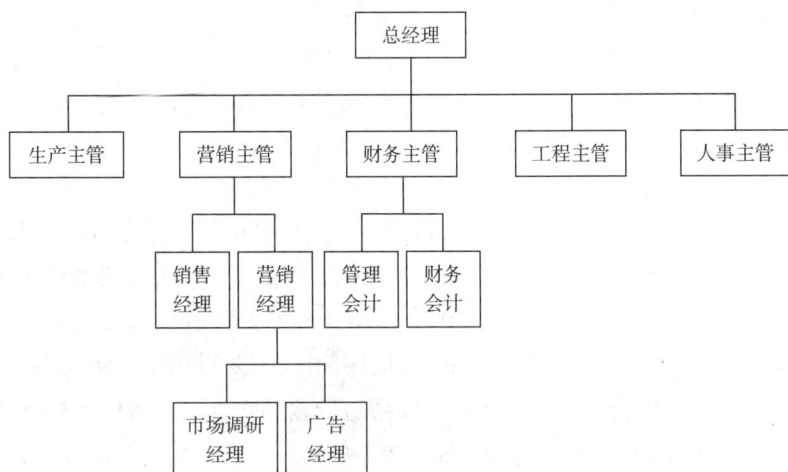

图 2-2 职能制组织结构

1）各级管理机构和人员实行高度的专业化分工，各自履行一定的管理职能。因此，每个职能部门所开展的业务活动将为整个组织服务。

2）实行直线—参谋制。整个管理系统划分为两大类机构和人员。

① 直线指挥机构和人员，对其直属下级有发号施令的权力。

② 参谋机构和人员，其职责是为同级直线指挥人员出谋划策，对下级单位不能发号施令，而是起业务上的指导、监督和服务的作用。

3）食品企业管理权力高度集中。由于各个职能部门和人员都只负责某个方面的职能工作，只有最高领导层才能纵观食品企业全局，因此，食品企业生产经营的决策权必然集中于最高领导层，主要是经理身上。

（2）职能制组织结构的优点。

1）由于按职能划分部门，其职责容易明确规定。

2）每个管理人员都固定地归属于一个职能结构，专门从事某项职能工作，在此基础上建立的部门之间的联系能够长期不变，这就使整个组织系统有较高的稳定性。

3）各部门和各类人员实行专业化分工，有利于管理人员注重并能熟练掌握本职工作的技能，有利于强化专业管理，提高工作效率。

4）管理权力高度集中，便于最高领导层对整个食品企业实施严格的控制。

（3）职能制组织结构的缺点。

1）横向协调性差。高度的专业化分工使各职能单位自成体系，往往不重视工作中的横向信息沟通，加上狭窄的隧道视野和注重局部利益的本位主义思想，可能引起组织中的各种矛盾和不协调现象，对食品企业生产经营和管理效率造成不利的影响。

2）食品企业领导负担重。在职能制结构下，部门之间的横向协调只有食品企业高层领导才能解决，加之经营决策权又集中在他们手中，企业高层领导的工作负担就十分重，容易陷入行政事务之中，无暇深入研究和妥善解决生产经营的重大问题。

29

3）适应性差。按职能分工的组织通常弹性不足，人们主要关心自己狭窄的专业工作，妨碍相互间的信息沟通，高层决策在执行中也往往被狭窄的部门观点和利益所曲解，或者受阻于部门隔间而难以贯彻。这样，整个组织系统就不能对外部环境的变化及时做出反应，适应性差，对环境的变化反应比较迟钝。

4）职能工作不利于培养综合管理人才。由于各部门的主管人员属于专业职能人员，工作本身限制着他们扩展自己的知识、技能和经验，而且养成了注重部门工作与目标的思维方式的行为习惯，使得他们难以胜任也不适合担任对食品企业全面负责的高层领导工作。

5）员工接受多个部门的指令，造成多头领导，员工无所适从。

（4）职能制组织结构的适用范围。职能制组织结构主要适用于中小型、产品品种比较单一、生产技术发展变化较慢、外部环境比较稳定的食品企业。具备以上特性的食品企业，其经营管理相对简单，部门较少，横向协调的难度小，对适应性的要求较低，因此职能制结构的缺点不突出，而优点却能得到较为充分的发挥。当食品企业规模、内部条件的复杂程度和外部环境的不确定性超出了职能制组织结构所允许的限度时，固然不应再采用这种结构形式，但在组织的某些局部，仍可部分运用这种按职能划分部门的方法。例如，在分权程度很高的大型食品企业中，组织的高层往往设有财务、人事等职能部门，这既有利于保持重大经营决策所需的必要的集权，也便于让这些部门为整个组织服务。此外，在组织的作业管理层，也可根据具体情况，程度不同地运用设置职能部门或人员的做法，借以保证生产效率的稳定和提高。

3. 直线职能制组织结构

（1）直线职能制组织结构的特点。直线职能制组织结构也叫生产区域制，或直线参谋制。它是在直线制和职能制的基础上，取长补短，吸取这两种形式的优点而建立起来的。目前，绝大多数企业都采用这种组织结构形式。这种组织结构形式是把食品企业管理机构和人员分为两类，一类是直线领导机构和人员，按命令统一原则对各级组织行使指挥权；另一类是职能机构和人员，按专业化原则从事组织的各项职能管理工作。直线领导机构和人员在自己的职责范围内有一定的决定权和对所属下级的指挥权，并对自己部门的工作负全部责任。而职能机构和人员，则是直线指挥人员的参谋，不能对直接部门发号施令，只能进行业务指导。示例如图2-3所示。

（2）直线职能制组织结构的优点。直线职能制集中了直线制和职能制的优点，既保证了集中统一指挥，又能发挥各种专家业务管理的作用。

（3）直线职能制组织结构的缺点。

1）各职能单位自成体系，不重视信息的横向沟通，工作易重复，效率不高。

2）若授权职能部门权力过大，容易干扰直线指挥命令系统。

3）职能部门缺乏弹性，对环境变化的反应迟钝。

4）可能增加管理费用。

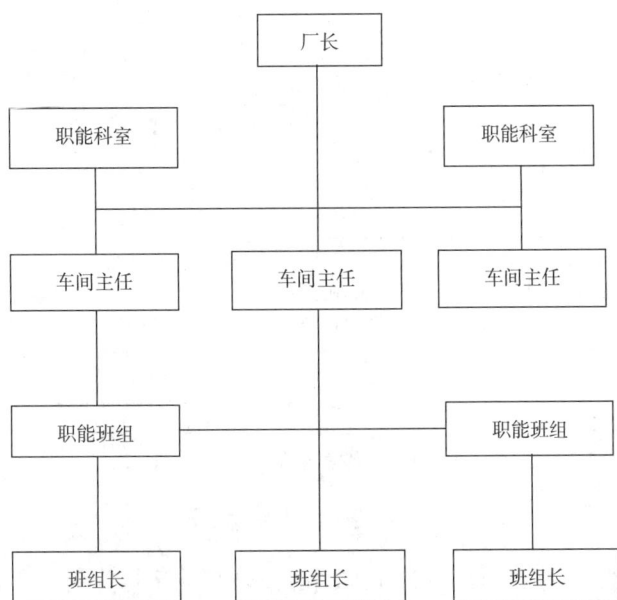

图 2-3　直线职能制组织结构

（4）直线职能制组织结构的适用范围。中小食品企业普遍适用直线职能制，该组织结构在绝大多数企业尤其是面临较稳定环境的中小食品企业中得到了广泛应用。但对于规模较大、决策时需要考虑较多因素的组织则不太适用。

4．事业部制组织结构

（1）事业部制组织结构的特点。事业部制，就是按照食品企业所经营的事业，包括按产品、按地区、按顾客（市场）等来划分部门，设立若干事业部。事业部是在食品企业宏观领导下，拥有完全的经营自主权，实行独立经营、独立核算的部门，既是受公司控制的利润中心，具有利润生产和经营管理的职能，也是产品的责任单位或市场的责任单位，对产品设计、生产制造及销售活动负有统一领导的职能。示例如图 2-4 所示。

事业部制组织结构的主要特点如下：

1）专业化生产经营管理部门。按食品企业的产出将业务活动组合起来，成立专业化的生产管理部门，即事业部。如果产品品种较多，每种产品都能形成各自市场的大食品企业，可按产品设置若干事业部，凡与该产品有关的设计、生产、技术、销售、服务等业务活动，均组织在这个产品事业部中，由该事业部总管；在销售地区广、工厂分散的情况下，食品企业可按地区划分事业部。这样，每个事业部都有自己的产品或服务的生产经营全过程，为食品企业贡献出一份利润。

2）集中政策，分散经营。在纵向关系上，按照"集中政策、分散经营"的原则，处理企业高层领导与事业部之间的关系。实行事业部制，企业最高领导层要摆脱日常的行政事务，集中力量研究和制定食品企业发展的各种经营战略和经营方针，而把最大限度的管理权限下放到各事业部，使它们能够依据食品企业的经营目标、政策和制度，完全自主经营，充分发挥各自的积极性和主动性。

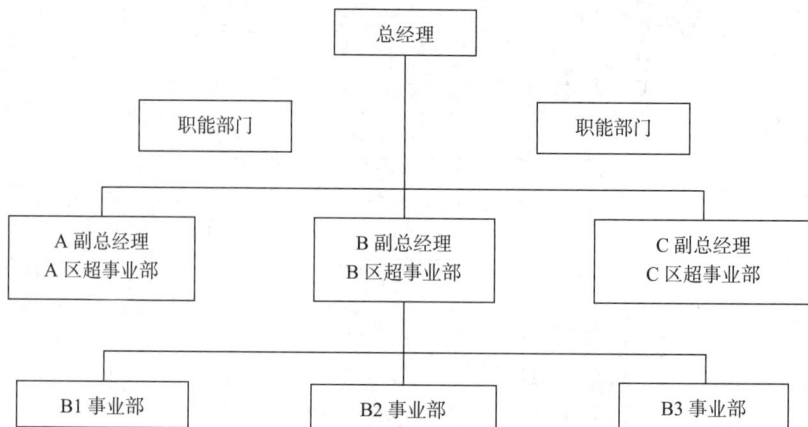

图 2-4　事业部制组织结构

3）利润中心，实行独立核算。在横向关系上，各事业部均为利润中心，实行独立核算。这就是说，实行事业部制，则意味着把市场机制引入食品企业内部，各事业部之间的经济往来将遵循等价交换原则，结成商品货币关系。

4）直线职能制结构组织设计。在事业部内部，仍然按照直线职能制结构进行组织设计。从食品企业高层组织来说，为了实现集中控制下的分权，提高整个食品企业管理工作的经济性，要根据具体情况设置一些职能部门，如资金统筹、公共关系等部门。从事业部来说，为了经营自己的事业，也要建立管理机构。事业部内部一般采用直线职能制结构。

（2）事业部制组织结构的优点。

1）每个事业部都有自己的产品和市场，能够规划其未来发展，也能灵活、自主地适应市场出现的新情况，并能迅速做出反应，所以，这种组织结构既有高度的稳定性，又有良好的适应性。

2）有利于最高领导层摆脱日常行政事务和直接管理具体经营工作的繁杂事务，而成为坚强有力的决策机构，又能使各事业部发挥经营管理的积极性和创造性，从而提高食品企业的整体效益。

3）事业部经理虽然只是负责领导一个比所属企业小得多的单位，但是，由于事业部自成系统，独立经营，相当于一个完整的食品企业，所以，它能经受企业高层管理者面临的各种考验。显然，这有利于培养全面管理人才，为食品企业的未来发展储备干部。

4）按产品划分事业部，便于组织专业化生产，形成经济规模，采用专用设备，并能使个人的技术和专业知识在生产和销售领域得到最大限度的发挥，因此有利于提高劳动生产率和食品企业经济效益。

5）事业部作为利润中心，既便于建立衡量事业部及其经理工作效率的标准，各事业部之间可以有比较、有竞争；也便于进行严格的考核，易于评价每种产品对公司总利润的贡献大小，用以指导食品企业发展的战略决策。

（3）事业部制组织结构的缺点。

1）由于各事业部利益的独立性，容易滋长本位主义。

2）部门重复建设，如各事业部均有人力资源部，一定程度上增加了费用开支，造成资源浪费。

3）公司总部将权力下放后，容易发生失控，所以对公司总部的管理工作要求较高。

（4）事业部制组织结构的适用范围。事业部制结构主要适用于产业多元化、品种多样化、各有独立的市场，而且市场环境变化较快的大型食品企业。

5. 矩阵制组织结构

（1）矩阵制组织结构的特点。矩阵制组织是为了改进直线职能制横向联系差、缺乏弹性的缺点而形成的一种组织形式。在一个机构的职能制组织类型下，为某种特别任务另外成立专门小组负责，此专门小组与原组织配合，在类型上有行列交叉之式，即矩阵制组织。在专门小组中，一名管理人员既同原职能部门保持组织与业务上的联系，又参加项目小组的工作。职能部门是固定的组织，项目小组是临时性组织，完成任务以后就自动解散，其成员回原部门工作。例如，组成一个专门的产品（项目）小组去从事新产品开发工作，在研究、设计、试验、制造各个不同阶段，由有关部门派人参加，力图做到条块结合，以协调有关部门的活动，保证任务的完成。这种组织结构形式是固定的，人员却是变动的，需要谁，谁就来，任务完成后就可以离开。项目小组和负责人也是临时组织和委任的。示例如图 2-5 所示。

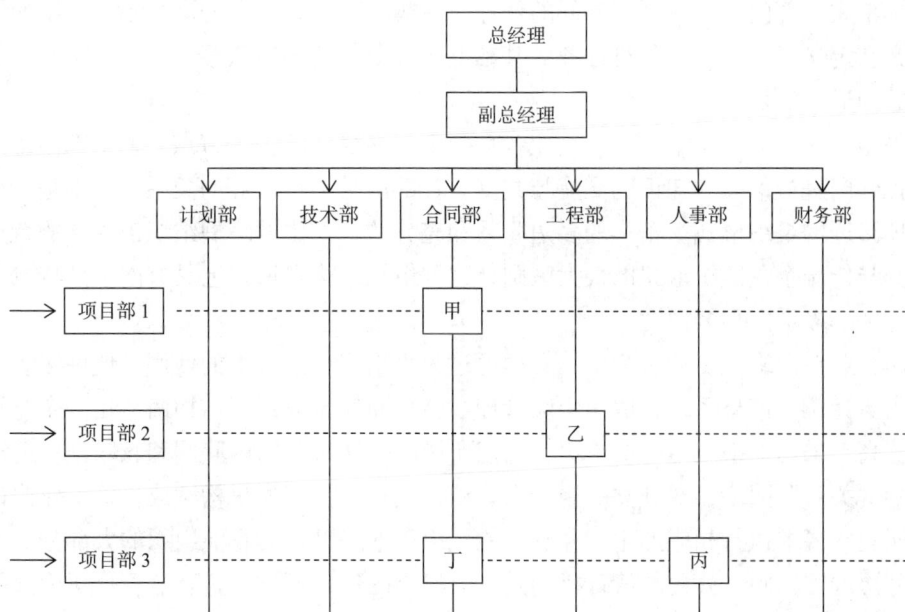

图 2-5　矩阵制组织结构

（2）矩阵制组织结构的优点。

1）加强了横向联系，专业设备和人员得到了充分利用，各部门人员不定期的组合有利于信息交流，增加互相学习的机会，提高专业管理水平。

2）具有较大的机动性，针对特定的任务进行人员配置有利于发挥个体优势，集众家之长，提高项目完成的质量，提高劳动生产率。

3）将食品企业的横向与纵向关系相结合，有利于协作生产，促进各种专业人员互相帮助，互相激发，从而相得益彰。

（3）矩阵制组织结构的缺点。

1）人员双重管理的先天缺陷。项目负责人的责任大于权力，由于项目组成员来自各个职能部门，当任务完成以后，仍要回原职能部门，因此容易产生临时观念，对工作有一定影响。所以，项目负责人对他们管理困难，没有足够的激励手段与惩治手段，成员位置不固定，有临时观念，有时责任心不够强。

2）项目管理人员要求高。由于项目一般涉及较多的专业，而项目负责人对项目的成败具有举足轻重的作用，因此要求项目负责人具有较高的协调能力和丰富的经验，但是优秀的项目负责人比较难找到。

（4）矩阵制组织结构的适用范围。这种组织结构非常适用于横向协作和攻关项目。例如，食品企业可用来完成涉及面广的、临时性的、复杂的重大工程项目或管理改革任务，特别是以开发与实验为主的单位。

6. 网络型组织结构

（1）网络型组织结构的特点。网络型食品企业是虚拟企业的一种，网络型组织是由多个独立的个人、部门和企业为了共同的任务而组成的联合体，它的运行不靠传统的层级控制，而是在定义成员角色和各自任务的基础上通过密集的多边联系、互利和交互式的合作来完成共同追求的目标。

网络型食品企业组织结构中，企业各部门都是网络上的一个节点，每个部门都可以直接与其他部门进行信息和知识的交流与共享。各部门是平行对等的关系，而不是以往通过等级制度渗透的组织形式。密集的多边联系和充分的合作是网络型组织最主要的特点，而这正是其与传统企业组织形式的最大区别，这种组织结构在形式上具有网络型特点，即联系的平等性、多重性和多样性。

食品企业在网络化变革过程中，必须通过大力推广信息技术的使用，使许多管理部门和管理人员让位于信息系统，取消中间管理层，从而使企业组织结构扁平化，企业管理水平不断提高。采用网络型结构的组织，它们所做的是通过公司内联网和互联网，创设物理和契约的"关系"网络，与独立的制造商、销售代理商及其他机构达成长期协作协议，使它们按照契约要求执行相应的生产经营功能。由于网络型食品企业组织的大部分活动都是外包、外协的，因此，公司的管理机构是一个精干的经理班子，负责监管公司内部开展的活动，同时协调和控制与外部协作机构之间的关系。示例如图 2-6 所示。

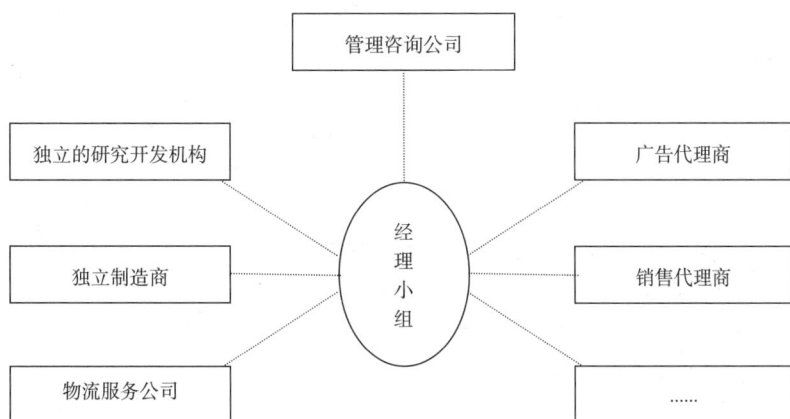

图 2-6　网络型组织结构

（2）网络型组织结构的优点。

1）组织结构简单、精练。组织中的大多数活动都实现了外包，降低了管理成本。这些活动更多地靠电子商务来协调处理，使组织结构扁平化，效率也更高。

2）网络的国际化，实现了食品企业全世界范围内供应链与销售环节的网络型组织结构的整合。

3）简化了机构和管理层次，实现了食品企业充分授权式的管理。组织结构具有更大的灵活性和柔性，以项目为中心的合作可以更好地结合市场需求来整合各项资源，而且容易操作，网络中的各个价值链部分也随时可以根据市场需求的变动情况增加、调整或撤并。

（3）网络型组织结构的缺点。

1）依靠合约控制，控制力弱。网络型组织结构食品企业之间主要依靠合约控制，其中的每一个组织单元都自主管理。如果不能正确规划和分清权责，容易发生管理混乱的局面。在网络型组织内部，各个节点相对独立，如果某些节点发生问题，这种网络型组织的扩散会非常快，而且不容易受到管理层的控制。网络的虚拟性更进一步加剧了经营风险。

2）质量保障困难。网络型组织结构的管理活动缺乏传统组织所具有的紧密的控制力，其供应的商品质量也难以预料。

3）创新容易泄密。网络型组织结构所取得的设计上的创新很容易被窃取，因为创新的产品一旦交由其他组织的管理当局去领导生产，要对创新加以严密的防卫是不可能的，至少也是很困难的。

7. 控股型组织结构

（1）控股型组织结构的特点。控股型组织是在非相关领域开展多种经营的食品企业常用的一种组织结构形式。集团控股型组织结构是通过企业之间控股、参股，形成包括母公司、子公司和关联公司在内的企业集团。各个分部具有独立的法人资格，是总部下属的子公司，也是公司分权的一种组织形式。示例如图 2-7 所示。

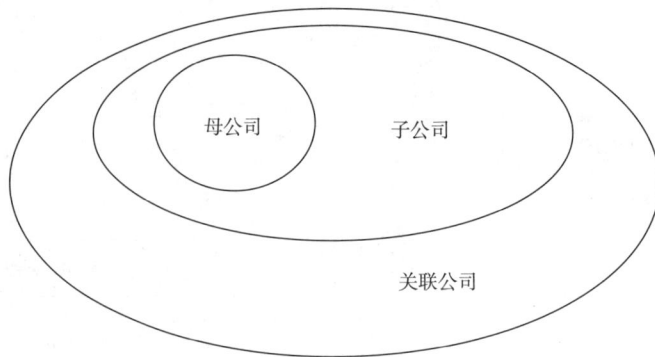

图 2-7　控股型组织结构

根据所持有股份的比例大小，对企业单位持有股权的大公司成为母公司，在公司中的地位划分如下：

1）持股比例大于 50% 的为绝对控股。

2）持股比例不足 50% 但对食品企业经营决策发生实质性影响的为相对控股。

3）持股比例很低且对另一食品企业的生产经营没有实质性影响的为一般参股。

（2）控股型组织结构的优点。控股公司作为食品企业的一种组织形式，既具有公司制的特征，又与其他公司形式有所区别。其优点如下。

1）以资产为纽带把食品企业密切联系起来。控股公司是国外通常采用的一种产权经营组织，主要是通过控股的形式、以股权关系为基础从事公司的产权管理和经营，或以参股、控股或相互持股等形式推动该集团的商品经营。实际上，这些控股公司形成了以资产关系为纽带的食品企业集团。

控股公司体制是一种十分便捷、有效的食品企业组织形式，是组建食品企业集团的方式。控股公司依据所有权凭证——股份，不仅享有其他公司的股息，还按其拥有的多数股的比例对其他公司的决策施加影响，行使股东权利。

2）被控股公司具有法人资格。控股公司的另一个重要特点是母公司与被控股子公司之间在法律上形式上彼此法人人格独立，并以资本的结合为基础而采用董事兼任制。这是控股公司与事业部制的重大区别。事业部制虽然是大公司所采取的高度分权的体制，但每个事业部一般无法人人格。而控股公司中都为独立法人，形成公司内的公司，每个子公司都是利润管理的彻底分权化的单位，具有独立的经营管理机构，并独自负有利润责任，拥有独立筹资能力。

3）控股公司又是一个整体。尽管控股公司的母公司与子公司均为独立的法人实体，可以各自独立承担民事责任，享有民事权利，但事实上，由于母公司掌握了子公司的控股权，子公司的重大决策基本上由控制子公司董事会的母公司决定，所以子公司的行为势必体现母公司的意志，子公司的行为要受母公司的规范。这样事实上控股公司必然形成一个整体利益。因此，世界各国的大型控股公司都在不同程度上制定了统一的发展战略，以整体优势参与经济竞争。

4）具有相当的融资能力。控股公司的母公司必须具有相当的筹资融资能力和控制内部资金能力，这样才能形成统一集中的财力和信贷，有能力调整内部结构，支持重点产品和重点食品企业的发展，并通过资金的再投入与滚动运作，加速公司发展。

（3）控股型组织结构的缺点。

1）公司规模庞大，成员结构庞杂。

2）公司股权分散，每个股东只占公司总资本的极小部分。股东虽对公司拥有部分所有权，但这对绝大多数小股东而言却无关紧要，而且股东的变动性很大。

3）公司股权分散，人数很多，但只要掌握一定比例以上的股票，就能控制公司的命脉。因此，公司董事会很容易对公司进行操纵和利用，损害众多小股东的利益。

（4）控股型组织结构的适用范围。控股型组织结构适用于需要较大资金的投资项目，而本组织资金又不足的情况，或者为了引入战略投资者的需要。控股公司不同于一般的公司，它是一个企业集合体，是一般公司发展到相当规模的结果。因为一家公司要对其他公司形成控股关系，必须拥有相当的实力，控股公司组建后，也就必然形成比单个公司更为强大的经济实体，所以国际上著名的大公司基本上都是控股公司，国内优秀的一些公司也正向控股经营方向发展。

任务 2　食品企业文化

2.2.1　食品企业文化的概念和主要内容

1. 食品企业文化的概念

食品企业文化，是以企业哲学为主导，以企业价值观为核心，以企业精神为灵魂，以企业道德为准则，以企业环境为保证，以企业形象为重点，以企业创新为动力的系统理念，是在一定的历史条件下，现代企业及其员工在长期的生产经营过程和变革的实践中逐步形成的，具有现代企业个性的共同思想、价值观念、经营理念、群体意识、行动方式、行为规范的总和。

2. 食品企业文化的主要内容

（1）食品企业目标。食品企业目标是企业观念形态的文化，具有对企业的全部经营活动和各种文化行为的导向作用。每个食品企业为了自己存在的目的和所要达到的任务，都会制定相应的目标，确定企业的使命与宗旨，激发员工动力，集中意志向目标前进。

确定食品企业目标必须从总体上体现现代企业经营发展战略，有一定的竞争性和一定的超前性，注意解决好经济效益与社会效益的关系。考虑到食品企业目标的复杂性、动态性、现实性，制定与贯彻企业目标，都要按客观规律办事，争取现代企业目标最佳化。

（2）食品企业哲学。食品企业必须着眼于培养企业家和企业员工的哲学思想，以转变观念和思维方式，正确处理食品企业中人与人、人与物、人与经济规律的关系，统一全体员工的思想，激发食品企业活力，带动食品企业前进。

（3）食品企业价值观。食品企业价值观是以企业中的个体价值观为基础，以企业经营管理者价值观为主导的群体价值观念。食品企业价值观是食品企业文化的核心，它决定和影响着企业存在的意义和目的、企业各项规章制度的价值和作用、企业中人的各种行为和企业利益的关系，为食品企业的生存和发展提供基本方向和行动指南，为食品企业员工形成共同行为准则奠定了基础。

食品企业价值观受企业哲学的影响。企业哲学不同，必然导致企业价值观不同。例如，以物为本的食品企业哲学，就会形成一切以有利于物的发展为标准的评价体系；而以人为本的食品企业哲学，就会形成一切以有利于人的自觉性发挥的评价体系。

（4）食品企业精神。食品企业精神是食品企业文化的高度浓缩，是食品企业文化的灵魂。食品企业精神的内涵应该丰富而深刻，意义重大而深远。食品企业精神具有强大的凝聚力、感召力和约束力，是企业员工对企业的信任感、自豪感和荣誉感的集中体现，是企业在经营管理过程中占统治地位的思想观念、立场观点和精神支柱。

食品企业因自己的生产方式、历史传统、产品结构、管理风格、员工状况的不同，受社会潮流、民族精神的影响，必然会形成自己独特的食品企业精神。这种独特的企业精神一般应包括食品企业对远大目标的追求、企业和员工强烈的命运共同体意识、企业所肩负的崇高使命、企业正确的价值观和方法论、企业有效的激励机制等。

（5）食品企业道德。食品企业道德必须包括以下内容：遵纪守法，国家、食品企业、个人利益统一；履行社会职责，向社会负责，诚实守信；公平竞争，互惠互利；优质适价，竭诚为消费者服务；重视人的价值，关心爱护员工；不断创新，追求卓越；等等。

（6）食品企业制度。食品企业制度一般指企业的规章制度或管理制度，是现代企业组织或群体为了维护其生产、工作和生活秩序而制定、颁布执行的书面的规划、程序、条例及法规的总和。

（7）食品企业文化活动。食品企业文化活动是指企业根据食品企业经营、发展需要，结合员工的需求和特点，所开展的各种文化活动，主要包括：为提高企业员工的文化素质和劳动技能开展的学习培训活动，为开发企业员工智力、培养员工的创造性和成就感及艺术创造能力开展的文学艺术活动；为丰富企业员工的精神生活、陶冶员工情操的娱乐活动；为使员工增强对食品企业的感情，加深对企业福利环境和文化氛围的依恋，开展的福利性活动；为使员工树立主人翁意识，强化和确立共同理想和企业意识开展的思想性活动；等等。

（8）食品企业环境。食品企业环境是企业文化的一种象征，它体现了企业文化的个性特点。每个食品企业都生存于一定的环境中，在环境中发展，又改造和创造着环境。

食品企业环境包括企业的内部环境和外部环境，不同的内部和外部环境是使企业文化具有个性的重要原因。一般地讲，食品企业的内部环境，是构成食品企业文化的重要因素；食品企业与外部环境的关系，则综合地体现了食品企业的基本信念、价值观、道德风尚和经营哲学。

食品企业环境是企业生存和发展最基本的条件，一方面，要能适应外部环境，使其积极作用于企业，促进企业的组织环境、心理环境、人文环境、经营环境，以良好的小环境促进大环境的改善，为大环境质量的改善做贡献。

（9）食品企业形象。食品企业形象是食品企业文化的可视性象征，是食品企业文化的载体。食品企业形象包括的内容很多，但基本内容有企业理念形象、企业外在形象、企业产品形象、企业领导者形象、企业员工形象、企业的经营形象、企业的销售服务形象、企业的公共关系形象等。

食品企业文化和食品企业形象是内容和形式的关系，企业文化和企业形象是内容和形式的统一，没有良好的企业文化，就不可能有良好的企业形象，良好的企业形象背后必然有良好的企业文化。食品企业形象不仅需要由人的各种因素决定，而且需要得到社会的广泛认同。食品企业形象实际上就是注意力经济。食品企业形象反映的是食品企业个性文化的形象。因为食品企业的特有形象是由食品企业的思想、信念、策略、方针、准则、价值观等构成的。

（10）食品企业创新。食品企业创新实质上是指食品企业文化的创造力，是食品企业文化的一个制高点，是食品企业文化的一个重要组成部分。在知识经济时代，食品企业创新是食品企业持续发展的源泉，是确保食品企业成功的关键。食品企业创新是食品企业持续发展的动力源泉，是食品企业实现跨越式发展的关键。食品企业创新是以人为中心，也最能表现出人的主体性。在知识经济时代，首先需要企业在管理层真正地解放思想和创新观念，更迫切地需要通过开发人力资源获取新的信息、新的理论、新的知识，把提高创新能力作为食品企业综合素质的核心和灵魂。企业创新反过来又引导着人们的思维方式、价值观念和行为方式，并且利用人们精神文化需求不断扩大化的趋势，不遗余力地提高本企业的科学文化水平，提高企业员工的创造力素质，提高企业的竞争能力，吸引有创造力的精英人才，凭借企业的文化、智力等优势，开辟新的经济增长点和新的竞争要素，掌握食品企业在市场竞争中的主动权。

2.2.2 食品企业文化的功能

食品企业文化强调的是"以人为本"，因此，食品企业文化的功能大都是围绕"人"来展开的。在观念上，食品企业文化有导向作用；在心理上，食品企业文化有凝聚作用；在精神上，食品企业文化有激励作用；在行为上，食品企业文化有规范作用；在关系上，食品企业文化有协调作用；在社会与市场，食品企业文化有辐射作用。

1. 导向功能

食品企业文化反映了企业员工的共同价值观、共同追求和共同利益，规定着组织和个体所追求的目标，具有导向功能。良好的食品企业文化一方面直接引导员工的性格、心理和行为；另一方面用价值观来引导员工，通过一系列有益的活动，使员工潜移默化地接受本食品企业的价值观，把员工的思想、观念和行动引导到企业所确定的目标上来，同心协力，为实现企业目标而共同奋斗。

2．凝聚功能

当食品企业文化得到认同后，就会形成一种黏合作用，从各个方面、各个层次把员工凝聚起来，以种种微妙的方式来沟通员工的思想感情，融合员工的理想、信念、作风、情操，培养和激发员工的群体意识，使员工通过自己的切身感受，产生对工作的自豪感、使命感和责任心，增强对食品企业的集体感、认同感和归属感，从而使全体员工凝聚成一个协调有机的整体。

3．激励功能

在一种"人人受重视、个个被尊敬"的食品企业文化氛围中，员工的贡献就会及时受到肯定、赞赏和奖励，员工时时受到鼓舞、处处感到满意，就会有极大的荣誉感和责任心，自觉地向更高的目标迈进。

4．规范功能

在食品企业文化的影响和作用下，员工自觉接受特定文化的规范和约束，依照价值观的指导进行自我管理和控制，在其思想认识、思维过程、心理情感、伦理道德诸多方面发生相应变化，从而约束和规范自己的行为和价值取向，弥补了单纯硬约束带来的不足和偏颇。

5．协调功能

食品企业文化能够协调食品企业和社会的关系。通过企业文化建设，企业尽可能地调整自己的经营方针和具体措施，以便更好地满足顾客不断变化的需要，满足社会公众对食品企业的要求，符合政府新法规的实施步伐。这样，食品企业和社会之间就不会出现大的裂痕，使食品企业和社会和谐一致。

6．辐射功能

食品企业文化通过其辐射作用，向社会提供食品企业的管理风格、经营状态、精神风貌、服务态度、产品竞争能力等信息，从而得到社会肯定，反过来又对社会产生影响。通过食品企业文化的协调和辐射功能，实现食品企业和社会的"双赢"。

2.2.3 食品企业文化的构成

1．食品企业文化的结构

目前管理学界对食品企业文化结构的划分基本趋向一致，即把食品企业文化分为四个层次，如表 2-1 所示。

（1）物质文化，即食品企业文化的物质层，它是由企业员工创造的产品和各种物质设施等构成的器物文化，包括商品与服务、技术与设备、食品企业环境与外部形象。

（2）行为文化，即食品企业文化的行为层，它是指企业员工在生产经营和学习娱乐中产生的活动文化，包括食品企业家的行为、食品企业英雄的行为、食品企业员工群体的行为。

（3）制度文化，即食品企业文化的制度层，它是指食品企业为实现自身目标对员工的行为给予一定规范的文化，包括企业领导体制、企业组织机构和企业管理制度。

（4）精神文化，即食品企业文化的精神层，它是指企业在生产经营过程中形成的一种精神成果和文化观念，包括食品企业精神、经营哲学、食品企业道德、食品企业风貌和食品企业价值观。

表 2-1　食品企业文化的结构

层　　　次	对应要素	变化情况	包含内容
表层文化	物质文化	最可变化部分	食品企业环境、食品企业器物、食品企业标识等
浅层文化	行为文化	可变化部分	食品企业经营、宣传教育、人际关系、文体活动等
浅层文化	制度文化	较小变化部分	食品企业领导体制、组织机构、管理制度等
深层文化	精神文化	最小变化部分	食品企业精神、经营哲学、道德、价值观等

2. 食品企业文化结构要素的简要说明

（1）物质文化。食品企业家从事食品企业生产经营所创造的物化成果，就是食品企业的产品，它是食品企业物质文化的首要内容。还包括食品企业环境、食品企业建筑、食品企业广告、产品包装设计等内容。食品企业物质文化也是食品企业精神文化的载体，是食品企业文化的最外层、最表层。

（2）行为文化。行为文化是指食品企业员工在生产经营、学习娱乐中产生的活动文化，包括食品企业经营、宣传教育、人际关系、文娱体育活动中产生的文化现象。它是食品企业经营作风、精神面貌、人际关系的体现，也是食品企业精神、食品企业价值观的动态反映，是食品企业文化的第二层次。从人员结构上，食品企业行为又可划分为食品企业家行为、食品企业模范人物行为、食品企业员工行为等。从食品企业运作的过程看，食品企业行为又包括食品企业与食品企业之间的行为、食品企业与政府之间的行为、食品企业与社区之间的行为、食品企业在处理环境问题上的行为等。

（3）制度文化。制度文化是指食品企业为实现企业目标给予企业职工的行为以一定的方向、方式的具有适应性的文化，是企业文化中人与物、人与企业运营制度的中介和结合，是一种约束企业和职工行为的规范性文化。这种对职工行为给予一定限制的文化，具有共性和强有力的行为规范的要求。它能使食品企业在瞬息万变、错综复杂、异常激烈的市场竞争中处于良好状态，从而保证企业目标的实现。它包括企业领导体制、企业组织机构和企业管理制度等内容。它是食品企业精神和食品企业行为文化的基础和载体，也是食品企业物质文化的必然存在。一定的食品企业物质文化只能产生与之相适应的食品企业制度文化，它处于食品企业文化的中间层次。

（4）精神文化。精神文化是指食品企业在生产经营过程中，受一定的社会文化背景和意识形态的影响而长期形成的一种精神成果和文化观念，是企业员工共享的经营管理观念和价值准则。它是企业文化的深层结构，在企业文化整体构建中处于核心地位，是以人为本管理思想的内在要求，是食品企业文化的精髓部分。食品企业精神文化建设，旨在优化员工群体素质，开发人力资源，为食品企业的发展提供精神支柱和活力源泉。食品企业精神文化包括企业精神、企业经营哲学、企业伦理道德、企业价值观念、企业风貌、企业目标等意识形态的总和。它是食品企业物质文化和食品企业行为文化的升华，是食品企业制度文化的必然结果，属于食品企业的上层建筑。

2.2.4 食品企业文化建设的目标

（1）培育企业精神文化和价值理念，打造食品企业文化之魄，铸造企业生命之魂。

（2）弘扬团队精神，建设学习型组织，培育人本文化，形成人和之势。

（3）完善制度与行为文化建设，锻造企业躯架，夯实企业成长之基。

（4）构建品牌文化和视觉文化，提升企业文化价值，塑造企业形象。

（5）开发全员参与共建的支持系统，激发企业文化建设和公司发展的不竭动力。

2.2.5 食品企业文化建设的步骤

（1）企业内部调查，了解员工的思想动态。

（2）食品企业精神要义的阐述。要在员工中阐述清楚，以鼓舞员工的士气。

（3）根据自己企业的特点，参照同行的一些优秀资料，以及管理经验，制定《员工手册》，建立符合自己企业特点的管理准则，力图使《员工手册》更富人性化、更清晰明朗。

（4）根据企业规模，编辑企业的内部刊物，以促进企业内部员工的交流以及企业与同行专家学者的交流。

（5）在企业醒目的地方挂上色彩鲜明的巨幅标语，时刻提醒员工，使员工融入食品企业所营造的文化氛围里，还可以提高整个企业在外界人心目中的形象。

（6）食品企业团体氛围的营造。避免小群体的自我孤立，以减少四分五裂的风险。团体氛围的营造，可以通过时刻回顾企业艰难的成长历程、企业早期创业所积累的团体精神等，同时根据企业发展的不同阶段、背景，发展创新，使得这种在创业初期积淀下来的团体精神传承下去。

2.2.6 食品企业形象塑造

食品企业形象是企业文化的外显形态，是企业文化的载体。企业文化最终要以企业形象展现给社会公众以及消费者。

1. 塑造食品企业形象的途径与方法

（1）加强食品企业文化建设，塑造食品企业文化。

（2）开展公关活动，加强双向沟通的信息传播，提高食品企业的知名度、美誉度和信誉度。品牌是知名度、美誉度、信誉度的有机结合，知名度是前提条件，品牌作为信息连通器，首先要让别人知道有这个信息，知道有这个产品；美誉度是保证条件，在别人知道你有这个产品后，还要让别人知道，这是个好产品；信誉度是延续条件，在消费者知道你有，并且有好产品后，他会对你产生信任。这个信任可以延续，会产生再次购买欲望。

（3）实施 CIS 战略，全面推进食品企业形象塑造工作。CIS 战略由 MI（Mind Identity，理念识别）、BI（Behavior Identity，行为识别）和 VI（Visual Identity，视觉识别）三大系统组成。这三者是相互关联的统一体。

1）理念识别。理念识别是食品企业识别系统的核心。它是食品企业经营的宗旨与方针、战略、价值观等。对外，它是食品企业识别的尺度；对内，它是食品企业内在的凝聚力。完整的食品企业识别系统的建立，首先有赖于食品企业经营理念的确立。

所谓理念，就是食品企业经营的观念，也称指导思想。它属于思想、意识的范畴。在发达国家中，现在越来越多的食品企业日益重视企业的理念，并把它放在与技术革新同样重要的地位上，通过企业理念引发、调动全体员工的责任心，并以此来约束规范全体员工的行为。

所谓识别，就是鉴别。从 CIS 战略来理解，识别包括两层含义。一是"统一性"，是指企业内外、上下的理念都必须一致。以理念识别而言，如果企业领导与员工对企业的使命、制度、价值观等理念不一，就是缺乏统一性。二是"独立性"，是指使每个企业的理念区别于其他企业，只有独立性才能达到识别的目的。因此，每个企业在确定企业理念时，应体现出企业的"个性"，让广大消费者通过这种有个性的企业理念来认识企业。

那么，究竟什么是理念识别呢？通过上述分析，我们认为，理念识别是得到社会普遍认同的、体现企业自身个性特征的、促使并保持企业正常运作以及长足发展而构建的反映整个企业明确的经营意识的价值体系。

食品企业理念识别包括三个要素：食品企业存在的意义（食品企业使命）、食品企业的经营理念（经营战略）和食品企业的行为规范（员工的行为准则）。

食品企业使命是企业的最高原则，由此决定企业的经营理念（经营战略），而经营理念又决定企业每个员工的行为准则，这三者之间是环环相扣、密不可分的，共同构成一个整体。

2）行为识别。食品企业行为识别，是 CIS 的动态识别系统，包括对外回馈、参与活动、对内组织、管理和教育，是企业实现经营理念和创造企业文化的准则。食品企业行为识别系统基本上由两大部分构成：一是企业内部识别系统，包括企业内部环境的营造、员工教育及员工行为规范化；二是企业外部识别系统，包括市场调查、产品规则、服务水平、广告活动、公共关系、促销活动、文化性活动等。

食品企业内部识别是对全体员工的组织管理、教育培训，以及创造良好的工作环境，使员工对企业理念认同，形成共识，增强企业凝聚力，从根本上改善企业的经营机制，保证对客户提供优质的服务。

食品企业外部识别活动是通过市场调查、广告宣传、服务水平，以及开展各种活动等向企业外部公众不断地输入强烈的企业形象信息，从而提高企业的知名度、信誉度，从整体上塑造企业的形象。

对内是对外的基础，对外是对内的延伸。

3）视觉识别。视觉识别反映食品企业的理念，以企业的理念为基础。

食品企业的视觉识别是 CIS 战略中的一项重要内容。如何使公众能从视觉上去感受本企业与其他企业的不同，并且通过某种视觉识别形成对企业特性的印象，这就是视觉识别的目的和任务。一个人在接收外界信息时，眼睛（视觉）接收的信息占全部信息的 83%，所以在塑造企业形象的过程中，视觉识别占十分重要的地位。那么，视觉识别主要包括哪些基本项目呢？一般来说，食品企业视觉识别分为基本要素和应用要素两大类。

视觉识别的基本要素包括企业名称、品牌标志（商标）、企业标准字（中、外文）、企业标准色、企业象征图案、企业专用印刷书本、企业宣传标语、口号等。

视觉识别的基本要素是表达企业经营理念的统一性基本设计要素，是应用要素设计的基础。为了使在信息传播中达到对内（企业内部）、对外（社会公众）视觉上的一致，从而塑造明确而统一的企业整体形象的效果，因此对基本要素中标志、标准字、标准色的应用有着极其严格的使用规定。例如，标准字的设计选用了某种字体，标准字与企业标志采用了某种组合方式后，在应用要素中的使用就不能随意改变。

视觉识别的应用要素：

① 事务用品。企业经营过程中的业务用品，使用企业专有的事务用品，如信封、信笺（中西式）、名片（中西式）、邀请函、贺卡、有价赠券、票券、会员卡、贵宾卡、文具用品、公文封、公文纸、笔记本、资料夹、各类财务单据、企业公章、员工徽章、茶具、烟缸等。它们具有方便信息传递、增进企业信誉的功效。

② 办公设备。如办公桌椅、计算机、传真机、电话、空调、自动电梯等，以显示企业实力及办公设备的现代化、高效率。

③ 室内装潢。反映企业品位，给予企业优良的"包装"，如灯光、音响化、环境绿化、室内装修、办公室整体布置、装饰物等。

④ 建筑外观。建筑形状、外部装修（材料、色彩）、风景设置、橱窗设计等，以展示企业整体形象。

⑤ 标牌旗帜。如指示牌、线路标志、标志牌、部门牌等，以有利于识别。

⑥ 产品包装。产品造型、商标、包装纸、包装盒、包装袋等，以有利于品牌形象的树立。

⑦ 广告媒体。报纸、杂志、电视、交通车辆、户外招牌招贴画等，它们是强化视觉效果的有效手段。

⑧ 服装服饰。男女四季服装、服饰、公文包、领带、胸卡、厂徽等，它们是反映企业的精神风范和展示员工风采不可缺少的组成部分。

⑨ 交通工具。如大客车、大货车、小巴士、小卧车、飞机、火车、自行车、手推车等，它们将起到广告宣传的作用。

由上述视觉识别的基本要素和应用要素形成了一套企业视觉识别传播系统。其中，企业标志、标准字、标准色是核心要素，也是发动所有视觉要素的主导力量。

项目案例分析

乐百氏组织结构的调整

在乐百氏的历史上，经历了三种业态的架构模式：从1989年创业到2001年8月，乐百氏一直都采取直线职能制，按产、供、销分成几大部门，再由全国各分公司负责销售；从2001年8月到2002年3月，实施了产品事业部制，这在乐百氏历史上虽然实施的时间很短，但为现在实施区域事业部制奠定了基础，实现了组织结构变革中的平稳过渡。架构调整无疑是一个公司的重大战略转变，也必然是外界甚至内部的各种环境变化促成的。值得令人关注的是，乐百氏在不到8个月的时间里，就进行了两次架构调整，原因何在？

1. 直线职能制

乐百氏创立于1989年，在广东中山市小榄镇，何伯权等五个年轻人租用"乐百氏"商标开始创业。据乐百氏一位高层人员介绍，创业伊始，何伯权等与公司的每个员工都保持一种很深的交情，甚至同住同吃同玩，大家都感觉得到，乐百氏就是一个大家庭，"有福同享，有难同当"，公司的凝聚力很强。这时采用直线职能制这种架构模式，使乐百氏在创业初期得到快速稳定的发展。

12年间，五位创始人不但使乐百氏从一个投资不足百万元的乡镇小食品企业发展成中国饮料工业龙头食品企业，而且把一个名不见经传的地方小品牌培育成中国驰名商标。然而，随着乐百氏的壮大，原来的组织结构显得有点力不从心。此时，再按前面那位高层人士的话说，何伯权不可能再与公司的每一个员工同吃同住，原来的领导方式发生了变化，起不到原有的作用。何伯权有些迷茫了。特别是自2000年3月与法国最大的食品饮料集团达能签订合作协议，并由达能控股后，直线职能制的弊端更加暴露无遗。为了完成销售任务，分公司都喜欢把精力放在水和乳酸奶这些好卖的产品上，其他如茶饮料那些不太成熟的产品就没人下功夫，这对新产品成熟非常不利。更糟糕的是，由于生产部门只对质量和成本负责，销售部门只对销售额和费用负责，各部门都不承担利润责任，其结果就变成了整个集团只有何伯权一个人对利润负责。

近几年来，乐百氏的销售额直线下降，有着50年国际运作经验的达能肯定不愿看到这种局面，因此，寻求变化势在必行，其中组织架构的改革就是为适应新形势的举措之一。

2. 产品事业部

2001年8月，在乐百氏历史上最为关键的组织结构变革期间，完成了75%员工换座位，原五人创业组合中的四大元老位置同时发生重要变化，都退出原先主管的实力部门，何伯权是唯一的不变，仍然任总裁。

改革后，乐百氏的事业部制结构变为：在总裁之下设五个事业部、八个职能部门和一个销售总部。其目的是利润中心细分，瓶装水、牛奶、乳酸奶、桶装水和茶饮料共五个事业部，每一个都将成为一个利润中心。同时减少了中间层，集团的权力结构由从前的五人会议，变为一个总裁和14个总经理，成为一个比较扁平化的组织架构。这是公司首次将战略管理和日常营运分开，形成多利润中心的运作模式。

促成这次改革的重要力量是达能这个欧洲第三大食品集团，它自1987年进入中国成立广州达能酸奶公司后，就开展了一系列"收购行动"，并且每次都神鬼莫测，"收购刀法极其温柔"。尤其是在水市场上对行业内领袖食品企业的浙江娃哈哈、深圳益力、广州乐百氏、上海梅林正广和的控股或参股分别达到41%、54、2%、50%的股份，足以让人相信达能已经完成了它在中国水市场的布局，已经成了当之无愧的老大。但这老大只是表面现象，许多问题都摆在达能管理者的面前，收购的这些食品企业能够盈利的很少，它需要整合资源，减少运行成本。乐百氏连年亏损的状况，迫使何伯权痛下决心实施组织结构改革。

然而，新的架构还没实施几天，就在2001年11月底，乐百氏爆出大新闻：何伯权、杨杰强、王广、李宝磊、彭艳芬五位乐百氏创始人向董事会辞去现有职务，并决定由达能中国区总裁秦鹏出任乐百氏总裁。何伯权称，五位元老集体辞职的原因是与董事会的战略思路发生重大分歧，无法达成一致，并且，因为没有完成董事会下达的销售任务。还没有来得及检验自己的改革成果，何伯权就匆匆退出了乐百氏的历史舞台。

3. 区域事业部

又一场结构改革在秦鹏的控制下悄悄地酝酿。

2002年3月11日，区域事业部正式出台，乐百氏按地域分为五大块：西南、中南、华东、北方和华北。这次结构改革距上次仅仅七个多月的时间。据业内人士分析，速度之所以这样快，其中一个重要原因还是达能的全国战略思路在操纵着这次变革。随着达能旗下产品的不断增多，它也在寻求一种更能整合现有生产和销售资源的最佳方法，来改变许多品牌因为亏本，反而成为它的负担的局面。据可靠消息，达能为了加强对自己绝对控股的乐百氏的支持，要求乐百氏扮演更加重要的角色，甚至欲将其他如深圳益力、上海梅林正广和、广州怡宝等在外地的工厂和销售渠道交由乐百氏托管。并且，除了上述一些已收购的品牌，达能的收购行动还远未停止。前不久，达能将持有豪门啤酒和武汉东西湖啤酒分别62.2%和54.2%的股份转让给华润；华润则投桃报李，心甘情愿让达能收购其旗下的怡宝公司。

然而，正如达能一位高层人士所说，这还只是它欲将中国水市场进一步控制在自己手中的一个很小的行动计划。据一些媒体报道，达能已将触角伸到了许多地方品牌。乐百氏也因拥有良好、稳定的经销商网络，使达能委以重任，它在中国市场上的战略地位将愈来愈重要。随着乐百氏托管的产品增多，每个市场的产品更加复杂，各种产品的销售情况各不相同。原来的产品事业部制可能对客户的变化需求反应不再迅速，很快不再适合新的发展，于是地域事业部制，这种以工厂为中心、更扁平的组织结构应运而生。首先，它将更有助于了解消费者的需求，能更灵活地进行品牌定位。其次，它将更有利于培养事业部的全局观念。负责人注重利润的追求，使决策和运营更加贴近市场，对市场形势和客户需求做出快速预测和反应，加强了区域的市场主动权和竞争力，对资源的调控更为快捷和趋于合理。同时，让总部从日常业务中脱离出来，多进行一些宏观性的战略决策。换句话说，原来的乐百氏只有何伯权一人是食品企业家，现在的乐百氏可以造就五个甚至更多有全局观念的食品企业家。

有业内人士开玩笑说，善于资本运作的达能将乐百氏一分为五之后，如果到了一定的时候，它可以把其中的任何一个事业部单独转让，既灵活，并且分开卖比整体卖更赚钱。但达能一位高层人士矢口否认这种说法，他认为，因为"水"是达能的三大主业（其余两项是乳制品和饼干）之一，达能只有加强水市场的投资力度和资源整合，没有理由把自己的主业都卖掉。

当然，这次改革还有一个不容忽视的原因，那就是随着领导的更替，特别是前者是有极强影响力的何伯权，他与其他四位创业者亲密无间的合作一直被业内和传媒传为美谈，何伯权的名字一直与乐百氏紧密相连。何伯权等五位创业元老在乐百氏的关系错综复杂、根深蒂固，他们这些高层领导的出局，肯定在乐百氏内部布下一层阴影，带来一些消极因素。新的领导上任后，不得不采取一些有效的措施改变这种被动局面。组织结构的重新调整，必然会导致各种人事关系、职位的变动，所谓"一朝天子一朝臣"，新的领导把老的人才重新分配，把涣散的人心收拢，尽快摆脱"何伯权时代"的阴影，提出新的发展方向，有利于增强公司的凝聚力。

事实证明，乐百氏人并未受这次"乐百氏地震"的高层领导更替事件的影响，没有外界想象中的动荡和冲突，顺利进入了"秦鹏时代"。

3 月 16 日西南事业部会议开完后的当天晚上，几位核心人士聚到一起，他们为这种给予了他们更多自主权的结构模式感到兴奋，无不摩拳擦掌，对今年能取得更好的业绩充满信心。

资料来源：李曦辉. 工商管理导论. 北京：食品企业管理出版社.

? 辩证性思考：

1．结合本案例，谈谈乐百氏组织结构变化的历程。

2．你从乐百氏组织机构改革的实践中得到了什么启示？

项目检测

管理知识目标检测

1．简述食品企业文化的概念、功能和构成。

2．食品企业组织结构的类型包括哪些内容？

3．简述食品企业文化建设的目标。

4．如何设计食品企业组织结构？

5．简述食品企业文化建设与食品企业形象塑造的步骤与方法。

管理能力目标检测

检测项目：

选择一家食品生产企业，对该食品企业组织结构与食品企业文化进行分析，撰写食品企业组织与文化分析方案。

检测目的：

通过检测，进一步熟悉、掌握食品企业的组织结构设计与文化建设步骤与方法，初步具备分析食品企业组织机构与文化的能力。

检测要求：

由班级学习委员组织全员分团队对食品企业组织与文化建设现状分析方案进行讨论，评选三个优秀方案，在全班进行宣讲，教师进行评价。

项目 3 ● ● ●

食品企业战略管理

项目目标

管理知识目标

明确食品企业战略的概念、构成要素与层次；熟悉食品企业战略管理的意义与原则；掌握食品企业战略的制定、实施、控制与调整的方法。

管理能力目标

具备运用食品企业战略管理的能力。

项目导入案例

吴大嫂——演绎生态水饺的特色传奇

盘锦三明食品有限公司是一家集生产、销售于一身的综合型企业。公司坐落于被誉为"国际重要湿地、中国最美湿地"的美丽富饶的盘锦。盘锦拥有最优质食物、原料和水源，其中不乏传奇，但盘锦三明食品有限公司吴大嫂水饺却迷失了方向，面对层层围剿的诸多行业品牌，不知如何是好。

面对尴尬的局面，盘锦三明食品有限公司携手北京志起未来营销咨询集团，进行战略调整，通过对吴大嫂祖传工艺与东北独有的生态资源紧密结合，以及对现代饮食养生文化独到的见解，开发了集健康和美味于一身的——生态水饺，一举突破国内强势品牌的围堵，坐稳区域市场的头把交椅，从此，翻开了中国生态水饺第一个篇章。

1. 重塑全新战略思想，演绎特色生态传奇

目前，水饺市场中攻城略地的通常招式有三把牌：方便、情感和口味。北京志起未来营销咨询集团认为目前速冻水饺普遍采用的战略可概括为：伪特色、虚USP战略，即无内涵、无个性、无坚实的独特销售主张、同质化及高消耗。志起未来"以实击虚，以特取胜"的战略方向，为吴大嫂找到一个清晰的方向，生态、绿色、健康、安全、美味，完成了从普通水饺到生态水饺的演化。

2．全新概念品牌形象，开创水饺新品类

志起未来调研发现，盘锦湿地，丹顶鹤栖息之地，低温、湿润、富氧的原生态环境，具有独一无二和不可替代的资源优势。在消费者的眼中，生态是一种品质的集合，有着丰富的联想和感知，并且生态是一种速冻食品发展的趋势，通过对产品与生态的完美结合，一个全新品类生态水饺在消费者的水饺认知中开拓出一个崭新的空间。正是这样来自湿地生态保护区的"一只生态饺"，一只再也不一样的速冻水饺，用生态包裹生活。

3．紧扣两大主题营销，特色宣传凸显品牌魅力

通过完善高中低档产品线，极大地树立了吴大嫂生态水饺品牌形象，并且依托地缘优势，将宣传重心与盘锦的城市宣传捆绑起来，将吴大嫂"一只生态饺"打造成盘锦当地的名片。其产品成为旅游周推荐产品，树立亲民的品牌形象。一年一度的活动日益成为当地居民关注的焦点和谈资。随着"盘锦国际湿地旅游周"日益的大型化与国际化，吴大嫂品牌也顺势走出盘锦走向全国。

资料来源：www.lizhiqi.com。

辩证性思考：

分析本案例，说明企业战略的重要性。

任务 1 食品企业战略管理概述

3.1.1 食品企业战略

1．食品企业战略的概念

食品企业战略是企业高层领导的理想和谋略，是食品企业为了在未来较长时间内的可持续性发展和突变性扩张，针对不确定性的未来环境，有效开发企业资源，对企业全局性的战略目标、经营方针、管理策略所进行的超前性的运筹谋划。

2．食品企业战略的构成要素

一般来说，食品企业战略由以下四个要素构成，这也是进行食品企业战略管理的重要依据。

（1）经营范围。经营范围是指食品企业从事生产经营活动的领域。它既反映出企业目前与其外部环境相互作用的程度，又反映出企业计划与外部环境发生作用的要求。对于大多数企业来说，应该根据自己所处的行业、自己的产品和市场来确定经营范围。食品企业确定经营范围的方式可以有多种形式。从产品角度来看，食品企业可以按照自己产品系列的特点来确定经营范围，还可以根据产品系列的技术来确定自己的经营范围。

（2）资源配置。资源配置是指食品企业过去和目前资源与技能组合的水平和模式。资源配置的优劣状况会极大地影响食品企业实现自己目标的程度。因此，资源配置又被视为形成食品企业核心竞争力的基础。资源配置是食品企业现实生产经营活动的支撑点。企业只有采用其他企业很难模仿的方法，取得并运用适当的资源，形成独具特色的技能，才能在市场竞争中占据主动。

（3）竞争优势。竞争优势是指食品企业通过其资源配置的模式与经营范围的正确决策，所形成的与其竞争对手不同的市场竞争地位。竞争优势既可以来自食品企业在产品和市场的地位，也可以来自企业对特殊资源的正确运用。具体来说，竞争优势可来源于三大层次：第一，通过兼并方式，谋求并扩张企业的竞争优势；第二，进行新产品开发并抢在对手之前将产品投放市场；第三，保持或提高竞争对手的进入壁垒，如利用专利和技术壁垒等。

（4）协同作用。协同作用是指食品企业从资源配置和经营范围的决策中所能发现的各类共同努力的效果，即分力整体大于各分力简单相加之和。在食品企业管理中，企业总体资源的收益要大于部分资源收益之和，即"1+1>2"的效果。一般来说，食品企业的协同作用可以分为四类：第一，投资协同。投资协同作用产生于企业内各经营单位联合利用企业的设备。共同的原材料储备、共同研究开发的新产品，以及分享企业专用的工具和专有的技术。第二，生产协同。生产协同作用产生于充分地利用已有的人员和设备，共享由经验曲线形成的优势。第三，销售协同。销售协同作用产生于企业使用共同的销售渠道、销售机构和推销手段来实现产品销售活动。老产品能为新产品引路，新产品又能为老产品开拓市场。第四，管理协同。管理协同的作用不能通过简单的定量公式明确地表示出来，却是一种相当重要的协调作用。

3．食品企业战略的层次

（1）企业总体战略。食品企业总体战略需要根据企业的目标，选择企业可以竞争的经营领域，合理配置企业经营所必需的资源，使各项经营业务相互支持、相互协调，是食品企业战略中最高层次的战略。其着重考虑改进效能的问题。

（2）经营单位战略。经营单位战略是在战略经营单位、事业部或子公司层次上的战略。其主要针对不断变化的外部环境，在各自的经营领域里有效地进行竞争。为了保证食品企业的整体竞争优势，各经营单位要有效地控制资源的分配和使用。同时，经营单位战略还要协调各职能层的战略，使之成为一个统一的整体。其着重考虑改进效能的问题。

（3）职能部门战略。职能部门战略，是食品企业内主要职能部门的短期战略计划，使职能部门的管理人员可以更加清楚地认识到本职能部门在实施企业总体战略中的责任和要求，有效地运用研究开发、营销、生产、财务、人力资源等方面的经营职能，以保证实现企业目标。其着重考虑改进效率的问题。

3.1.2　食品企业战略管理

1．食品企业战略管理的概念

食品企业战略管理是企业对于全局性的发展方向做出决策，并通过组织、领导和控制等职能，保证发展方向得到有力贯彻的一系列管理工作。企业战略能够充分地将企业的经营基本思想展现出来，能够正确地指导企业销售、生产等诸多方面的业务活动及业务计划。

2. 食品企业战略管理的原则

（1）适应环境原则。来自环境的影响力在很大程度上会影响食品企业的经营目标和发展方向。战略的制定一定要注重企业与其所处的外部环境的互动性，要根据企业所处的实际情况来定制，要适应环境。

（2）全程管理原则。战略是一个过程，包括战略的制定、实施、控制与评价。在这个过程中，各个阶段互为支持、互为补充，忽略其中任何一个阶段，企业战略管理都不可能成功。

（3）整体最优原则。战略管理要将企业视为一个整体来处理，要强调整体最优，而不是局部最优。战略管理不强调企业某一个局部或部门的重要性，而是通过制定企业的宗旨、目标来协调各单位、各部门的活动，使它们形成合力。

（4）全员参与原则。由于战略管理是全局性的，并且有一个制定、实施、控制和修订的全过程，因此战略管理绝不仅仅是企业领导和战略管理部门的事，在战略管理的全过程中，企业全体员工都将参与。

（5）反馈修正原则。战略管理涉及的时间跨度较大，一般在五年以上。战略的实施过程通常分为多个阶段，因此分步骤地实施整体战略。在战略实施过程中，环境因素可能会发生变化。此时，企业只有不断地跟踪反馈，方能保证战略的适应性。

（6）从外往里原则。卓越的战略制定是从外往里而不是从里往外的。企业要想快速发展，一定要在企业战略上做正确的决定。战略做对了，再加上企业领导和员工的强有力的执行力，那么企业就会稳步发展。

任务2 食品企业战略管理的过程

3.2.1 食品企业战略制定

食品企业战略制定是指企业为实现其战略愿景，在分析环境的基础上，考虑其优劣势，发现机会与威胁，制定战略规划。成功的组织战略是在对组织外部环境和内部条件变化进行科学预测和客观分析的基础上，由组织领导和员工经过深思熟虑、反复比较各类方案后制定出来的。

1. 建立战略规划组织

制定组织战略是一项非常复杂的系统工程。要做好它，必须有相应的组织和人员的保证。随着社会的发展，制定战略工作越来越成为一种专门的活动，越来越需要有组织、有领导地进行。在通常情况下，组织应建立一个专门的规划组织。这个组织的最高负责人，一般由组织的最高领导人担任。下设规划工作班子，一般由有关方面的领导和各方面的专家组成。这个班子应设在组织的最高参谋部门，并赋予它平衡各部门的权力。大量事实已证明，建立一个正式的专门的战略规划工作班子，可以大大提高战略规划制定工作的科学性和连续性。

2．制定战略的科学程序

（1）拥有战略意图。战略意图是指组织为实现其愿景和使命而表现出的战略理念。它体现组织的追求，是战略的灵魂。

（2）确定战略方针。战略方针，也称战略指导思想，是指指导战略的制定和实施的基本思想和原则。它是整个战略的总纲，决定着战略的目标。制定战略方针应当紧密结合外部环境和内部条件，扬长避短，勇于开拓。

（3）进行战略环节分析。

（4）确定战略目标。战略目标是指组织在战略时期内所达到的期望值或标准。它高度地概括了实施战略所要达到的基本要求。战略目标是战略构成的实质性内容和核心，决定着战略重点、战略阶段和战略措施。如果没有战略目标，也就无所谓战略步骤、重点和措施，从而也失去了行动方向。

（5）划分战略阶段。战略阶段是实施战略的阶段。战略阶段按时间来划分，一般可间隔 3~5 年，每个阶段有相应的阶段目标。阶段目标是战略总目标的分解和落实，其内容应更为具体与明确。不同阶段的目标应有不同的侧重，组织通过各阶段目标的实施，最终实现战略总目标。

（6）明确战略重点。战略重点是指对实现战略目标具有关键作用的环节。明确战略重点有助于集中优势力量解决关键性问题。战略重点选定后，还要正确选定战略突破口。战略突破口是战略重点的关键部位，只要突破这个部分，全局就会向战略目标推移。

（7）制定战略措施。战略措施是指实现战略目标与战略重点的对策，包括政策、策略、方法等。战略措施是实现战略目标与战略重点的保证。

（8）进行战略规划平衡。将那些对公司发展有直接的、重要的、大量的、迫切的、久远的影响因素优先排列出来，而将那些间接的、次要的、少许的、不急的、短暂的因素排列在后面。

（9）组织规划的评价和控制。经过评价，如果战略方案被否定，就要重新回到确定战略方针的环节上来，再按它以下的各个环节进行下去；如果战略方案得到肯定，即可付诸实施。还要注意环境因素的分析，要运用各种调查研究方法，分析出公司所处的各种环境因素，包括外部环境因素和内部能力因素。

3．制定战略必须集思广益

战略是一种整体性的谋划，战略规划工作是一种创造性的劳动，它要求人们必须广泛地收集各种新观念、新方案，并对各种不同的乃至相互冲突的见解和方案加以比较论证，这样才能保证战略选择的正确性。因此，要制定出好的战略规划，就必须集思广益，鼓励百家争鸣，鼓励各方面的人员广泛参与战略规划的制定工作。也就是说，制定战略一定要走群众路线，要坚持领导、专家和群众三结合的方针。

4．要对已制定的战略进行综合评价

确定战略评价标准一般考虑以下六个要素：

（1）战略的内部统一性，即战略内部各部分内容必须相互配套和衔接，形成一个统一体。

（2）战略与环境的适应性，战略与环境的惯性好比数学上的函数关系，环境相当于自变量，战略相当于应变量，这意味要提高战略对环境的适应性。这就要求一旦环境发生明显的变化，就应对战略做相应的调整，以便继续保持战略与环境的适应性。

（3）战略执行中的风险性，战略在执行过程中是有风险的，注重评估战略风险大小很有必要。

（4）战略的时间性，战略的实现是一种长期运行过程的结果，在整个战略期内要尽量避免剧烈和频繁的战略改革和大量的人事变动，朝令夕改的战略会带来严重的后果。

（5）战略与资源的配套性，战略的实现必须有资源做保证，包括人、财、物、信息等资源。

（6）战略的客观可行性，战略是对未来发展前景的设想，但这种设想不是空中楼阁，而是立足于现实，以科学预测为依据，因此具有可行性和可操作性。

3.2.2　食品企业战略实施

食品企业的战略方案确定后，必须通过具体化的实际行动，才能实现战略及战略目标。一般来说，可在三个方面推进一个战略的实施。

（1）制定职能策略。如生产策略、研究与开发策略、市场营销策略、财务策略等。在这些职能策略中要能够体现出策略的推出步骤、采取的措施、项目以及大体的时间安排等。

（2）对企业的组织机构进行构建。使构造出的机构能够适应所采取的战略，为战略实施提供一个有利的环境。

（3）要使领导者的素质及能力与所执行的战略相匹配。即挑选合适的企业高层管理者来贯彻既定的战略方案。在战略的具体化和实施过程中，为了使实施中的战略达到预期目的，实现既定的战略目标，必须对战略的实施进行控制。这就是说将经过信息反馈回来的实际成效与预定的战略目标进行比较，如二者有显著的偏差，就应当采取有效的措施进行纠正。当由于原来分析不周、判断有误，或者环境发生了预想不到的变化而引起偏差时，甚至可能重新审视环境，制订新的战略方案，进行新一轮的战略管理过程。

3.2.3　食品企业战略控制

战略控制主要是指在食品企业经营战略的实施过程中，检查企业为达到目标所进行的各项活动的进展情况，评价实施企业战略后的企业绩效，把它与既定的战略目标与绩效标准相比较，发现战略差距，分析产生偏差的原因，纠正偏差，使企业战略的实施更好地与企业当前所处的内外环境、企业目标协调一致，使企业战略得以实现。

1. 战略控制的主要内容

（1）设定绩效标准。根据企业战略目标，结合企业内部人力、物力、财力及信息等具体条件，确定企业绩效标准，作为战略控制的参照系。

（2）绩效监控与偏差评估。通过一定的测量方式、手段、方法，监测企业的实际绩效，并将企业的实际绩效与标准绩效进行对比，进行偏差分析与评估。

（3）设计并采取纠正偏差的措施，以顺应变化着的条件，保证企业战略的圆满实施。

（4）监控外部环境的关键因素。外部环境的关键因素是企业战略赖以存在的基础，这些外部环境关键因素的变化意味着战略前提条件的变动，必须给予充分的注意。

（5）激励战略控制的执行主体，以调动其自控置与自评价的积极性，保证企业战略实施的切实有效。

2．战略控制过程

战略控制的一个重要目标就是使企业实际的效益尽量符合战略计划。为了达到这一点，战略控制过程可以分为以下四个步骤。

（1）制定效益标准。战略控制过程的第一个步骤就是评价计划，制定出效益的标准。企业可以根据预期的目标或计划制定出应当实现的战略效益。在这之前，企业需要评价已定的计划，找出企业需要努力的方向，明确实现目标所需要完成的工作任务。

（2）衡量实际效益。衡量实际效益主要是判断和衡量实现企业效益的实际条件。管理人员需要收集和处理数据，进行具体的职能控制，并且监测环境变化时所产生的信号。此外，为了更好地衡量实际效益，企业还要制定出具体的衡量方法以及衡量范围，保证衡量的有效性。

（3）评价实际效益。用实际效益与计划效益相比较，确定两者之间的差距，并分析出形成差距的原因。

（4）纠正措施和权变计划。考虑采取纠正措施或实施权变计划。在生产经营活动中，一旦企业判断出外部环境的机会或威胁可能造成的结果，则必须采取相应的纠正或补救措施。当然，当企业的实际效益与标准效益出现很大的差距时也应及时采取纠正措施。

3．战略控制方法

（1）预算。预算是一种以财务指标或数量指标表示的有关预期成果或要求的文件。

一方面，预算起着如何在企业内各单位之间分配资源的作用；另一方面，预算是企业战略控制的一种方法。

预算准备完了以后，企业内部的会计部门就要保有各项开支记录，定期做出报表，表明预算、实际支出以及二者之间的差额。做好报表之后，通常要送到该项预算所涉及的不同层次的负责人手中，由他们分析偏差产生的原因，并采取必要的纠正措施。

（2）审计。审计是客观地获取有关经济活动和事项的论断的论据，通过评价弄清所得论断与标准之间的符合程度，并将结果报知有关方面的过程。

审计过程基本上着重注意一个企业做出的财务论断，以及这些论断是否符合实际。

执行审计的人员有两类：一类是独立的审计人员或注册会计师，他们的主要职责是检查委托人的财务报表。另外，他们还执行其经济工作，如会计服务、税务会计、管理咨询以及为委托人编制财务报表等。另一类是企业内部审计人员，他们的主要职责是确定企业的方针和程序是否被正确地执行，并保护企业的资产。另外，他们还经常评估企业各单位的效率以及控制系统的效率。

（3）个人现场观察。个人现场观察是指食品企业的各层管理人员（尤其是高层管理人员）深入各种生产经营现场，进行直接观察，从中发现问题，并采取相应的解决措施。

4．战略控制系统要求

（1）控制系统应是节约的。既不能产生过多的信息，也不能提供太少的信息，而应是最经济地产生各部门所需要的最低限度的信息。

（2）控制系统应是有意义的。控制必须与食品企业的关键目标相联系，能为各层管理人员提供真正需要和有价值的信息。

（3）控制系统应适时地提供信息。经常和快速的反馈并不一定意味着是较好的控制，关键是要及时地提供给管理者使用。

例如，在试销一种新产品时，就需要快速的反馈；而在长期研究和开发项目中，逐日、逐周甚至逐月地反馈进展情况，可能是不必要的，而且无益。因此，应使设计的控制系统对应于所考核的活动或职能的时间跨度。

（4）控制系统应提供关于发展趋势的定性的信息。例如，知道某一产品市场占有率是上升、下降，还是保持稳定，与确知其市场占有率的多少同样重要。类似这样的定性信息比仅用定量数据能更快地发现问题，从而有助于更迅速地采取解决问题的行动。

（5）控制系统应有利于采取行动。控制系统输出的信息必须传递给企业中那些根据这些信息而采取行动的人，因为并非企业中的每个人需要所有报告。

（6）控制系统应是简单的。复杂的控制系统常常会引起混乱，收效甚微。有效控制系统的关键是它的实用性，而非它的复杂性。

5．战略控制分类

从控制时间来看，食品企业的战略控制可以分为如下三类。

（1）事前控制。在战略实施之前，要设计好正确有效的战略计划。该计划要得到企业高层领导人的批准后才能执行。其中，有关重大的经营活动必须通过企业领导人的批准同意才能开始实施，所批准的内容也就成为考核经营活动绩效的控制标准。这种控制多用于重大问题的控制，如任命重要的人员、重大合同的签订、购置重大设备等。

由于事前控制是在战略行动成果尚未实现之前，通过预测发现战略行动的结果可能会偏离既定的标准，因此，管理者必须对预测因素进行分析与研究。一般有三种类型的预测因素：

1）投入因素。即战略实施投入因素的种类、数量和质量，将影响产出的结果。

2）早期成果因素。即依据早期的成果，可预见未来的结果。

3）外部环境和内部条件的变化，对战略实施的控制因素。

（2）事后控制。这种控制方式发生在企业的经营活动之后，才把战略活动的结果与控制标准相比较。这种控制方式工作的重点是要明确战略控制的程序和标准，把日常的控制工作交由职能部门人员去做，即在战略计划部分实施之后，将实施结果与原计划标准相比较，由企业职能部门及各事业部定期地将战略实施结果向高层领导汇报，由领导者决定是否有必要采取纠正措施。

事后控制方法主要有联系行为和目标导向等形式。

1）联系行为。即对员工的战略行为的评价与控制直接同他们的工作行为相联系。他们比较容易接受，并能明确战略行动的努力方向，使个人的行动导向和企业经营战略导向接轨；同时，通过行动评价的反馈信息修正战略实施行动，使之更加符合战略的要求；通过行动评价，实行合理的分配，从而强化员工的战略意识。

2）目标导向。即让员工参与战略行动目标的制定和工作业绩的评价，既可以看到个人行为对实现战略目标的作用和意义，又可以从工作业绩的评价中看到成绩与不足，从中得到肯定和鼓励，为战略推进增添动力。

（3）随时控制。即过程控制，企业高层领导者要控制企业战略实施中的关键性的过程或全过程，随时采取控制措施，纠正实施中产生的偏差，引导企业沿着战略的方向进行经营，这种控制方式主要是对关键性的战略措施进行随时控制。

应当指出，以上三种控制方式所起的作用不同，因此在企业管理中它们是被随时采用的。

从控制主体的状态来看，战略控制可以分为如下两类。

（1）避免型控制。即采用适当的手段，使不适当的行为没有产生的机会，从而达到不需要控制的目的。例如，通过自动化使工作的稳定性得以保持，按照企业的目标正确地工作；通过与外部组织共担风险减少控制；或者转移或放弃某项活动，以此来消除有关的控制活动。

（2）开关型控制。开关型控制又称事中控制或行与不行的控制。其原理如下：在战略实施的过程中，按照既定的标准检查战略行动，确定行与不行，类似于开关的开与止。

开关型控制方法的操作方式：

1）直接领导。管理者对相关活动直接领导和指挥，发现差错及时纠正，使其行为符合既定标准。

2）自我调节。执行者通过非正式的、平等的沟通，按照既定的标准自行调节自己的行为。

3）共同愿景。组织成员对目标、战略宗旨认识一致，在战略行动中表现出一定的方向性、使命感，从而达到殊途同归、和谐一致、实现目标。

开关型控制一般适用于实施过程标准化的战略实施控制，或某些过程标准化的战略实施控制。

从控制的切入点来看，食品企业的战略控制可以分为如下五种：

（1）财务控制。这种控制方式覆盖面广，是用途极广的非常重要的控制方式，包括预算控制和比率控制。

（2）生产控制。即对企业产品品种、数量、质量、成本、交货期及服务等方面的控制，可以分为产前控制、过程控制及产后控制等。

（3）销售规模控制。销售规模太小会影响经济效益，太大会占用较多的资金，也影响经济效益，为此要对销售规模进行控制。

（4）质量控制。包括对企业工作质量和产品质量的控制。工作质量不仅包括生产工作的质量，还包括领导工作、设计工作、信息工作等一系列非生产工作的质量。因此，质量控制的范围包括生产过程和非生产过程的其他一切控制过程。质量控制是动态的，着眼于事前和未来的质量控制，其难点在于全员质量意识的形成。

（5）成本控制。通过成本控制使各项费用降到最低水平，达到提高经济效益的目的。成本控制不仅包括对生产、销售、设计、储备等有形费用的控制，还包括对会议、领导、时间等无形费用的控制。在成本控制中要建立各种费用的开支范围、开支标准并严格执行，要事先进行成本预算等工作。成本控制的难点在于企业中大多数部门和单位是非独立核算的，因此缺乏成本意识。

6．战略控制层次

战略控制层次是指由于制定各种战略，控制人员在企业中处于不同位置而产生的战略控制分级。一般包括战略控制、战术控制与作业控制三个层次。战略控制是指涉及企业同外部环境关系的基本战略方向的控制，它从企业总体考虑，着重于长期（一年以上）业绩；战术控制主要处理战略规划实施过程中的局部、短期性问题，着重于短期（一年以下）业绩；作业控制则是处理活动，考虑（如月度、季度）业绩，如日常的产品质量控制。企业的战略控制层次包括组织控制、内部控制和战略控制三种形式。每种形式都需要完成企业的使命，实现企业的目的和目标。

（1）组织控制。在大型企业里，战略管理的控制可以通过组织系统层层加以控制。企业董事会的成员应定期审核企业正在执行的战略，测试它的可行性，重新考虑或修正重大的战略问题。企业的总经理和其他高层管理人员则要设计战略控制的标准，也可以指定计划人员组成战略控制小组来执行一定的控制任务。

（2）内部控制。内部控制是指在具体的职能领域里和生产作业层次上的控制。生产作业的管理人员根据企业高层管理人员制定的标准，采取具体的内部行动。内部控制多是战术性控制。

（3）战略控制。战略控制是指企业对发生或即将发生战略问题的部门，以及重要战略项目和活动所进行的控制。这种控制比内部控制更为直接和具体。例如，在研究开发、新产品和新市场、兼并和合并等领域里，战略控制发挥着重要的作用。

3.2.4　食品企业战略调整

战略调整是一种特殊的决策，是食品企业经营发展过程中对过去选择的目前正在实施的战略方向或线路的改变。

1．调整的原则

尽管环境的不确定性使食品企业的战略调整变得日益困难，但食品企业能采取的行动就是迎难而上。食品企业在进行战略调整时应遵循的原则如下：

（1）及时反应原则。由于环境是不断变化的并且具有不确定性，企业战略必须针对环境变化及时进行调整。企业战略调整的这种决策能力不同于一般的决策能力，它不仅要求保证决策的正确性而且要求有较大的决策范围和速度，滞后的战略调整会让企业遭遇较高的风险。

（2）有效控制原则。企业的控制性是指在一定环境变化的条件下，企业能通过控制内部管理系统的方法，影响和控制环境受控系统，以达到预期企业战略目标的能力。因为，企业与环境实际上是互相影响、相互制约的关系。当企业对自己进行了积极改变的时候，将使企业在环境的变化中处于比较主动的地位，对环境的变化将有更好的预测，进而有助于企业战略调整的成功。

（3）动态适应原则。在战略调整的过程中，增加战略决策的柔性，使其可以根据新信息加以修正。环境的快速变化使企业不断地接受新的信息，这就要企业战略既有一定的稳定性，又有一定的适应性，进而要求战略具有动态适应的能力，战略方案具有一定的柔性。

（4）局部调整原则。企业可以根据具体的需要对战略进行局部的调整。由于战略决策本身要求具有较强的稳定性，随时进行全面的调整将使企业的工作完全陷入战略调整之中，无法进行正常的经营活动。同时，各种环境因素对企业的影响，往往也是从一个个方面开始的，因此企业应该先对影响最大的方面进行调整。例如，企业的战略可以分为总体经营战略、业务单元战略和职能战略。企业可以先对其职能战略进行调整，当需要调整的内容增加了，并达到一定的程度时，再对其业务单元战略和总体经营战略进行调整。

2．调整的策略

在了解了不确定性环境对食品企业战略调整的影响以及针对这种不确定性企业进行战略调整应遵循的原则后，食品企业进行战略调整采取的策略如下：

（1）建立环境变化预警系统，提高战略调整的先导性。食品企业对环境变化做出正确反应的前提是及时、正确地感知环境的变化，这就要求企业要建立战略预警系统。战略预警系统是指监控企业外部环境的变化，分析不确定性的层次，准确、及时地评价阶段性战略完成情况以及完成效率的一个系统。企业经营环境监测预警系统是管理和决策的一个重要组成部分，功能完善和安全可靠的应用系统可以大大提高企业决策的效率，降低由于不确定性给企业战略实施带来的风险。

在进行战略预警之前，食品企业要根据环境构建战略预警的指标体系。企业环境检测预警指标体系分为宏观和微观两个层次，宏观可以从法律、社会文化、经济和科技等方面进行构建；微观要围绕企业自身的特点从供给、需求和竞争三个方面来建立。通过以上指标体系的建立和各种指标的检测结果，根据不同指标的变化程度及警兆因素对企业行为造成压力的大小或强弱，确定警戒线，分析报警并采取必要的措施，使战略调整具有一定的先导性。

（2）增强环境变化的感知力，提高食品企业战略的自适应能力。企业作为开放系统，通过组织边界与外界环境进行着能量、物质、信息的交换。外界环境中的微小变化都可能对组织绩效的取得产生影响。提高企业对环境变化的感知力不仅需要企业时刻监控外围环境，注重企业战略对环境的适应性，还需要企业对内部各要素和外部各种资源进行有效集成，使企业整体适应环境的变化能力得到提高。

食品企业可以通过以下工作增强环境变化的感知力：首先，管理者要了解环境对组织战略的影响程度。由于环境的多变性和不确定性，管理者首先要随时随地利用各种渠道与方法去认识、了解和掌握环境，研究其变化规律，预测环境变化的趋势及其可能对组织战略产生的影响。其次，在了解和掌握各种环境因素的基础上，对其进行分析研究，确定各种环境因素对组织的影响。最后，管理者在对环境因素进行了一定的分析之后，要对各种环境因素所产生的影响做出反应。充分利用环境中对企业战略有利的方面，对企业产生正面作用。对于环境中不利于组织发展的因素，一方面可通过组织变革使其与企业战略相适应，另一方面可通过组织行为调整环境，使其有利于战略。

（3）制定柔性组织结构，适应食品企业的战略调整。组织结构的功能在于分工和协调，是保证战略实施的必要手段。企业为应对外部环境的变化或不确定性事件的影响，往往需要调整内部组织结构。如果某些结构的调整成本太高，代价太大，企业就难以对变化做出相应的反应，这意味着企业的组织结构是缺乏柔性的。战略柔性是企业内部结构所具有的属性特征，是结构在一定范围内的可调整性、可变革性。例如，企业在市场需求发生变化时，需要调整产品的品种结构或产量结构，而品种结构或产量结构的调整依赖于设备、技术、人力、组织等结构的调整。如果企业能够较为容易地实现结构调整，那么企业具有较高的战略柔性，相反，其战略柔性较低。所以企业战略要能适应外部的环境变化，就要使组织结构由刚性变为柔性，因为组织柔性化能取代业务处理过程专门化、任务专业化的同时，可以减缓陈旧性，提高决策合理性。

（4）运用目标管理方法，局部调整建立短期优势。食品企业的成功并非单纯依靠静态的长期战略，还需要许多动态的战略做补充以建立一系列短期优势。新型竞争战略不仅追求长期优势，还追求短期优势。它是以未来营利性为主、以适合更多的不确定性为追求方向，使其具有更多的机会。同时，企业的战略制定和实施过程就是目标分解过程，并且遵循从上而下的原则。企业制定战略目标后把它进行分解，逐级确定目标的责任主体，以确保目标的实现。当外部环境产生变化时，企业就要对战略目标进行调整，也要调整战略措施。但是，如果外部环境变化不是很大，只需对战略目标进行局部调整，也就是局部领域的微调。战略局部微调的好处是，一方面能使战略的发展具有延续性，确保企业按照既定的方向发展，另一方面确保员工对战略产生信赖感，知道自己工作的方向，从而愿意为战略目标的实现而努力。

（5）运用平衡计分卡，构建战略管理系统。平衡计分卡是从财务、客户、内部业务流程、学习和创新四个方面来考察企业战略绩效的系统，利用它可以对关键过程进行有效控制，对资源进行优化配置，使考评和战略有效衔接起来，解决传统管理体系中公司长期战略与短期行为脱节的问题。运用平衡计分卡来构建战略管理系统，企业可以：首先，在全盘考虑公司现有资源和外部因素的基础上制定公司的远景规划与战略目标；其次，把战略目标转化为关键成功因素和关键业绩指标，根据这些指标来制订战略行动方案；再次，根据战略行动方案，根据各部门工作的重要性分配资源，并尽量使部门间的资源产生协同效应；最后，在外部环境发生变化时，对战略进行反馈和调整，并调整其考核指标体系。通过以上各个环节的实施，确保企业的战略目标、战略行为、战略资源和绩效管理成为一个联系紧密的整体，使食品企业的战略调整和战略决策获得成功。

项目案例分析

伊利的"创新"和"国际化"战略

在国际品牌价值评估权威机构 Brand Finance 公布的"2017 年度全球乳制品品牌价值排行榜"中，伊利取得了亚洲第一的优异排名，其品牌强度指数更是位居全球第一，创造了亚洲乳制品企业迄今为止的最好成绩。

为了进一步巩固全球乳业第一阵营的地位，伊利以"质量"和"责任"为根本，着力推进"创新"和"国际化"两大战略，严格管理、不懈努力，在打造全产业链安全、优质的品质之外，勇于担当，不断对安全内涵进行延伸与拓展，以"创新"作为发展态度，日新日进，积极运用互联网思维，推进企业高速、高质量发展，为打造全球范围的"品牌伊利"持续发力。

1．"全球产业链"伊利品牌的重要内涵

2014 年 1 月 28 日，中共中央总书记、国家主席、中央军委主席习近平亲临伊利集团视察指导，对伊利的奶源基地建设、产品品质、质量检验等工作都给予了充分肯定，并对企业发展和食品安全工作做出明确指示，对伊利作为优秀农牧业产业化龙头企业，积极进行自主科技创新，推行"国际化"战略提出殷切期望。

"全球产业链"是伊利品牌的重要内涵，伊利一直通过深入实施国际化战略，提升品牌全球影响力。由于中国消费市场本身的高度开放，伊利在成长和壮大过程中，在"家门口"面临的就是来自全球的竞争，这也成为伊利选择以国际化作为集团战略之一的动因。

伊利以"国际化"的手段，使国产品牌加速融入国际舞台，在更高层级的竞争中实现企业自身的"强身健体"，练好内功，提高自身品质。让全球 20 亿消费者享受到伊利的产品，这是伊利集团定下的小目标。凯度消费者指数（Kantar Worldpanel）显示，2017 年购买过伊利产品的消费者达 13.5 亿人次。

2．用"品质伊利"打造"品牌伊利"

伊利集团认为，推进供给侧结构性改革，就是要坚持"伊利即品质"的企业信条，在发展过程中始终"视品质如生命"，严格管控、持续超越，通过生产高品质的产品和培养高素质的人才铸就"品质伊利"。

奶源决定品质。从前端的奶牛育种繁殖，到奶牛饲喂及日常管理，伊利实现智能化管理，对生产过程标准进行精细化制定，全方位地整合、保障奶源优质健康，夯实品质基础。截至 2017 年年底，伊利共投入约 135 亿元用于奶源升级与建设，在全国拥有自建、在建及合作牧场 2 400 多座，规模化、集约化的养殖在奶源供应比例上达到 100%，居行业首位。

用信息化手段指导日常喂养。通过阿波罗系统监测每头奶牛每天的产奶量，并在推料车上安装 GPS 监控系统，保证了推料时间的及时、准确。在牧场生产的挤奶操作过程中，伊利集团制定了七项标准化要求，包括牛体卫生、前药浴、一牛一巾、前三把奶挤弃、挤后药浴、清洗及记录，制作目视化看板，并培训牧场生产人员。为了强化落实执行，伊利在全国奶源基地安排了 2 000 多名质量管理保障人员，定期巡查每座牧场的生鲜乳生产环节，对不符合标准化的现象及时培训、纠偏并督办，确保原奶质量稳定。

运用 GPS 全程监控，管控平台实现了车辆运输的全程可视化，对饲料和兽药制订专项管控方案，确保原奶的品质安全可控。伊利奶车运输过程，采取双层保险。一是铅封管理，所有奶车都配备了"一罐一铅封"管理，使原料奶运输过程管理的可控性增强。二是安装视频监控定位系统。为了实现原料奶运输过程的可控，伊利全国所有奶源车辆全部安装了视频监控定位系统，用 GPS 实现全球定位、电子盯车，全天候 24 小时在线管理，保证了牛奶在运输途中的安全。

伊利的各生产工序，通过集聚全球最先进的设备，打造出智能制造的示范工厂，通过采用国际一流的设备严格检验产品及原辅材料，并在生产过程中采用全过程质量控制，组建自动化生产线和使用自动码垛，通过信息化系统实现了从研发、成本管控、品质保障到产品流通全过程的数据挖掘与分析，敏锐地捕捉生产制造环节的食品安全风险，使食品安全链条变得可视化、数据化。

在产品终端流通环节，伊利建立了覆盖全国的 ERP 网络系统，以规范物流、跟踪产品去向，同时利用信息手段监测，保障产品流通的最后一公里。例如，伊利的酸奶冷链车上都装有 GPS 温度监控仪，伊利工作人员通过信息系统，可全程监控运输车内的温度，产品运到目的地后，仍要经过温度检测才被接收。

3. "质量领先"建立伊利品牌形象

伊利特色的"全员、全过程、全方位"的"三全"质量管理体系，涵盖了 ISO 9001 质量管理标准、HACCP 食品安全管理标准、ISO 14001 环境管理标准和 OHSAS 18001 职业健康安全管理标准的要求，并通过了国家食品企业诚信体系的认证，以及 FSSC 22000 食品安全体系认证，成为中国第一家全线产品通过此全球性食品安全管理标准体系认证的乳品企业。

对标欧盟和美国、新西兰、澳大利亚等全球乳业发达国家和地区的食品安全风险控制规范，伊利制订了多个风险防控监测节点方案，建立了三重保护防线——内控、企标、国标三条控制线。即在国标的基础上，建立了严于国标的企标线，超过这个标准，产品决不出厂；在企标基础上，各工厂又建立了严于企标的内控（预警）标准，超过内控（预警）

标准，就会亮起红灯，据此相关人员会彻查原因，直至消除隐患。

伊利所建立的"全员、全过程、全方位"质量管理体系以及"集团—事业部—工厂"三级食品安全风险监测防控体系，覆盖 80 多个检验单元，率先实现了从源头到终端的每一个食品安全和质量控制关键点的监测、分析、把控、预防，在业内处于领先地位。

2014 年，伊利正式全面启动"质量领先战略"，将食品安全工作延伸至全球产业链条上的所有合作伙伴，系统性构建全球质量管理体系。

2015 年 11 月，根据全球健康食品产业新趋势，伊利将质量管理工作战略升级为"质量领先 3210 战略"，聚焦"全球最优品质"，持续升级全球质量管理体系。"3"是指打造世界一流学习型、专业化质量队伍；建立包括原料、产品、卫生、工艺、基础设施等在内的世界一流行业标准；生产世界一流品质的产品。"2"是指升级全球质量领先管理体系，以及端到端全链条的质量自主管理模式。"1"是指对全链条不满足食品安全和产品质量要求的过程和结果坚决实行一票否决。"0"是指保证零食品安全事件。

2017 年，伊利又提出建立"全产业链质量管理生态圈"的战略图景，通过利益共享机制，集结全产业之力为消费者舌尖上的安全保驾护航。同年第 6 月启动的"欧盟 2020 中欧食品安全（EU-China-Safe）"项目当中，伊利集团作为唯一参与该项目的中国乳企，与其他 30 多家专业机构一起，致力于全球范围内食品安全与风险防控的前瞻研究，切实做到"全产业链上的每个人都是食品安全的创造者、把关者和守护者"。

4."智能制造"提升伊利品牌科技含量

在工业和信息化部公布的 2015 年智能制造试点示范项目名单中，伊利凭借"乳品生产智能工厂试点示范项目"成为唯一上榜的乳品企业。

对于乳品制造行业，智能制造在生产制造设备的自动化、过程管理的信息化、数字化方面已经有所应用与体现，而伊利在这些领域都处于行业领导地位。伊利的"智能制造"有很大一部分内容是围绕产品品质来实施的，对于"提升产品品质"或"确保产品品质"有积极的促进作用。智能化工厂建设，是建立消费者对乳品安全信心的有力手段。

作为工业和信息化部颁布的首批"互联网与工业融合创新试点企业"，伊利很早就开始运用互联网思维，在企业生产、质量、渠道、营销等各个领域全面借助互联网技术实现"互联网+"。

5."全链创新"贯通伊利品牌建设始终

在国外，伊利紧紧围绕国际乳业研发的重点领域，整合海内外研发资源，从全球视角布设一张涵盖全球领先研发机构的全球创新网络。

2014 年 2 月，中国乳业规格最高的海外研发中心在荷兰正式成立，伊利集团与欧洲"食品硅谷"15 000 多名研发人员一起，致力于共同打造一个"背靠欧洲、面向全球"的研发实体；同年 11 月，伊利和南半球著名的农业和食品专业大学——新西兰林肯大学签署战略合作协议。

2015 年 3 月，伊利集团与欧洲生命科学领域的顶尖学府——荷兰瓦赫宁根大学签署了共建食品安全保障体系的战略协议，研究建立贯通全产业链的食品安全早期预警系统，并且升级中国首个母乳研究数据库。

截至 2017 年年底，伊利累计专利授权量为 2 201 项，其中，发明专利授权数量为 469 项，实用新型专利授权数量为 498 项。先后有三件专利获得中国专利优秀奖，专利保护覆盖液态奶、奶粉、酸奶、冷饮、原奶等领域。伊利全球创新网络已覆盖亚洲、欧洲、大洋洲和美洲，高科技含量、高附加值产品业已超过业务总额的 40%。

以"全链创新"为驱动，不断整合全球乳业资源的合作平台，参与全球产业治理，为中国乳业赢得话语权，逐步在全球乳业的互联互通中，实现全球价值共享。

伊利集团在深化国际化过程中，期望实现并努力践行在奶源建设、创新研发和质量管控上持续发力与不断创新，和国际标准深入接轨，带动全球产业链的可持续发展。

资料来源：www.315online.com。

？ 辩证性思考：

简述伊利实施"创新"和"国际化"战略采取的策略。

项目检测

管理知识目标检测

1．简述食品企业战略的概念、构成要素与层次。

2．企业战略管理的意义包括哪些内容？

3．简述食品企业战略管理的内容。

4．如何制定与实施食品企业战略？

5．食品企业战略的控制与调整方法有哪些？

管理能力目标检测

检测项目：

收集两家食品企业管理资料，对比其企业战略，选择一家企业进行战略管理分析并写出调整方案。

检测目的：

通过检测，进一步熟悉食品企业战略管理的意义与原则；掌握食品企业战略的制定、实施、控制与调整的方法。

检测要求：

由班级学习委员组织全员分团队进行讨论，评选三个优秀方案，在全班进行宣讲，教师进行评价。

项目 4 ● ● ●

食品企业经营管理

项目目标

管理知识目标

熟悉食品企业经营管理的概念、理念；熟悉食品企业经营计划的编制、执行和控制；掌握食品企业经营决策的基本方法。

管理能力目标

具备运用食品企业经营管理的能力。

项目导入案例

贝因美的困境

2016 年首度《华夏时报》记者梳理近年来贝因美的业绩数据发现，2007—2013 年，贝因美的营业收入从 12 亿元增长到 61.17 亿元，长了 5 倍有余，年复合增长率达到 31.18%；2013 年之后，贝因美的营业收入掉头直下，节节败退，从 61.17 亿元降到 27.64 亿元，年复合增长率是–23.26%。净利润方面，基本与营业收入变动趋势一致，在 2007—2013 年保持较快增长，2013 年后迅速跳水，从 2013 年盈利 7.2 亿元到 2017 年亏损 8 亿~10 亿元，直线下降。

乳业专家指出，贝因美业绩亏损主要原因是其之前市场上快到期的流货数量巨大，贝因美要耗费巨资回收，因此压力比较大。从自身来讲，贝因美此次业绩巨亏总的来说主要有三个方面的原因：一是跨境购物对实体线下的冲击，包括本地乳品企业和外资都受到影响；二是市场价格战，导致留货居多，需要处理库存；三是奶粉新政即将实施，经销商对进货比较谨慎，长期下来对销售不利。

资料来源：食品伙伴网，http://news.foodmate.net/2018/02/457837.html。

(?) **辩证性思考:**

贝因美如何走出困境?

任务 1 食品企业经营理念与经营决策

4.1.1 食品企业经营管理概述

1. 食品企业经营管理的概念

食品企业经营管理是指对食品企业整个生产经营活动进行决策、计划、组织、控制、协调,并对企业成员进行激励,以实现其目标和任务的一系列工作的总称。其主要任务如下:合理地组织生产力,使供、产、销各个环节相互衔接、密切配合,人、财、物各种要素合理结合、充分利用,以尽量少的劳动消耗和物质消耗,生产出更多的符合社会需要的产品。

2. 食品企业经营管理的内容

食品企业经营管理的内容主要包括:合理确定企业的经营形式和管理体制,设置管理机构,配备管理人员;搞好市场调查,掌握经济信息,进行经营预测和经营决策,确定经营方针、经营目标和生产结构;编制经营计划,签订经济合同;建立、健全经济责任制和各种管理制度;搞好劳动力资源的利用和管理,做好思想政治工作;加强土地与其他自然资源的开发、利用和管理;搞好机器设备管理、物资管理、生产管理、技术管理和质量管理;合理组织产品销售,搞好销售管理;加强财务管理和成本管理,处理好收益和利润的分配;全面分析评价企业生产经营的经济效益,开展企业经营诊断等。

4.1.2 食品企业的经营理念:CS、CL、ES

食品企业的经营理念是企业在持续经营和长期发展过程中,继承企业优良传统,适应时代要求,由企业家积极倡导,全体员工自觉实践,从而形成的代表企业信念、激发企业活力、推动企业生产经营的团体精神和行为规范。

1. CS 理念

CS(Customer Satisfaction,顾客满意)是指企业为了不断地满足顾客的要求,通过客观地、系统地测量顾客满意度,了解顾客的需求和期望,并针对测量结果采取措施,一体化地改进产品和服务质量,从而获得持续改进的业绩的一种企业经营理念。CS 经营战略关注的焦点是顾客,核心是顾客满意。目标是赢得顾客,从而赢得市场,赢得利润。顾客需要什么,企业生产什么。

在 CS 理念中,顾客满意具有某种特定的意义:在横向层面上,包括企业的理念满意、行为满意、视听满意、产品满意和服务满意;在纵向层次上,包括物质满意层次、精神满意层次和社会满意层次。

2. CL 理念

CL（Customer Loyal，顾客忠诚），是指企业以满足顾客的需求和期望为目标，有效地消除和预防顾客的抱怨和投诉，不断提高顾客满意度，在企业与顾客之间建立一种相互信任、相互依赖的"质量价值链"。企业的首要目标是以顾客忠诚度为标志的市场份额的质量取代了市场份额的规模。

顾客忠诚度的衡量标准主要有顾客重复购买的次数、顾客购买挑选的时间、顾客对价格的敏感程度、顾客对竞争产品的态度、购买周期、顾客对产品质量问题的承受能力等。

3. ES 理念

随着"服务利润链"理论研究的深入，企业的经营理念又开始向更深的层次演变——ES（Employee Satisfaction，员工满意）理念。员工满意是和顾客满意相对而言的，员工满意是指一个员工通过对企业所感知的效果与他的期望值相比较后所形成的感觉状态，是员工对其需要已被满足程度的感受。员工满意是员工的一种主观的价值判断，是员工的一种心理感知活动，是员工期望与员工实际感知相比较的结果。

4.1.3　食品企业经营决策

食品企业经营决策是在对食品企业的外部环境、内部条件分析的基础上，依据客观规律和实际情况，对食品企业的总体发展和各种重要经营活动的经营目标、方针和策略，做好正确选择的工作。它是一个过程，是一种寻找问题、制订方案、选择评价方案的活动。

经营决策的目的是通过实现食品企业外部环境、企业内部条件、企业经营目标三者的动态平衡，以求得食品企业的最佳经济效益。决策是食品企业的管理核心。可以说，整个食品企业管理过程都是围绕着决策的制定和实施而展开的。决策贯穿食品企业生产经营活动的全过程，在这个过程的每个环节上都离不开决策。对于食品企业来说，涉及的经营决策问题主要有经营战略与目标决策、市场营销决策、新产品开发决策、技术开发与投资决策、成本决策、生产计划决策、价格决策、经营方式选择及人事决策等。

食品企业经营决策的方法有两类：定性决策法和定量决策法。定性决策法注重决策者本人的经验和思维能力；定量决策法注重决策问题各因素之间客观存在的数量关系。在实际工作中，两种方法必须紧密结合、相辅相成。

1. 定性决策法

定性决策法是决策者根据所掌握的信息，通过对事物运动规律的分析，在把握事物内在本质联系的基础上进行决策的方法。定性决策法有以下几种。

（1）头脑风暴法。头脑风暴法，又称畅谈会法。它是一种邀请专家、内行，针对组织内某个问题或某个议题，让大家开动脑筋，畅所欲言地发表个人意见，充分发挥个人和集体的创造性，经过相互启发，产生连锁反应，集思广益，而后进行决策的方法。会议一般邀请 5~12 人，时间在一小时左右。首先，主持人介绍背景，提出总议题；其次，与会者畅所欲言，形成思想和热情的风暴；最后，形成创意、决策意向或方案。其主要规则为：放开思路，自由鸣放；不相互批评，不要争论；倡导多角度分析，鼓励提出多种不同方案；激励相互启发、联想、综合与完善。

（2）德尔菲法。德尔菲法是由美国著名兰德公司首创并用于预测和决策的方法。该方法是以匿名方式通过几轮函询征求专家的意见，组织预测小组对每一轮的意见进行汇总整理后作为参考再发给各专家，供他们分析判断以提出新的论证。几轮反复后，专家意见渐趋一致，最后供决策者进行决策。注意：选择好专家；决定适当的专家组（10~50 人）；拟定好意见征询表。

（3）哥顿法。哥顿法是美国人哥顿于 1964 年提出的决策方法。该方法与头脑风暴法相似，首先由会议主持人把决策问题向会议成员做介绍，其次由会议成员（专家成员）讨论解决方案；当会议进行到适当时机时，决策者将决策的具体问题展示给小组成员，使小组成员的讨论进一步深化，最后由决策者吸收讨论结果进行决策。原则：独立思考，开阔思路，不重复别人的意见；意见建议越多越好，不受限制；对别人的意见不做任何评价；可以补充和完善已有的意见。

（4）淘汰法。它是根据一定的条件和标准，对全部备选的方案筛选一遍，淘汰达不到要求的方案，缩小选择的范围。

（5）环比法。它是在所有方案中进行两两比较，优者得 1 分，劣者得 0 分，最后以各方案得分多少为标准选择方案。

2. 定量决策法

定量决策法是指利用数学模型进行优选决策方案的决策方法。根据数学模型涉及的问题的性质（或者根据所选方案结果的可靠性），定量决策法一般分为确定型决策法、风险型决策法和不确定型决策法三种。

（1）确定型决策法。确定型决策法是指决策条件非常明确，通过对各种备选方案的分析，就会知道其明确结果的决策。它必须具备四个条件：具有决策者希望达到的目标；客观条件相对稳定；有两个以上可供选择的方案；各方案执行的结果是明确的。确定型决策法一般用于程序化的管理性或业务性的决策。此时决策的任务就是借助一定的计算分析把每个可行方案的结果计算出来，然后通过比较，把结果最好的方案优选出来，作为决策的行动方案。

确定型决策法主要有盈亏平衡分析法（量本利分析法）和线性规划法。下面主要介绍盈亏平衡分析法。

盈亏平衡分析法（量本利分析法），是指研究决策方案的销量，生产成本与利润之间的函数关系的一种数量分析方法。盈亏平衡分析法关键是计算盈亏平衡点。

设：销售收入为 R，固定成本为 F，单位产品变动成本为 V，产量为 Q，单位产品价格为 P，总成本为 C，利润为 I，则

$$R=PQ=C+I$$

$$C=F+VQ$$

所以

$$PQ=C+I=F+VQ+I$$

$$Q=(F+I)\div(P-V)$$

盈亏平衡点即不盈不亏点，即 $I=0$。

因此得到盈亏平衡时对应的产量：$Q_0=F\div(P-V)$。

【例 4-1】某食品企业生产一种大礼包儿童食品，每包售价为 12 元。该食品企业生产每包产品的变动成本为 7 元，生产该种产品的固定成本总额为 60 000 元。问该企业全年至少要生产多少该种产品才能获利？如欲获利 36 000 元，需生产多少该种产品？

解：

① 该企业全年至少要生产多少该种产品才能获利，即要求计算不盈不亏点。企业的产品产量应大于盈亏平衡点的产量，否则该企业将亏损。将有关数据代入盈亏平衡点的产量计算公式得

$Q_0=F\div(P-V)$

$\quad=60\,000\div(12-7)=12\,000$（包）

② 如欲获利 36 000 元，即在目标利润既定的条件下，计算产品的产量。将有关数据代入相应计算公式得

$Q=(F+I)\div(P-V)$

$\quad=(60\,000+36\,000)\div(12-7)=19\,200$（包）

盈亏平衡分析法能确定企业的最小生产经营规模，也可在目标利润既定的前提下计算产品的产量，但是用这种方法无法确定企业的最佳生产经营规模。

（2）风险型决策法。风险型决策也叫随机性决策或概率性决策。它需要具备下列条件：有一个明确的决策目标；存在着决策者可以选择的两个以上的可行方案；存在着决策者无法控制的两个以上的客观自然状态；不同方案在不同自然状态下的损益值可以计算出来。由于风险型决策自然状态出现的概率不肯定，只能估计出一个概率，所以决策者要承担因估计失误而带来的风险。这种决策方法主要应用于有远期目标的战略决策或随机因素较多的非程序化决策，如投资决策、技术改造决策等。

风险型决策常用的方法是决策树法。决策树法是以决策损益值为依据，绘制树枝图形，再根据决策目标，利用修枝寻求最优方案的决策方法。该方法最大的优点是能够形象地显示出整个决策问题在不同时间和不同阶段的决策过程，逻辑思维清晰，层次分明，特别是对复杂的多级决策尤为适用。

1）决策树的结构要素（见图 4-1）。

决策节点：通常用"□"表示，决策节点是要选择的点。从它引出的分枝叫方案分枝，有几条分枝就有几个方案。

状态节点：通常用"○"表示，状态节点表示一个方案可能获得的损益值。从它引出的分枝叫概率分枝，每一条分枝代表一个自然状态。

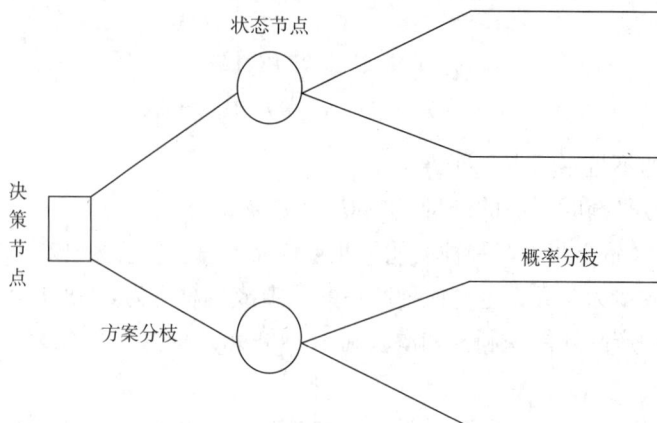

图 4-1　决策树的结构要素

下面结合实例介绍这一方法的运用。

【例 4-2】某企业准备生产某种产品，预计该产品的销售有两种可能：销路好，其概率为 0.7；销路差，其概率为 0.3。可采用的方案有两个：一个是新建一条流水线，需投资 220 万元；另一个是对原有的设备进行技术改造，需投资 70 万元。两个方案的使用期均为 10 年，损益资料如表 4-1 所示，试对方案进行决策。

表 4-1　损益资料

方　　案	投资（万元）	年收益（万元）		使用期（年）
		销路好（0.7）	销路差（0.3）	
新建流水线	220	90	−30	10
技术改造	70	50	10	10

2）决策树分析法的基本步骤。

① 从左向右画出决策树，并标出数据。首先从左端决策点（用"□"表示）出发，按备选方案引出相应的分枝（用"——"表示），每条方案枝上注明所代表的方案；然后，每条方案枝到达一个方案节点（用"○"表示），再由各方案节点引出各个状态枝（也称作概率枝（用"——△"表示），并在每个状态枝上注明状态内容及其概率；最后，在状态枝末端（用"△"表示）注明不同状态下的损益值。决策树完成后，再在下面注明时间长度。

② 计算各种方案的期望值。

节点②的期望值=［90×0.7+（−30）×0.3］×10−220=320（万元）

节点③的期望值=（50×0.7+10×0.3）×10−70=310（万元）

③ 选择最佳方案。将各方案的期望值标在各个方案节点上；然后，比较各方案的期望值，从中选出期望值最大的作为最佳方案。同时剪去（用"∥"表示）其他方案枝。此例中，新建流水线方案期望值最大，因此，应采用此方案。

绘制决策树，如图 4-2 所示。

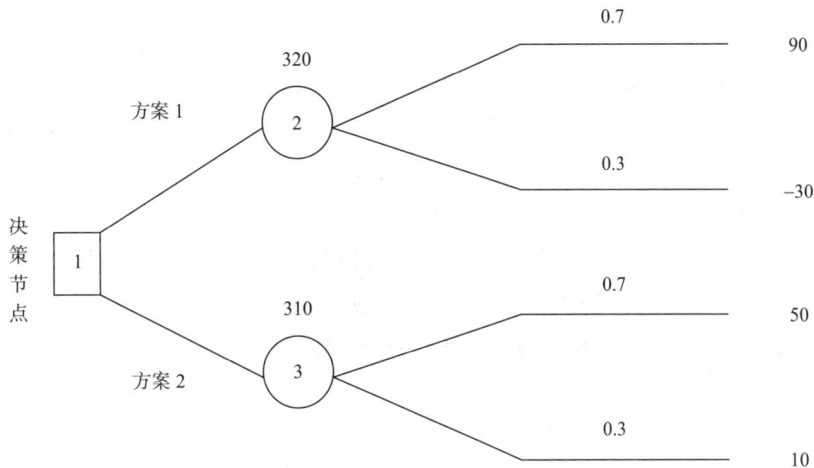

图 4-2　决策树

（3）不确定型决策法。在风险型决策法中，计算期望值的前提是能够判断各种状况出现的概率。如果出现的概率不清楚，就需要用不确定型决策法，主要有三种，即冒险法、保守法和折中法。采用何种方法取决于决策者对待风险的态度。

在对决策问题的未来不能确定的情况下，通过对决策问题变化的各种因素分析，估计有几种可能发生的自然状态，计算其损益值，按一定的原则进行选择的方法。

不确定型决策法有乐观准则、悲观准则、后悔值准则、机会均等准则等。

1）乐观准则（大中取大法）。这是决策者对客观情况抱乐观态度。它是先分别找出每种方案在各种自然状态下的最大收益值，再将各方案的最大收益值相比较，选出最大数值的方案作为决策方案，此方案即合理方案。从最好的情况出发，选择最有利的方案，属冒险型决策。这种方法的特点是，决策者对决策事件未来前景的估计乐观并有成功的把握，因此，愿意以承担风险的代价去获得最大收益。

【例 4-3】某食品企业为了进一步扩大其 X 产品的销售，根据当前和未来市场情况，结合企业实际拟定了 A、B、C、D 四种不同的销售方案。公司预计未来销售市场有良好、一般和较差三种可能。销售人员经过分析，对四个销售方案在不同的市场预期下可能的损益进行了估算，有关数据如表 4-2 所示。

表 4-2　损益资料　　　　　　　　　　　　　　　　　　　　　金额单位：万元

销售方案	良　好	一　般	较　差
A	190	110	20
B	160	130	-80
C	120	80	-30
D	250	100	-50

要求：利用"大中取小法"进行销售方案的决策。

解：列出各方案在各种自然状态下的最大收益值：

A 方案的最大收益值为 190 万元，B 方案的最大收益值为 160 万元，

C 方案的最大收益值为 120 万元，D 方案的最大收益值为 250 万元。

由于四个方案中 D 方案的最大收益值最大，因此 D 方案即所选择的决策方案。

2）悲观准则（小中取大法）。这种决策方法与乐观准则正好相反，它要先分别找出每种方案在各种自然状态下的最小收益值，再将各方案的最小收益值相比较，取其中最大者所对应的方案即合理方案；从最坏的情况出发，选择最有利的方案，属保守型决策。采用这种方法是非常保守的，决策者唯恐决策失误造成较大的经济损失。因此在进行决策分析时，比较小心谨慎，从最不利的客观条件出发来考虑问题，力求损失最小。

【例 4-4】仍采用上述例子。

要求：利用"小中取大法"进行销售方案的决策。

解：列出各方案在各种自然状态下的最小收益值：

A 方案的最小收益值为 20 万元，B 方案的最小收益值为 –80 万元，

C 方案的最小收益值为 –30 万元，D 方案的最小收益值为 –50 万元。

由于四个方案中 A 方案的最小收益值最大，因此 A 方案即所选的决策方案。

3）后悔值准则（大中取小法）。（后悔值——某种自然状态中各种方案的收益值同其中最大收益值之间的差额。）先计算出各种方案在各种自然状态下的后悔值，并从中找到最大值，再将各方案的最大后悔值中的最小值方案作为决策方案。

【例 4-5】仍采用上述例子。

要求：利用"大中取小法"进行销售方案的决策。

解：计算各种情况下各种方案的后悔值：

良好时最大收益值为 D 方案：250 万元。

A 方案的后悔值=250 – 190=60，B 方案的后悔值=250 – 160=90，

C 方案的后悔值=250 – 120=130，D 方案的后悔值=250 – 250=0。

一般时最大收益值为 B 方案：130 万元。

A 方案的后悔值=130 – 110=20，B 方案的后悔值=130 – 130=0，

C 方案的后悔值=130 – 80=50，D 方案的后悔值=130 – 100=30。

较差时最大收益值为 A 方案：20 万元。

A 方案的后悔值=20 – 20=0，B 方案的后悔值=20 – （ –80 ）=100，

C 方案的后悔值=20 – （ –30 ）=50，D 方案的后悔值=20 – （ –50 ）=70。

为了方便决策，将上述结果列表（见表 4-3）。

表 4-3 后悔值比较表　　　　　　　　　　　金额单位：万元

| 自然状态下的后悔值比较表 | | | | 各方案中的最大后悔值 |
方　案	良　好	一　般	较　差	
A	60	20	0	60

续表

| 自然状态下的后悔值比较表 | | | | 各方案中的 |
方 案	良 好	一 般	较 差	最大后悔值
B	90	0	100	100
C	130	50	50	130
D	0	30	70	70

由于四个方案的最大后悔值中最小者为 A 方案，因此 A 方案即所选的决策方案。

4）机会均等准则（等概率法）。这种决策方法是将未来不明的自然状态出现的可能完全等同地加以看待，因此，设各种自然状态出现的概率都相同，从而将其转化为风险型决策。

上述四种决策方法，在实际中往往同时运用。但由于看问题的角度不同，决策者的心态不同，因此所得结论也不完全一致。

任务 2 食品企业经营计划

4.2.1 食品企业经营计划概述

1. 食品企业经营计划的概念

食品企业经营计划是按照食品企业经营决策所确定的方案对企业生产经营活动和所需要的各项资源，从时间和空间上进行具体的统筹安排的工作。食品企业经营计划是一项综合性计划，是根据食品企业外部环境与内部条件的具体情况，结合食品企业未来发展的需要，为食品企业经营活动预先拟定的具体内容和步骤。

2. 食品企业经营计划的特征

（1）食品企业经营计划以提高经济效益为中心。食品企业作为独立的社会经济组织，肩负义不容辞的社会经济责任，包括对国家的责任、对投资者的责任、对用户的责任、对社会的责任、对员工的责任及对企业自身的责任。在这一系列责任中，最基本的是食品企业自负盈亏的责任。如果一个食品企业连年亏损，则一切责任都无从谈起，所以食品企业的经营计划必须以提高经济效益为中心。

（2）食品企业经营计划以中长期计划为重点。经营计划以食品企业的经营目标和经营决策为出发点，要求从经营战略的高度考虑问题，从长远的观点出发，着眼于未来市场的变化，重视经营战略分析和战略决策，突出强调中长期计划的作用。

（3）食品企业经营计划应有一定弹性。食品企业经营计划应具有一定的应变能力，计划安排不仅要符合目前市场需求的状况，而且要有应对市场变化的策略，能够及时对外部环境和内部条件的变化做出反应。

4.2.2 食品企业经营计划的任务

食品企业经营计划的任务是根据社会的需要以及食品企业的自身能力，确定出食品企业经营在一定时期内的奋斗目标，通过计划的编制、执行和检查，协调和合理安排组织中各方面的经营和管理活动，有效地利用组织的人力、物力和财力等资源，取得最佳的经济效益和社会效益。

食品企业经营计划的任务是通过计划工作的内容来实现的，可以将计划工作的内容概括为以下七个方面。

1．做什么

要明确计划工作的具体任务和要求，明确每个时期的中心任务和工作重点。例如，食品企业生产计划的任务主要是确定生产哪些产品，生产多少，合理安排产品投入和产出的数量以及生产进度，在保证按期、按质和按量完成订货合同的前提下，使得生产能力得到尽可能充分的利用。

2．为何做

要明确计划的原因和目的，或者宗旨、目标、战略，并论证可行性。实践表明，计划工作人员对组织和企业的宗旨、目标和战略了解得越清楚，认识得越深刻，就越有助于他们在计划工作中发挥主动性和创造性。

3．何时做

规定计划中各项工作的起始和完成的进度，以便进行有效的控制和对能力及资源进行平衡。

4．何地做

规定计划的实施地点或场所，了解计划实施的环境条件和限制条件，以便合理安排计划实施的空间组织和布局。

5．谁去做

计划不仅要明确规定目标、任务、地点和进度，还应规定实施计划的部门或人员，即由哪个主管部门负责。例如，开发一种新产品，要经过产品设计、样机试制、小批试制和正式投产几个阶段。在计划中要明确规定每个阶段由哪个部门负主要责任，哪些部门协助，各阶段交接时，由哪些部门组织哪些人员参加鉴定和审核等。

6．如何做

制定实现计划的措施，以及相应的政策和规则，对组织资源进行合理分配和集中使用，对人力、生产能力进行平衡，对各种派生计划进行综合平衡等。

7．需要多少成本

本项计划需要多少成本，关系到成本和效益的平衡，要做好计划执行的预算。

4.2.3　食品企业经营计划的类型

1．按计划的期限分类

（1）长期计划。长期计划又称企业长远发展规划，一般指 3 年以上的计划。它是食品企业的战略计划，规定了食品企业的长期目标以及为实现目标所采取的措施和步骤。

（2）中期计划。中期计划的年限一般为 1~3 年，它是食品企业近期的发展计划。

（3）短期计划。通常是指年度计划、季度计划或月度计划。它是食品企业的业务活动计划或作业计划，是日常生产经营活动的依据。

食品企业的长期计划、中期计划和短期计划相互衔接，反映了事物在时间上的连续性。不同食品企业长期计划的具体期限取决于本企业所在行业、产品和市场寿命周期以及技术发展周期等因素。食品企业一般同时编制中长期计划和短期计划。长期计划是中期计划编制的依据，中期计划是长期计划的具体化，又是短期计划编制的依据；短期计划是中期计划的具体化和补充。

2．按计划的性质分类

（1）战略计划。战略计划是关于食品企业未来发展的规划，是对食品企业发展起关键作用的计划，其中包括食品企业的经营战略、经营目标、产品开发战略及市场开拓等内容。食品企业的中长期计划均属于战略计划。

（2）战术计划。战术计划是保证战略计划实现的计划，也是解决局部问题或短期问题的计划，如食品企业的季、月销售计划，工程的施工计划及生产作业计划等。食品企业的短期计划一般属于战术计划。

（3）作业计划。作业计划是为部门或个人制订的具体行动计划，通常具有个体性、可重复性和较大的刚性。

3．按计划的内容分类

（1）综合计划。综合计划是对组织活动所做的整体安排，是指导食品企业生产经营活动的纲领。综合计划的指标主要包括销售收入、利润、产品品种、劳动生产率等综合反映食品企业整体生产经营活动预期目标的经济指标。

（2）专项计划。专项计划是指为完成某一特定任务而制订的计划，如生产计划、销售计划、新产品开发计划、成本计划、人力资源开发计划等。食品企业职能部门的计划多是专项计划。

综合计划与专项计划之间是整体与局部的关系。专项计划必须以综合计划为指导，避免与综合计划脱节。

4.2.4　食品企业经营计划的编制、执行和控制

计划是一个连续工作的过程，它包括食品企业经营计划的制定、执行和控制的全过程。

1. 食品企业经营计划的编制

（1）编制要求。

1）明确食品企业目标和计划性质。例如，明确该计划是为促进销售还是为营造企业文化氛围。

2）预测环境的变化。例如，研究该项销售活动在这段时间内，环境对其有利和不利的影响，保持食品企业对环境的适应性；制订计划及协调企业活动；合理分配资源，保证计划落实；强调制订计划的参与性。

3）为了保证计划工作的科学性，需要集中广大员工的智慧。

4）要动员和依靠组织内全体成员参与计划管理，保证计划的完成。

（2）编制步骤。

1）调查研究。调查研究是编制计划的前提条件。通过调查研究，根据食品企业外部环境的状态及变化和食品企业的内部条件，寻找市场所提供的机会和存在的威胁，特别是要掌握计划的限制条件，如资源、环境、法规及地理位置等。对它们进行认真研究，将有助于提高所编制的计划的可行性。

2）确定具体目标。确定具体目标是编制计划的关键。没有目标或目标不明确，就没有决策；目标如果不恰当，决策就可能失误，就必然影响到计划的质量。因此，编制经营计划应全面考虑各个目标、各种条件之间的相互影响，要考虑它受各有关条件的限制情况，处理好当前与长远的关系。食品企业往往有许多目标，有经济方面的，有社会、环境、政治方面的。凡是经营成功的企业，都会在市场、生产力、发明创造、物力和财力资源、人力资源、利润、管理人员的行为表现及培养发展、工人的行为表现及社会责任等方面，有自己明确的目标。

3）拟订方案，比较选择。为实现同一目标，可以有多种可行性方案。一般来说，每个方案的优势都是相对的，也都有它的局限性和不足，对各种条件的利用或限制来说，也都各有侧重。通过反复比较、逐步淘汰，将最接近目标而又最适应关键的限制性条件、利多弊少的方案选择出来。

4）综合平衡，确定正式草案。这是计划编制工作的最后步骤，其重点在于综合平衡、具体落实。首先，侧重食品企业的外部环境与目标之间的相互平衡。然后，进一步综合平衡，则侧重于目标与食品企业内部条件的平衡，主要包括：产、供、销三方面的平衡，生产与组织之间的平衡，资金需要与资金筹措之间的平衡以及各生产环节生产能力的平衡等。

2. 食品企业经营计划的执行

经营计划的贯彻与执行，主要是以方针落实及目标管理的方式进行的。方针落实是指按照经营目标和经营方针的要求，对一切与执行有关的部门和单位提出进一步具体的要求，使之形成一个系统，确保方针和目标的实现。

目标管理是指企业管理者和广大职工都来参加经营目标的制定，在实施过程中，通过分解目标、落实措施，并达到自我控制的一种管理方法。推行目标管理是落实企业经营计划的一种行之有效的方法。贯彻执行企业经营计划，体现为全面完成各项计划指标，维持正常的生产经营管理秩序。

3．食品企业经营计划的控制

食品企业经营计划的控制是指食品企业在动态变化的环境中，为了确保实现既定的目标而进行的检查、监督和纠正偏差等管理活动。控制是实现当前阶段食品企业目标和计划的有力保证，也是食品企业修正发展目标和制订下一轮计划的前提和基础。

（1）经营计划的控制程序。

1）确定控制点。明确哪些环节需要进行控制，哪些环节是控制的重点。

2）确定控制标准。各种控制标准包括计划指标、各类定额及有关的技术标准和工作标准，如劳动定额、产量定额、物资消耗定额、费用限额、产品质量标准、工艺标准等。

3）检查和测定。对食品企业的生产经营过程进行检查和测定，将测定结果与计划指标比较，及时发现计划实施与计划标准的偏差。

4）采取相应措施及时纠正偏差。分析偏差产生的原因，采取措施纠正偏差是计划控制的最终目的。偏差在允许范围内的可以不必反馈和处理。确实需要采取措施时要对症下药，具体问题具体分析。

（2）经营计划的控制方法。

1）事先控制。事先控制，又称预先控制，是指通过观察和收集信息，掌握规律，预测趋势，提前采取措施，将可能发生的问题（事故、偏差）消除在萌芽状态。这是一种"防患于未然"的控制，是控制的最高境界。

2）事中控制。事中控制，又称现场控制或即时控制，是指在某项活动或者生产经营过程中，管理者采用纠正措施，以保证目标或计划的顺利实现。它主要通过管理人员深入现场进行有效的控制。

3）事后控制。事后控制主要是分析工作的执行结果，与控制标准相比较，发现差异并找出原因，拟定纠正措施以防止问题继续发生。例如，财务分析报告、产品销售状况分析报告及销售人员业绩评定报告等。

项目案例分析

稻香村：经营管理模式的转型

北京稻香村始建于清朝光绪二十一年（1895 年），主要生产糕点、肉食、速冻食品、月饼、元宵、粽子等 600 多种特色食品。1984 年复业至今已快速发展成全国领先的大型综合性食品生产流通企业。旗下拥有全国最大的传统食品生产配送基地和 190 多家连锁店、800 多个实体销售网点、数家电商微商旗舰店，从业人员近万人，2016 年年销售额达 63 亿元。

稻香村积极探索实现互联网条件下传统商业模式向 O2O 模式转型，大胆进行经营决策，选择了用友 U8 系统来支持经营管理升级。

1．统一企业经营管理平台

构建统一信息平台，优化生产配送中心，与旗下 190 多家连锁店、800 多个销售网点、数家电商微商旗舰店无缝链接，消除信息孤岛，形成一体化管理。

2．产供销一体化管理

打通采购、生产、营销的链条分割。生产部门的生产、采购计划和活动随时根据营销部门的销售计划和市场销售情况进行调整，构建 190 多家连锁店、800 多销售网点天天订货、天天配送的全覆盖快速供应链，有效提高采购、生产、销售的精准度，有效降低整体库存水平。

3．精细的成本管控

由于生产原材料是面粉、鸡蛋、豆沙等非标准商品，种类繁多，专业分工多，生产班组多，管理难度极大。U8+生产制造系统的 BOM 功能轻松实现了生产环节的用工用料实时统计、分配和优化排产功能，有效提高了生产效率，降低了生产成本。

4．动态库存管理

建立动态产成品库存数据库，根据有效期和批次进行精准管理，自动完成预警、管控、调剂调拨，有效降低产成品库存，提高销售周转率。

5．业绩考评有据可依

精准全面的生产销售数据既为业绩考评提供了准确的依据，也为生产能力调整、产品品种调整、网点布局以及企业发展战略调整等决策行为提供了有效的支撑。

资料来源：苏州益友智创信息科技有限公司网。

⑦ 辩证性思考：

谈谈你对稻香村经营决策的看法。

📁 项目检测

管理知识目标检测

1．什么是食品企业经营管理？

2．什么是食品企业经营理念？

3．什么是食品企业经营决策？

4．食品企业经营决策的基本方法有哪些？

5．制订食品企业经营计划的程序是什么？

管理能力目标检测

检测项目：

选择一家食品企业，对该企业经营管理现状进行分析，撰写食品企业的经营管理分析方案。

检测目的：

通过训练，进一步熟悉、掌握食品企业经营管理的概念、经营理念、经营决策和经营计划，初步具备分析食品企业经营管理的基本能力。

检测要求：

由班级学习委员组织全员分团队对食品企业经营管理分析方案进行讨论，评选三个优秀方案，在全班进行宣讲，教师进行评价。

项目 5 ● ● ●

食品企业市场营销管理

项目目标

管理知识目标

明确食品企业市场营销管理的内涵、任务及市场营销的计划、组织、实施和控制；明确市场营销组合概念及市场营销组合模式；熟悉食品企业市场营销组合策略；掌握产品策略、价格策略、分销策略、促销策略；掌握网络营销的相关知识。

管理能力目标

具备运用食品企业市场营销管理的能力。

项目导入案例

农夫山泉的营销渠道模式

产品需要不同的营销渠道与之相匹配。农夫山泉之所以能够有如今较好的发展，离不开其企业独特的营销渠道模式。主要采取了以下几种营销渠道模式：

（1）横向渠道。从横向来看，农夫山泉的渠道类型可以分为 K/A 渠道、流通渠道和特殊通路。其中，K/A 卖场渠道主要用于企业品牌形象维护，是渠道的主要组成部分；流通渠道，即终端小店和批发商，虽然属于传统渠道，但仍然是农夫山泉销售额来源的重要支撑部分；特殊通路包括网吧、酒店、KTV、餐饮、景区、学校等相对封闭的通路，虽然有着进货量小、竞争激烈等特点，但仍然具有很大的市场潜力。

（2）纵向渠道。从纵向来看，农夫山泉采取的是从厂家到经销商或者分销商，再到终端的两极经销体系。在这种模式下，渠道长度相对较短，不易出现由于过多渠道人员不配合而出现渠道混乱等问题，目标群体越集中，对渠道模式的发展就越有推动作用。然而，由于存在经销商，厂家的渠道权利被稀释，因此，需要能够有较强的管理能力。

资料来源：http://wenku.foodmate.net/2017/05/28261.html。

（?）**辩证性思考：**

你对农夫山泉的营销渠道模式做何评价。

任务 1 食品企业市场营销

5.1.1 市场与市场营销

1．市场的构成要素

市场的构成要素可以用一个等式来描述：市场=人口+购买力+购买欲望。

（1）人口。人口是构成市场的最基本要素。消费者人口的多少，决定着市场的规模和容量的大小，而人口的构成及其变化则影响着市场需求的构成和变化。因此，人口是市场三要素中最基本的要素。

（2）购买力。购买力是指消费者支付货币以购买商品或服务的能力，是构成现实市场的物质基础。一定时期内，消费者的可支配收入水平决定了购买力水平的高低。购买力是市场三要素中最物质的要素。

（3）购买欲望。购买欲望是指消费者购买商品或服务的动机、愿望和要求，是由消费者心理需求和生理需求引发的。产生购买欲望是消费者将潜在购买力转化为现实购买力的必要条件。

市场的这三个要素是相互制约、缺一不可的，它们共同构成食品企业的微观市场。

2．市场营销

市场营销是食品企业发现（创造）食品消费需求、满足食品消费需求和管理食品消费需求的活动过程。市场营销是食品企业从无到有、由小到大、由弱到强的经营之道和生财之道。

5.1.2 市场营销管理

食品企业的营销活动不仅是产品或服务的销售，还包括产品、价格、分销、促销等各种营销策略。为了有效地对各种营销活动进行组织和控制，协调各种营销活动之间的关系以及营销活动与企业的生产、科研、财务等活动的关系，保证实现企业的生产经营目标，就必须加强对营销工作的管理。

1．市场营销管理的概念

市场营销管理是指食品企业为实现其目标，创造、建立并保持与目标市场之间的互利交换关系而进行的分析、计划、执行与控制的过程。市场营销管理的基本任务，就是为达到食品企业目标，通过营销调研、计划、执行与控制，来管理目标市场的需求水平、时机和构成。

2．市场营销管理的任务

市场营销管理的实质是需求管理。市场营销管理的具体任务随着目标市场的不同需求状况而有所不同。任何市场均可能存在不同的需求状况，根据需求水平、时间和性质的不同，可归纳出八种不同的需求状况。在不同的需求状况下，市场营销管理的任务有所不同，要求通过不同的市场营销策略来解决。

（1）负需求。负需求是指市场上众多消费者不喜欢某种产品或服务，即绝大多数人对某个产品感到厌恶，甚至愿意出钱回避它的一种需求状况。例如，近年来许多老年人为预防各种老年疾病不敢吃甜点心和肥肉。又如，有些消费者害怕冒险而不敢乘飞机，或者害怕化纤纺织品有毒物质损害身体而不敢购买化纤服装。市场营销管理的任务是分析人们为什么不喜欢这些产品，并针对目标消费者的需求重新设计产品、定价，做更积极的促销，或改变消费者对某些产品或服务的信念。例如，宣传老年人适当吃甜食可促进脑血液循环，乘坐飞机出事的概率比较小等。把负需求变为正需求，称为改变市场营销。

（2）无需求。无需求是指目标市场消费者对某种产品从来不感兴趣或漠不关心的一种需求状况。市场对下列产品无需求：人们一般认为无价值的废旧物资；人们一般认为有价值，但在特定市场无价值的东西；新产品或消费者平常不熟悉的物品等。在无需求情况下，市场营销管理的任务是刺激市场营销，即通过大力促销及其他市场营销措施，努力将产品所能提供的利益与人的自然需要和兴趣联系起来。

（3）潜在需求。这是指现有产品或服务不能满足许多消费者的强烈需求，而现有产品或服务又无法使之满足的一种需求状况。例如，艾滋病患者对彻底治疗艾滋病的药物的需求。在潜在需求情况下，市场营销管理的任务是开发市场营销，准确地衡量潜在市场需求，开发有效的产品和服务，即开发市场营销，将潜在需求变为现实需求。

（4）下降需求。这是指目标市场消费者对某些产品或服务的需求出现了下降趋势的一种需求状况。例如，近年来城市居民对电风扇的需求已饱和，需求相对减少。在下降需求情况下，市场营销者要了解消费者需求下降的原因，或者通过改变产品的特色，采用更有效的沟通方法再刺激需求，即创造性地再营销，或者通过寻求新的目标市场，以扭转需求下降的格局。

（5）不规则需求。许多企业常面临因季节、月份、周、日、时对产品或服务需求的变化，而造成生产能力和商品的闲置或过度使用。例如，在公用交通工具方面，在运输高峰时不够用，在非高峰时则闲置不用。又如，在旅游旺季时旅馆紧张和短缺，在旅游淡季时旅馆空闲。再如，节假日或周末时商店拥挤，平时则商店顾客稀少。在不规则需求情况下，市场营销的任务是通过灵活的定价、促销及其他激励因素来改变需求时间模式，使产品或服务的市场供给与需求在时间上协调一致，这称为同步营销。

（6）充分需求。这是指某种产品或服务目前的需求水平和时间等于期望的需求，这是企业最理想的一种需求状况。但是，在动态市场上，消费者需求会不断变化，竞争会日益加剧。因此，在充分需求情况下，企业营销的任务是改进产品质量及不断估计消费者的满足程度，通过降低成本来保持合理价格，并激励营销人员和经销商大力推销，千方百计维持目前需求水平，维持现时需求，这称为"维持营销"。

（7）过度需求。这是指市场上消费者对某些产品的需求超过了企业供应能力，产品供不应求的一种需求状况。例如，由于人口过多或物资短缺，引起交通、能源及住房等产品供不应求。在过度需求情况下，企业营销管理的任务是减缓营销，可以通过提高价格、减少促销和服务等方式暂时或永久地降低市场需求水平，或者设法降低来自盈利较少或服务需求不大的市场的需求水平。企业最好选择那些利润较少、要求提供服务不多的目标消费者作为减缓营销的对象。减缓营销的目的不是破坏需求，而只是暂缓需求水平。

（8）有害需求。有害需求是指市场对某些有害产品或服务的需求，如对烟酒、毒品、情色视频的需求等。对于有害需求，市场营销管理的任务是反市场营销，即劝说喜欢有害产品或服务的消费者放弃这种爱好和需求，大力宣传有害产品或服务的严重危害性，大幅度提高价格，以及停止生产供应等。降低市场营销与反市场营销的区别在于：前者是采取措施减少需求，后者是采取措施消灭需求。

3．食品企业市场营销计划

市场营销计划是指在研究目前市场营销状况（包括市场状况、产品状况、竞争状况、分销状况和宏观环境状况等），在分析食品企业所面临的主要机会与威胁、优势与劣势以及存在问题的基础上，对财务目标与市场营销目标、市场营销战略、市场营销行动方案以及预计利润表的确定和控制。

市场营销计划的内容包括：

（1）计划概要。市场营销计划首先要有一个计划概要，即对主要目标及执行方法和措施的概括说明。"计划概要"部分的主要目的是让高层主管快速了解并掌握计划的核心内容，并据以检查、研究和初步考核计划。

（2）当前营销状况。在计划概要之后，市场营销计划的第一个内容是对产品当前营销状况简要而明确的分析。主要包括市场情况、产品情况、竞争情况、分销渠道情况。

（3）分析。通过分析现状，围绕产品找出主要的机会和威胁、优势与劣势，以及面临的问题。

（4）市场营销目标。市场营销目标是市场营销计划的核心部分，是在分析当前营销状况并预测未来威胁和机会的基础上制订的。市场营销目标也就是在本计划期内要达到的目标，主要是市场占有率、销售额、利润率、投资收益率等。

（5）市场营销策略。市场营销策略是食品企业为实现市场营销目标所灵活运用的途径和手段。市场营销策略包括目标市场、市场营销组合策略，以及与市场营销费用支出水平有关的各种具体策略。

（6）行动方案。各种市场营销策略确定之后，要真正发挥效用，还必须将它们转化为具体的行动方案，内容包括要做些什么、何时开始、何时完成、由谁负责、需要多少成本等。按上述问题把每次行动方案都列出详细的程序表，以便执行和检查。

（7）预算。市场营销计划中还要编制出各项收支的预算。这种预算实际上就是一份预计损益表。预计销售产品的数量和平均价格列入收入方，生产费用、储运费用及其他市场营销费用列入支出方。收入与支出的顺差便是预期利润。企业的高层主管将负责预算的审查，并决定是否批准或做修改。

（8）控制。市场营销计划的最后一部分，是对计划执行过程的控制。为了便于监督检查，一般市场营销的目标和预算草案，都是分月或分季制定的。这样，高层主管就可以掌握每个时期企业各部门的成果，那么没有完成预算计划的部门主管就要做出解释，并阐明他们将要采取的改进措施，从而使组成市场营销整体计划的各部门工作受到有效的控制，以保证整体计划的有效执行。

4．食品企业市场营销的组织与决策

（1）市场营销组织与市场营销组织设计。市场营销组织是制订和实施市场营销计划的职能部门。每个食品企业都应根据市场竞争的特点和自身的实际情况，建立富有成效的营销部门体系，使之面向市场担负起组织和实施食品企业各项营销活动的任务，成为连接企业内部其他职能部门实现整个食品企业经营一体化的核心。

市场营销组织设计是对食品企业内部涉及营销活动的各个职位、部门及其相互关系的设计。市场营销组织的任务是在明确营销目标的基础上，根据人员、环境和任务的具体要求，进行工作任务的分类和相应部门、职务结构的设计，并通过组织内信息沟通、协调和配合提高组织工作的效率，使整个市场营销组织结构成为一个严密而有活力的整体，以保证食品企业营销目标的顺利实现。

（2）设计市场营销组织。

1）分析组织环境。任何一个市场营销组织都是在不断变化着的社会经济环境中运行的，必然要受这些环境因素的影响和制约。因此，市场营销组织必须根据这些环境因素设计和调整其组织结构与功能。

2）明确食品企业市场营销活动的内容。从组织设计的角度考虑，市场营销活动的内容决定组织部门、职位的设立与相互关系。食品企业通常是在分析市场机会的基础上，制定市场营销战略，然后确定相应的市场营销活动和组织的专业化类型。如果食品企业产品销售区域很广，并且每个地区目标市场购买者行为与需求存在很大差异，那么它就应该建立地理型组织。

3）建立组织职位。食品企业对市场营销组织内部活动的确立有利于企业对组织职位的分析。食品企业在建立组织职位时应考虑职位类型、职位层次和职位数量三个要素，从而弄清楚各个职位的权力、责任及其在组织中的相互关系。

4）设计组织结构。在确定组织职位的基础上，就应该对组织结构进行设计。在设计组织结构时必须注意两个问题：一是把握好分权与集权的关系，即权力分散到什么程度才能使上下级之间更好地沟通；二是确定合理的管理幅度，即确定每个上级所能控制的合理的下级人数。人们普遍认为，假设每个职员都是称职的，那么，分权化越高，管理幅度越大，则组织效率也就越高。

5）配备组织人员。根据各职位所从事市场营销活动的要求，以及组织所拥有市场营销专业技术人员的素质、知识和技能状况，将适当的人员安置在组织适当的工作职位上，力求做到"人当其事，事当其人，人尽其才，才尽其用"。

6）运行组织。根据市场营销计划向配备在各职位上的市场营销工作人员发布工作命令，并提供必要的物资、技术手段、工作场所和信息，从而使组织按设计的方案运行起来。

7）组织变革与调整。市场营销组织建立之时，市场营销经理就要经常检查、监督组织的运行状况，并及时加以变革与调整，使之不断得到发展，以适应企业不同阶段、不同目标、不同环境下市场营销活动运行的需要。

5. 食品企业市场营销的实施

市场营销实施是把市场营销策略和市场营销计划落实为具体的营销行动，实现市场营销计划的既定目标。营销实施包括动员公司全部的人力和资源，实施每日或每月的例行营销活动，通过这些活动来有效地实现市场营销计划。

（1）食品企业市场营销实施中的问题及其原因。食品企业在实施市场营销策略和市场营销计划的过程中，可能面临的主要问题及原因如下。

1）计划脱离实际。食品企业的营销策略和营销计划通常是由上层的专业计划人员制定的，而实施则要依靠营销管理人员。由于这两类人员之间缺少必要的沟通和协调，因此导致一系列问题的出现。

2）长期目标和短期目标的取舍不当。营销策略通常着眼于食品企业的长期目标，涉及今后 3~5 年的经营活动。但具体实施这些战略的营销管理人员通常根据他们的短期工作绩效，如销售量、市场占有率或利润率等指标来评估和奖励。因此，营销管理人员会选择短期行为。所以，公司必须采取适当措施，克服这种长期目标和短期目标之间的矛盾，保证两者之间的协调。

3）抗拒变革。食品企业当前的经营活动往往是为了实现既定的战略目标，新的战略目标如果不符合企业的传统和习惯就会遭到抵制。新旧战略的差异越大，实施新战略可能遇到的阻力也就越大。要想实施与旧战略截然不同的新战略，常常需要打破企业传统的组织机构和供销关系。

4）缺乏具体明确的实施方案。许多食品企业面临的困境，只是因为缺乏一个能够使食品企业内部各有关部门协调一致作战的具体实施方案。管理当局应当制订详尽的实施方案，规定和协调各部门的活动，编制详细周密的项目时间表，明确各部门经理应负担的责任。

5）市场环境的变化出人意料。支持食品企业计划的市场环境突然发生改变，如竞争者强有力竞争的标志就是他们能够根据其自身特点灵活而又迅速地采取行动，他们往往会针对本企业的营销行动采取相应的对策，而这种对策可能对本企业先前营销计划目标的实现造成很大的影响。

6）执行的结果与计划目标产生偏差。当执行中出现偏差时，首先要判断其大小。如果偏差不大，执行者可以自行调整；如果偏差较大，就应该请专家进行诊断，找出偏差产生的原因，然后对症下药解决问题。尤其当环境发生较大变化时，执行者更应该寻求管理专家的帮助，尽可能避免出现大的失误。

7）资源不足。计划执行中出现资源不足，可能是计划不周而至，但大多数是由于执行者的协调能力欠缺，更重要的是，执行者的指导思想不正确。他们没有把自己的主要资源配置在起主要作用的矛盾方面，而是平均分配资源。结果，由于缺乏科技人才、管理人才和销售人才，限制了企业核心竞争力的提高。其实，企业资源都是不足的，关键就看执行者如何调配资源，突出重点，确保计划目标的实现。

（2）市场营销实施的技能。

1）发现及诊断问题的技能。当营销计划的执行结果达不到预期目标时，战略与执行之间的内在紧密关系会造成一些问题的难以诊断，如销售率低究竟是由于战略欠佳还是由于执行不当。此外，还要确定究竟是诊断什么还是确定采取什么行动的问题。对每个具体的问题都需要具体的管理技术和解决方法。

2）评价存在问题的公司层次的技能。市场营销执行中的问题可能发生在公司的三个层次上：第一，市场营销职能。即基本的营销职能能否顺利实施，如公司怎样才能从某广告代理商处获得更有创意的广告。第二，市场营销方案。即把所有的市场营销职能协调地组合在一起，构成整体行动，这一层次出现的问题常常发生在将一项新产品引入另一新市场时。第三，实施公司营销战略层次。例如，公司需要所有员工都用最好的态度和最好的服务对待所有的顾客。

3）执行计划的技能。为了有效地实施市场营销方案，食品企业的每个层次（职能、方案、政策等）都必须善于运用以下四种技能。第一，配置技能。配置技能是指市场营销经理在职能、政策和方案三个层次上配置时间、资金和人员的能力。第二，调控技能。调控技能包括建立和管理一个对市场营销活动效果进行追踪的控制系统。第三，组织技能。组织技能常用于发展有效工作的组织中。理解正式和非正式的市场营销组织对于开展有效的市场营销执行活动是非常重要的。第四，互动技能。互动技能是指市场营销经理影响他人把事情办好的能力。市场营销人员不仅必须有能力推动本企业的人员有效执行理想的战略，还必须推动企业外的人或组织（如市场调查公司、广告公司、经销商、批发商、代理商等）来实施理想的战略，即使他们的目标与本企业的目标有所不同。

6．食品企业市场营销的控制

市场营销控制是指衡量和评估营销策略与计划的成果，以及采取纠正措施以确定营销目标的完成，即市场营销经理经常检查市场营销计划的执行情况，看看计划与实际是否一致，如果不一致或没有完成计划，就要找出原因，并采取适当措施和正确行动，以保证市场营销计划的完成。

（1）市场营销控制的步骤。

1）确定应评价的营销业务范围。食品企业通常要评价市场营销业务的各个方面，包括人员、计划、职能等，甚至市场营销全部工作的执行效果。在界定的范围内，再根据具体需要有所侧重。

2）确定衡量标准。评价工作要有一个总的尺度，借以衡量营销目标和计划的实施情况。衡量的标准是食品企业的主要战略目标，以及为此而规定的战术目标，如利润、销售量、市场占有率、顾客满意度等指标。当然，这些指标不是一成不变的，同一食品企业不同时期的标准可能不一样；不同的食品企业有不同的标准。

3）明确控制方法。基本的检查方法是建立并积累与营销活动相关的原始资料，如各种资料报告、报表和原始账单等，它们能及时、准确、全面、系统地记载并反映食品企业营销的绩效。另一种是直接观察法。选择哪一种方法，应根据实际情况而定。

4）按标准检查工作进度。对工作完成好的部门要给予总结，在以后的工作中推广；任务完成较差的要及时找出问题，下一步再针对问题提出解决方案。

5）及时纠正偏差并提出改进建议。对工作绩效进行差异分析、对比分析，针对问题提出解决方案，及时纠正任务执行中的偏差。

（2）食品企业市场营销控制的内容与方法。市场营销控制主要包括年度计划控制、盈利能力控制、效率控制和战略控制，它们之间的区别如表 5-1 所示。

表 5-1　市场营销控制的内容

控制类型	主要负责人	控制目的	方　　法
年度计划控制	高层管理人员 中层管理人员	检查计划目标是否实现	销售分析、市场份额分析、费用与销售分析、财务分析等
盈利能力控制	营销主管人员	检查公司盈亏情况	产品、地区、顾客群、细分市场、销售渠道、订单大小
效率控制	营销主管人员	评价和提高经费开支效率及营销开支效果	销售队伍、广告、促销、分销
战略控制	高层管理人员 营销审计人员	检查公司是否正在市场、产品和渠道等方面寻找最佳机会	营销效率等级评价、营销审计、营销杰出表现、公司道德与社会责任评价

1）年度计划控制。年度计划控制是指营销人员随时检查营业绩效与年度计划的差异，同时在必要时采取修正行动。年度控制是为了确保计划中所确定的销售、利润和其他目标的实现。年度计划控制的核心是目标管理。

2）盈利能力控制。除了年度计划控制，食品企业还要进行利润控制。通过盈利能力控制所获取的信息，有助于管理人员决定各种产品或市场营销活动是扩展、减少还是取消。进行获利能力分析的步骤如下。

① 损益表中的有关营销费用转化为各营销职能费用，如广告、市场调研、包装、运输、仓储等。

② 将已划分的各营销职能费用按分析目标，如产品、地区、客户、销售人员等分别计算。

③ 拟订各分析目标的损益表。

盈利能力分析的目的是找出影响获利的原因，以便采取相应措施，排除或削弱不利因素。

3）效率控制。如果盈利能力分析显示出食品企业某一产品或地区所得的利润很差，那么食品企业就应该考虑该产品或地区在销售人员、广告、分销等环节的管理效率问题。

4）战略控制。市场营销环境变化很快，往往会使食品企业制定的目标、策略、方案失去作用。因此，在食品企业市场营销战略实施过程中必然会出现战略控制问题。战略控制是指市场营销经理采取一系列行动，使实际市场营销工作与原规划尽可能一致，在控制中通过不断评审和信息反馈，对战略不断修正。各个食品企业都有财务会计审核，在一定期间客观地对审核的财务资料或事项进行考察、询问、检查、分析，最后根据所获得的数据按照专业标准进行判断，做出结论，并提出报告。这种财务会计的控制制度有一套标准的理论和做法。但是市场营销审计尚未建立一套规范的控制系统，有些食品企业往往只是在遇到危急情况时才进行，其目的是解决一些临时性的问题。

任务 2　食品企业市场营销组合策略

5.2.1　市场营销组合策略的概念和模式

1. 市场营销组合的概念

1964 年，美国营销专家鲍敦提出了市场营销组合的概念，归并为四类，即 4P（Product，产品；Price，价格；Place，分销；Promotion，促销）。市场营销组合是指企业按目标市场的需要对自己可控制的各种市场营销因素（或称市场营销手段）进行的优化组合。

2. 市场营销组合的模式

市场营销组合的四个可变的策略，在动态的市场营销环境中互相依存。虽然它们单独说来都是重要的，但真正重要的意义在于它们因势而异的配套组合，即它们结合起来的独特方式，突出重点，形成以某个策略为主的市场营销组合模式。

（1）运用以产品策略为主的市场营销组合模式。食品企业采用以产品策略为主的市场营销组合模式，主要靠产品去开拓市场。因此食品企业必须具有不断开发新产品的能力，产品的品种多、规格多，形成系列化，能够满足多层次的需求。例如，双汇公司就是采用以产品策略为主的市场营销组合模式。

（2）运用以价格策略为主的市场营销组合模式。食品企业采用以价格策略为主的市场营销组合模式，主要靠价格策略去开拓市场。因此，企业必须具有一定的实力，能够灵活地制定价格策略。例如，金锣食品有限公司就是采用以价格策略为主的市场营销组合模式。

（3）运用以分销策略为主的市场营销组合模式。食品企业采用以分销策略为主的市场营销组合模式，主要靠分销策略去开拓市场。例如，周黑鸭有限公司公司就是采用以分销策略为主的市场营销组合模式。

（4）运用以促销策略为主的市场营销组合模式。食品企业采用以促销策略为主的市场营销组合模式，主要靠促销策略去开拓市场。例如，青岛啤酒就是采用以促销策略为主的市场营销组合模式占领了香港市场。

5.2.2 产品策略

食品企业制定营销策略，首先碰到的第一个问题是食品企业提供什么样的产品或服务去满足消费者的需求，即先制定食品企业的产品策略。

1. 产品整体概念及其营销策略

（1）产品整体概念。市场营销中产品的概念具有丰富的内涵和宽广的外延。产品整体概念是指食品企业向市场提供的、能够满足消费者某种需求或欲望的任何有形产品和无形服务，包括核心产品、形式产品、期望产品、附加产品和潜在产品五个层次，如图 5-1 所示。食品企业最应关注的是核心产品、形式产品和附加产品。

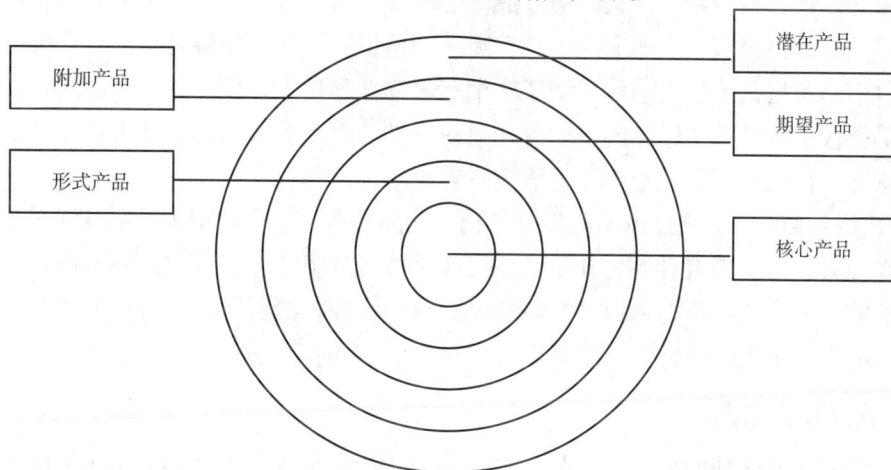

图 5-1 产品整体概念的五个层次

1）核心产品。产品整体概念中最基础的层次就是核心产品，是指产品向消费者所提供的基本效用和利益。核心产品也是消费者真正要购买的利益和服务。消费者购买某种产品并不是为了获得产品本身，而是需要得到产品带给他的利益或好处。产品的核心利益构成了消费者的买点和企业的卖点。

2）形式产品。形式产品是核心利益借以实现的形式，即企业向消费者提供的产品实体和服务的外观，一般由质量、特色、款式、品牌、包装等要素构成。

3）期望产品。期望产品是指消费者在购买产品时所期望的一整套属性和条件。

4）附加产品。附加产品是指消费者购买某种产品时所获得的附加服务和利益，从而把一个企业的产品与另一个企业的产品区别开来。例如，质量承诺、免费送货、上门服务等都属于附加产品。在市场经济中，特别在同类或同质产品中，附加产品有利于引导、启发、刺激消费者购买。

5）潜在产品。潜在产品是指产品最终可能会实现的全部附加部分和将来转换的部分。附加产品是产品的现在，而潜在产品则表明现有产品可能的演变趋势。

（2）产品整体概念的市场营销策略。食品企业在对产品整体概念充分认识的基础上，应努力在五个层次上展开市场营销活动，尽可能地增加产品的价值，降低消费者购买时付出的成本。只有这样，才能抵抗国内外同类产品的竞争。

1）开发核心产品，满足不同细分市场的利益。对消费者进行市场细分，根据不同细分市场消费者需求存在的差异，开发不同的产品，在成功定位的基础上有效地满足不同消费者对产品需求的利益。

2）设计形式产品，体现产品核心利益。产品的核心部分需要通过有形部分体现出来，因此产品应在口味、包装、品牌等有形部分体现产品的核心部分，并有效地传递产品的核心利益。

3）准确把握期望产品，提升消费者满意度。产品的期望部分是消费者对产品的内在判断、要求和期望，是消费者购买时对产品核心利益、有形部分、延伸部分和潜在产品内在的标准。消费者是否满意主要取决于消费者感知价值和消费者期望之间的对比关系，消费者感知价值越接近甚至超出消费者期望，消费者满意度越大；反之越小。因此，食品企业应在准确把握消费者期望产品的同时，通过有形部分提高消费者的感知价值，从而提高消费者满意度，在此基础上进一步培养消费者忠诚。

4）拓展延伸产品，增加消费者感知价值。食品企业可以通过增加产品的延伸部分，给消费者以惊喜，增加消费者的感知价值，提高消费者的满意度。这样，一方面，消费者会对该企业的产品形成依赖，形成消费者忠诚；另一方面，消费者会对该产品进行口头的免费宣传，从而为企业的经营赢得主动权。

2. 产品生命周期

（1）产品生命周期的概念。产品生命周期是指产品从进入市场到被淘汰退出市场的全部运动过程，这也可以理解为市场上的商品产生、发展和衰亡过程的时间表现。典型的产品生命周期包括四个阶段，即导入期、成长期、成熟期和衰退期，如图 5-2 所示。食品企业通过产品生命周期的研究可以掌握自己所生产经营的产品处于生命周期的哪个阶段，以便及时进行产品的更新换代。

（2）产品生命周期各阶段的市场营销策略。

1）导入期的市场营销策略。导入期是指新产品刚刚投入市场的最初销售阶段。在产品的导入期，市场营销策略的指导思想是把销售力量直接投向最有可能的购买者，即新产品的创新者和早期采用者，让这两类具有领袖作用的消费者加快新产品的扩散速度。市场营销的目的是缩短导入期，食品企业应该尽可能快地进入和占领市场，尽可能在短时间内实现由导入期向成长期的转轨。市场营销的目标是建立产品的知名度。市场营销的重点是要突出一个"准"字，即市场定位和市场营销组合应准确无误，符合食品企业和市场的客观实际，重点介绍产品特点，刺激消费需求。

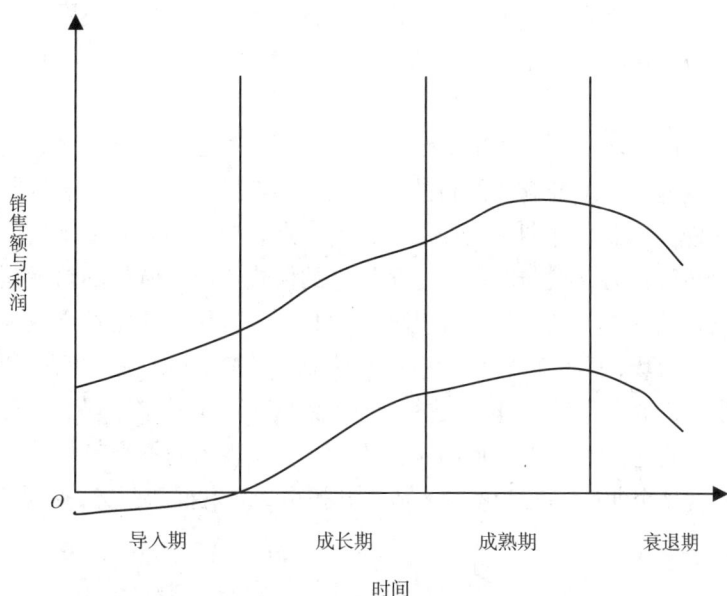

图 5-2　产品生命周期曲线

操作方法：在广告宣传方面，应以产品的性能和特点介绍为主，以激发消费者的购买欲望；在产品销售方面，可选用有较高信誉的中间商，或者采用线上线下相结合等方式；在产品定价方面，可采取高价策略先声夺人，或采取低价渗透策略，以提高市场占有率；在产品生产方面，应进一步优化设计，以提高产品质量，改善产品性能和降低生产成本；在目标市场策略的选择上，可采取无差异性的市场营销策略。

2）成长期的市场营销策略。成长期是指产品在市场上迅速为消费者所接受、销售量和利润迅速增长的时期。在产品的成长期，市场营销的目的是提升成长期；市场营销的目标是提高市场占有率；市场营销的重点是突出一个"好"字，即保持产品质量优良，把使用过该产品的消费者变成回头客，同时让他们成为口碑宣传者，吸引更多的消费者。

操作方法：在产品销售方面，应不断开辟新市场，寻找新用户，以扩大产品市场份额；在广告宣传上，从产品知觉广告转向产品偏好广告，以树立产品的市场形象，强化消费者对品牌的信任程度，使其建立不断购买的信心；在产品定价方面，采取降价策略，以吸引价格敏感的购买者；在产品生产上，努力改进产品质量，增加新的品种、口味和规格，以满足潜在消费者的不同需求；在目标市场策略的选择上，宜采用差异性和密集型的市场营销策略，以满足不同细分市场的需求，巩固产品的市场地位。

3）成熟期的市场营销策略。成熟期是指产品经过成长期的一段时间以后，市场需求趋向饱和，销售量进入从缓慢增长到缓慢下降的时期。在产品的成熟期，市场营销的目的是延长成熟期。市场营销的目标是保持市场占有率，争取利润的最大化。市场营销的重点是"争"和"改"。"争"是争取稳定的市场份额，延长产品市场寿命；"改"是对原有的产品市场和市场营销组合进行改进，市场营销策略以改良性为特征。产品进入该时期，销售额

91

和利润出现最高点。由于生产能力过剩，市场竞争加剧，销售增长速度缓慢甚至出现下降趋势，食品企业应尽量延长产品生命周期，使已处于停滞状态的销售增长率和利润率重新得以回升。

4）衰退期的市场营销策略。衰退期是指产品销量急剧下降，产品开始逐渐被市场淘汰的时期。在产品衰退期，市场营销的目的是采取各种市场营销手段让衰退期尽可能晚到来或重新走向成长期，榨取衰退期剩余产品的最后一点利润，让它发挥余热；或采取快速撤离市场的模式，转移精力开发新的产品，采用新的模式。市场营销的目标是降价、放弃、更新换代。市场营销的重点是"收"和"转"。"收"是收掉一些已经不盈利的市场，保留部分还可以盈利的市场，取消广告促销费用，榨取产品最后的利润，为停产做准备，并在适当时机停止生产，退出市场。"转"是积极开发新产品，取代老产品，使食品企业在市场上所占的份额不因为老产品的退出而减少。因为当竞争者纷纷撤离市场时，市场处于一种真空状态，如果食品企业能够处变不惊，认真开拓市场，发掘新服务，终点又将成为起点。

3．产品组合策略

产品组合包括广度、深度和关联度三个要素。产品组合的广度是指一个食品企业产品线的多少，产品组合的深度是指食品企业各条产品线中所包含的产品项目的平均数，产品组合的关联度是指产品组合中各产品线之间在最终用途、生产条件、分销渠道等方面的相关程度。产品组合如表 5-2 所示。在表 5-2 中，产品组合深度为 6，产品组合广度为 4。由于该产品组合中的各种产品线都属食品类，故关联度较强。

表 5-2 产品组合

产 品 线	产品组合深度						
饮料	A1	A2	A3	A4	A5	A6	
罐头	B1	B2	B3	B4	B5	B6	产品组合广度
糖果	C1	C2	C3	C4	C5	C6	
饼干	D1	D2	D3	D4	D5	D6	

（1）扩展策略，即扩大产品组合的广度。其内容包括：扩大经营范围，实行多元化经营，以提高企业的适应性和竞争能力，减少经营风险；扩大产品的深度，以适应市场地位。食品企业可根据自己的情况，采取上述全部或部分扩展方式。

（2）紧缩策略，即缩小产品组合的广度、深度，实行集中经营。通常是能源的短缺、价格竞争的激烈以及市场饱和的压力，使许多食品企业采取紧缩策略。当然，在采取这种策略时，不能消极地缩减，而应以退为进，缩中有张，变被动为主动。

4．新产品开发

（1）新产品的概念。从营销角度来看，新产品是指某个市场上首次出现或食品企业首次向市场提供的，具有新的功能、新的特征、新的结构和新的用途，能满足某种消费需求的整体产品。大体包括全新产品、换代产品、改进产品和仿制产品四大类。

（2）新产品开发的实施过程。为提高新产品开发的成功率，必须建立科学的新产品开发管理程序。新产品开发程序一般分为七个步骤：构想→筛选→概念形成与验证→可行性分析→产品研制→市场试销→正式投放市场。

5. 品牌和包装策略

（1）品牌。品牌是商品的商业名称，是由食品企业独创的，有显著特性的，未做商标或已做商标申请注册的特定名称。品牌可以由名词、文字、标记、数字、符号及其组合构成。品牌名称是指品牌中可以用语言称呼或念出来的部分，如大白兔奶糖、喜之郎果冻等。品牌标记是指品牌中可以识别、认知，但不能用语言称呼或念出来的部分，如双汇王中王的标记。商标是一个具有法律意义的名词，通常被称为注册商标，企业获得使用品牌名称和品牌标记的专用权，并受到法律保护。而未经注册的产品品牌则不是商标，不受法律保护。

（2）品牌策略。

1）品牌定位策略。品牌定位是勾画食品企业品牌产品在目标消费者心目中的形象，使食品企业所提供的产品具有一定的特色，适应一定消费者的需求，并与竞争者的产品有所区别。品牌定位策略包括：

① 产品特色定位策略。即依据品牌形象个性化需求，品牌定位应重点放在产品特殊功能、附加功能上。

② 质量定位策略。即通过广告说明产品的良好质量，塑造品牌优质形象。

③ 序列定位策略。表明品牌在同类商品中的实力，企业常用"同行业名列第一""国内首创"等广告宣传语，序列定位一定要实事求是，第一当然好，第二也无妨。

④ 抗衡型定位策略。人脑对产品信息的记忆是有限的，在此情形下，如将自己的产品与名牌产品联系起来，采取抗衡型定位则能讨巧，使本品牌处于创新的领先地位，又能借助老产品的声誉扩大影响。

⑤ 以使用者形象定位策略。消费者按性别、年龄、职业、收入等标准可划分为不同的群体，按消费者个性又可分为坚强与懦弱、外向与内向、独立与依赖、竞争性与非竞争性、显耀性与沉默性等，食品企业应努力建立品牌个性吸引相应个性的消费者，反之也可以用消费者形象进一步强化品牌个性。

2）品牌化策略。品牌化策略即食品企业是否要给产品建立一个品牌。品牌化策略包括两种：

① 无品牌化策略。一般认为，不使用品牌的情况包括：大多数未经加工的原料产品，如大豆、玉米等；不会因生产商不同而形成不同特色的商品，如钢材、汽油等；某些生产比较简单、选择性不大的小商品；消费者习惯上不辨认商标的产品，如白糖等；临时性或一次性生产的商品；作为下游企业的原材料或零配件。

食品企业选择无品牌化策略的目的是节省品牌设计、广告和包装费用，以降低成本和售价，提高竞争力，扩大销售。

② 使用品牌策略。随着市场经济的高度发展和经济全球化浪潮的冲击，品牌化的趋势迅猛异常，品牌化几乎统治了所有产品，甚至一些传统上不用品牌的商品也出现了品牌化的倾向，许多生产中间产品的制造商也进入了最终品牌产品行列。

3）品牌防御策略。品牌防御是防止他人的侵权行为及避免企业的声誉、利润受损，可采用以下策略。

① 及时注册商标策略。品牌经注册成功后可得到法律保护，有效地防止竞争者抢注、仿制、使用、销售本企业的商标。出口商品应在目标国家及时注册商标。注册商标在有效期满后应及时申请续展注册。

② 在非同类商品中注册同一商标。从战略发展角度上看，在非同类商品中注册同一商标，可以为企业将来做大做强奠定基础，避免做大做强后的品牌为他人盗用。例如，娃哈哈集团将"娃哈哈"品牌一次性注册到服装、鞋帽、玩具、自行车等多个类别。

③ 在同一商品中注册多个商标。例如，"娃哈哈"商标注册时，还注册了"娃哈娃""哈娃哈"等多个商标，从而堵住了可能被仿冒的漏洞。

④ 使用防伪标识策略。例如，酒类产品运用的防伪标签通常有激光、荧光防伪、核径迹防伪、纹路防伪等。

⑤ 品牌并存策略。我国食品企业在与外国企业合资时，可以采用品牌并存的方法来防止自己的品牌被"雪藏"的风险，即在合资企业的不同产品上分别使用我国和外国的品牌，或在同一产品上共同使用本国与外国的品牌。

4）品牌归属策略。品牌化决策之后，还要决定品牌归谁所有，由谁管理和负责。

① 运用制造商品牌策略。这是制造商使用自己的品牌的策略，也称生产者品牌策略。那些享有盛誉的制造商还可以将其著名品牌租借给别人使用，收取一定比例的特许使用费。

② 运用中间商品牌策略。这是中间商将产品大量地购买，以自己的品牌再将货物转卖出去的策略。中间商品牌使用自己的品牌可以带来很多好处，可以更好地控制价格，得到较高的利润，并可以在某种程度上控制供应商。越来越多的中间商，特别是大批发商、大零售商都使用自己的品牌。

③ 运用混合品牌策略。混合品牌策略也称双重品牌策略，即部分产品用制造商品牌，部分产品用中间商或其他厂商的品牌的策略。

5）品牌关联策略。

① 同一品牌策略。也称统一品牌策略，是指食品企业对所生产的多种产品使用同一品牌，其实质是品牌延伸策略，即食品企业把自己成功的品牌延伸使用到其他产品上。例如，康师傅方便面在市场上成功后，厂家把这一商标延伸使用到乌龙茶、八宝粥、饼干、果汁、纯净水、香米饼等产品上。

运用同一品牌策略或品牌延伸策略应注意的问题是，如果食品企业的某一种产品出了问题（如质量问题），其他产品也会受到株连，因此必须对所有产品的质量严格控制。另外，多种产品使用同一个商标，容易使消费者在产品的特点、档次、功效等方面发生混淆。生产荣昌肛泰的荣昌公司又推出荣昌甜梦口服液，一个管出口（治痔疮），一个管进口，就让人受不了。再次，品牌的延伸使用要符合消费者对该品牌形成的既定印象。如果佳洁士推出低档牙膏，就有可能破坏品牌在消费者心目中的印象，有可能得不偿失。

② 个别品牌策略。这是指食品企业对不同产品分别使用不同的品牌名称。这种品牌策略的好处有两个：一是起"隔离"作用，用品牌把不同产品的特性、档次、目标顾客的差异隔离开来，而不必把高档优质产品的品牌引进较低质量的产品线；二是起"保险"作用，没有将食品企业的声誉系在某一产品品牌的成败之上，企业不会因某一品牌信誉下降而承担较大的风险。

③ 同一品牌和个别品牌并列策略。一个拥有多条产品线或者具有多种类型产品的食品企业可考虑采用此策略，一般是在每种个别品牌前冠以公司的商号名称。

6）品牌变更策略。许多相关因素的变化要求食品企业做出变更品牌的决策，包括以下策略：

① 更换品牌策略。食品企业完全废弃原有的牌名、商标，更换为新的牌名、商标。当品牌已不能反映企业现有的发展状况，或由于产品出口的需要等，可以进行更新，目的是为了使品牌适应新的观念、新的时代、新的需求和新的环境，同时给人以创新的感受。

② 推展品牌策略。食品企业采用原有的品牌，但逐渐对原有的商标进行革新，使新旧商标之间造型接近、一脉相承、见新知旧。

5.2.3　价格策略

价格是市场营销组合的重要因素。价格决定着产品能否畅销，决定着产品销售的数量与利润。价格对买方来说，往往是决定产品是否有吸引力的重要因素；对卖方来说，则是市场竞争的重要手段。因此食品企业必须重视价格策略。

1．产品价格构成

产品价格构成是指形成价格的各个要素及其在价格中的组成情况。价格是商品价值的货币表现，价值是商品价格形成的基础，所以价格构成实际是价值构成的反映。商品价值由物化劳动的转移价值，劳动者自己所创造的价值和劳动者为社会创造的价值三部分构成，它们在货币形态上分别转化为构成价格的四个要素，即生产成本、流通费用、税金和利润。

2．影响食品企业定价的因素

（1）成本因素。成本是产品价格的最低限度。一般来说，产品价格应该能够补偿产品在生产经营中的所有费用，并补偿生产经营者为其承担的风险。

（2）市场因素。市场因素主要指市场范围、市场产品供求情况、产品需求特性、市场竞争状况及其他各种市场营销环境因素等。例如，产品供过于求时价格会下降，而供不应求时价格会上涨。产品需求弹性大，可降价以扩大销售；产品需求弹性小，可适当提价以增加利润。

（3）购买者行为因素。购买者行为尤其是心理行为，是影响食品企业定价的一个重要因素。不同消费者存在不同心理状态，如求实、求廉、求新、求美等，不同的心理对价格的期望值不同。食品企业在定价时，要充分分析消费者心理和他们对价格的期望。

（4）政策因素。政策因素包括国家有关的经济政策、法规、商品的差价和比价等，这些都会约束食品企业的定价行为。

3．定价方法

（1）成本导向定价法。以成本为中心的定价因素最为简便，也最为食品企业常用，具体方法又可分为四种。

1）成本加成定价。按单位产品总成本加上一定比例的预期利润或再加上税金的一种定价方法。其计算公式如下：

$$单位产品价格=单位产品成本×（1+成本加成率）÷（1-税金率）$$

2）收支平衡定价法。又称盈亏平衡定价法，它以总成本和总销售收入保持平衡为定价原则，即总销售收入等于总成本来制定产品的保本价格。其计算公式如下：

$$单位产品保本价=（固定成本+总的变动成本）÷预计销售量$$

3）目标利润定价法。该方法以总成本和目标利润作为定价原则。使用时先估计未来可能达到的销售量和总成本，在保本分析（收支平衡）的基础上，加上预期的目标利润额，或加上预期投资报酬额，然后再计算出具体的价格。其计算公式如下：

$$单位产品价格=（总成本+目标利润额）÷预计销售量$$

$$投资报酬额=总投资额÷投资回收期$$

4）变动成本定价法。又称边际贡献定价法，该方法以变动成本作为定价基础，变动成本是指凡是成本总额随着数量的增减而成正比例变动的成本。只要定价高于变动成本，企业就可以获得边际收益（边际贡献），用以补偿固定成本，多余者为盈利。其计算公式如下：

$$单位产品价格=（总的变动成本+边际贡献）÷预计销售量$$

$$边际贡献=销售收入-变动成本$$

（2）需求导向定价法。需求导向定价法是以消费需求的变化及消费者的感觉做出定价的基本依据来确定价格的一种方法。

1）理解价值定价法。根据消费者对企业产品价值的感觉及理解程度来制定产品价格。消费者对商品价值的认知和理解程度不同，会形成不同的定价上限。如果价格刚好定在这一限度内，消费者能顺利购买，企业也更为有利可图。采用这一方法定价时，首先要通过市场调研，确定该产品的质量、服务、特色、效用、广告宣传因素在消费者心目中形成的价值，然后根据这种理解价值确定价格。

2）需求差别定价法。根据不同的客户、时间、地点、款式所产生的需求差异，对产品制定不同的价格。不同客户的差别价格，如饼干厂的饼干卖给超市，价格低些，卖给一般消费者价格则高些。不同时间的差别价格，如对于季节性的产品，在销售旺季和销售淡季采用不同价格；黄金时刻的广告比其他时刻高。不同地点的差别价格，如歌舞厅中的饮料价格比零售商店高。

（3）竞争导向法。针对市场竞争情况，以市场上相互竞争的同类产品价格为定价依据的一种方法。企业根据竞争状况的变化，确定和调整价格水平。价格水平与产品成本及市场需求没有联系。常用的主要方法有：

1）随行就市定价法。企业按行业的平均价格水平来制定价格的一种方法。企业采用这种方法的目的是为了避免竞争产生风险，以保证企业获得合理适度的利润。在测算成本有困难、竞争者不确定或难以估计采取进攻性策略会引起对手什么反映时，这种方法提供了一个有效的解决途径，特别为小型企业所采用。

2）密封投标定价法。这种定价法广泛用于承揽工程、产品设计和大宗商品交易等活动。投标价格是投标企业根据对竞争者的报价确定的。企业要正确估算完成招标任务所耗费用，以既能中标又能获得尽可能多的利润为原则来确定价格。

4．产品定价策略

定价方法是对产品定价的科学依据，在确定其具体价格时还要把科学性和艺术性结合起来，针对不同情况，采用不同定价策略，即定价的谋略和技巧。

（1）新产品定价策略。新产品定价策略主要有三种：一是高价策略（取脂定价），即在新产品刚进入市场的阶段（产品生命周期的投入期），采取高价政策，在短期内赚取最大利润。就好像在牛奶中提取奶油一样，尽快取出产品利益。此策略适用于具有独特功能、能独占市场的产品，短期内不足以引起激烈竞争的产品和信誉较高的企业。二是低价策略，即用略高于成本的较低价格投放市场。这种策略有利于打开新产品的销路，薄利多销。它适用于有成本优势的企业。三是适中定价策略。它主要适用于大量生产和销售、市场比较稳定且需求弹性较小的产品的定价。

（2）心理定价策略。

1）尾数定价策略。依据消费者有零数价格比整数价格便宜的消费心理，而采取的心理定价策略。

2）整数定价策略。企业采用合零凑整的方式，为产品制定整数价格。

3）声望价格策略。一种利用企业和产品的声誉，对产品定价的策略，其产品价格比一般商品价格高。

4）招徕定价策略。一种利用消费者求廉的心理，将少数几种商品暂时降低价格，吸引和招徕消费者购买的策略。

（3）折扣与折让策略。这是一种减价策略，是在原定价格的基础上减收一定比例的货款，降低产品价格以争取消费者。折扣形式主要有现金折扣（对按期付款或用现金购买者给予折扣）、数量折扣（按购买数量的多少给予折扣）、交易折扣（按各类中间商在销售中的作用给予折扣）。

（4）差别定价策略。差别定价是根据交易对象、交易时间等方面的不同，突出两种或多种不同价格，适应消费者的不同需要，扩大销售，增加收益。常有以下几种形式：

1）地区减价策略。同一商品销售地区不同，所定价格也不同的策略。

2）分级差价策略。对同一类产品进行挑选整理，分成若干级别，各级之间保持一定价格差额的策略。

3）时间差别策略。同质产品不同季节、不同时期甚至同一天的不同时间而定价不同。

4）品牌差别策略。同品种的商品由于品牌不同定价有别的策略。

（5）产品组合定价策略。在某一产品线内，依据需求和成本的关联性，对不同项目的产品采用不同的价格。例如，有的产品定低价，以吸引消费者；有的产品定高价，充当品牌质量和回收投资的角色；其他产品参照这两种价格，取中间价格。

5.2.4 分销策略

满足消费者的市场需求，不仅要有适宜的产品和适宜的价格，还要有适宜的通道送到消费者手中。因此，食品企业必须认真研究自己的产品选择哪条销售渠道更有利。

1．分销渠道的概念

所谓的分销渠道，是指产品或服务在从生产者向消费者转移的过程中，所经过的由各中间环节连接而成的路径。它由直接组织商品流通（如线上线下的分销商）、辅助商品流通（如储运、银行、保险公司等）以及为商品流通服务（如广告公司、咨询公司、信息公司、技术服务公司）的组织和个人组成。生产者是销售渠道的起点，消费者是销售渠道的终点。销售渠道是否畅通，关系到商品销售是否顺利；销售渠道中间环节的多少，关系到产品价格的高低和流通时间的长短。各类产品的产销特点和产品本身特性的不同，形成了不同的销售渠道。图 5-3 是消费者分销渠道示意图。

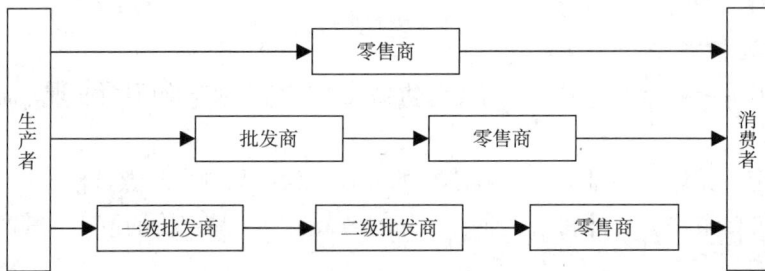

图 5-3　消费者分销渠道示意图

2．分销策略的选择

（1）普遍渠道策略。普遍渠道策略是一种宽渠道策略，是食品企业选择大量的批发商、零售商经销其产品的一种策略。由于广泛分销，能方便消费者购买，及时满足消费者需求。这种策略适用于人们经常需要的食品的销售。

（2）专营性分布策略。专营性分布策略是一种窄渠道策略，是食品企业在一特定市场中只选择有限数量的中间商经销其产品的一种策略。它的极端形式是独家经销。这种策略能使食品企业同经销商之间形成密切的协作关系，相互为对方承担义务，使经销商更积极地推销。

（3）选择性分布策略。选择性分布策略是食品企业有选择地确定一些愿意合作且条件较好的中间商经销自己产品的一种策略。这种策略能较好地利用较多的中间商经销产品，占领较大的市场，同时可以避免因产销之间过分依赖而使一方失利另一方也受牵连的情况。另外，可以形成产销之间的密切配合关系，增强应变能力。这种策略适用于所有产品，尤其是对消费者在购买时需比较后才能决定购买的产品。

3．分销渠道的管理

（1）选择渠道成员。对不同的食品企业来说，选择渠道成员的难易程度相差悬殊，主要取决于食品企业本身的声誉及产品的畅销程度。渠道成员主要包括批发商、线上线下零售商、代理商和中介机构等。食品企业选择中间商的标准主要有市场开拓能力、资金、销售能力、人员素质、商誉、经验、信用仓储能力等。

（2）激励渠道成员。食品企业对中间商应以"利益均沾、风险分担"的原则，密切双方的合作关系，共同搞好营销。对中间商的工作须及时考核，经营效果好的，给以奖励或优惠待遇，让他们意识到作为纵向营销系统的一员，并非一定要从消费者手中赚钱，而是能够从厂家手中赚钱，并争取建立长期合作关系。

（3）评价渠道成员。该项工作主要是依据与其签订的有关绩效标准和奖惩条件的合同条款来进行的。通常包括销售配额、平均存货水平、交货时间、促销和培训合作计划落实、中间商向消费者提供的服务等。评估之后，对那些贡献较大、工作努力的渠道成员，将给予特别的关注，建立更亲密的伙伴关系。对那些不胜任的渠道成员，必要时可做出适当调整。

5.2.5　促销策略

1．促销的概念

促销即促进销售，是指生产经营者向消费者传递有关食品企业产品的信息，引起其注意和兴趣，激发其购买动机并形成购买行为，从而实现和扩大食品企业销售的活动。促销的实质是传递信息，是经营者与购买者之间的信息沟通。促销的目的是引起消费者的注意和兴趣激发其购买欲望，促进购买行为的产生，使食品企业的产品卖得快、卖得多、卖得久。促销的手段包括人员推销和非人员推销两大类，其中非人员推销又分为广告、营业推广和公共关系。

2．促销组合策略

促销组合策略是指食品企业在市场营销过程中对人员推销、广告、营业推广和公共关系等各种促销方式的综合运用。食品企业在营销策划时，必须针对营销目标，综合考虑产品特点以及不同促销方式特点适当选择促销方式，并进行不同的组合，以实现营销目的。

（1）人员推销。人员推销是食品企业派销售人员直接与消费者联系，向他们宣传产品以达到推销目的的方式。人员推销是一种双向沟通方式，其显著特点是直接性，能根据消费者需要灵活地进行宣传，能与消费者建立良好的关系，容易促成购买行为。同时，还能收集市场信息，为食品企业提供有关情报资料，但其推销范围有限，费用较高。实行人员推销方式，十分重要的一点是选拔和培训推销人员。因为推销人员既是企业产品的推销者，又是食品企业形象的代表，其工作的好坏，往往关系到食品企业营销的成败。一名称职的推销人员，应具备以下基本素质：强烈的责任感、事业心；丰富的业务知识，包括关于企业、产品、客户、市场等多方面的知识；良好的气质和职业素养；熟练的推销技巧和综合能力，包括观察能力、应变能力、创新能力、沟通能力、说服能力等。

（2）广告。广告是食品企业通过一定的传播媒介，向公众传递有关产品和服务的信息从而起到推销作用的促销方式。同人员推销相比，它具有信息传播面广、速度快、信息能多次重复、能强化印象、节省人力和费用等优点。但广告只是单向的信息传递，不易及时得到反馈信息，使其说服力受到一定的限制。因此运用广告促销手段时，一定要注意其针对性和艺术性，注意正确选择广告媒体。广告媒体种类繁多，除了传统的广播、电视、报纸、杂志四大媒体，随着信息社会的发展，互联网日益成为重要的广告媒体。另外，还有汽车等流动媒体，函件、订单等邮件媒体，路牌、招贴等户外媒体，橱窗、模特等展示媒体，等等。

（3）营业推广。营业推广是指为刺激需求而采用的、能够迅速激励购买行为的辅助性促销方式，如有奖销售、赠送样品、附赠礼品、现场示范、商品展销、折价酬宾、推销竞赛、交易折扣等。同其他促销方式相比，营业推广的针对性强，吸引力强，方式灵活多样，收效迅速。在新产品打开销路、老产品开辟新市场、争取潜在消费者等方面有明显效果。但由于攻势过强，容易使人产生逆反心理，误认为卖主急于出售的产品有问题，从而有损产品或企业的形象。因此，营业推广只能是一种短期的、补充性的促销方式，要与人员推销、广告等方式配合使用。

（4）公共关系。公共关系是指一个社会组织为了与它的各类公众建立有利的双方关系而采取的有计划、有组织的行动。食品企业公共关系是近年发展起来的一种"内求团结、外求发展"的管理艺术。作为一种促销手段，公共关系可理解为：食品企业通过各种宣传和社会活动，增进社会公众的信任，树立良好的企业形象和信誉，从而促进销售。同人员推销、广告和营业推广等方式相比，公共关系有间接促进销售和能获得长期效应的特点。公共关系的方式很多，主要有利用新闻媒介进行宣传、参与社会公益活动、举办专题活动、利用公关广告、建设企业文化等。

1）宣传型公共关系策略。宣传型公共关系策略是广泛利用各种媒体直接向公众传递有关食品企业及其产品的各种信息，促进沟通与理解，以形成有利于食品企业发展的社会舆论以及内外部环境。

2）社交型公共关系策略。社交型公共关系策略宣传通过人际交往进行情感上的联络，为食品企业广交朋友，建立广泛的社会关系网络，以形成有利于食品企业发展的人际环境和外部环境。

3）服务型公共关系策略。这是以提供实惠服务和优质服务来博取公众好感的一种公共关系手段。哈佛大学一位管理学教授曾经精辟地指出："使企业向前发展有两个地位完全等同的条件，一是硬件产品具有优秀功能；二是围绕硬件产品的服务使顾客满意。"

4）社会型公共关系策略。社会型公共关系策略是通过举办各种社会性活动如庆祝会、运动会、赞助等来扩大食品企业的社会影响，提高企业的社会声誉。"企业的社会责任"概念的形成与此有关。

5）征询型公共关系策略。征询型公共关系策略是指听取、收集、整理和反映公众对企业的产品、政策等方面意见和态度的公共关系活动，常采用的方法是信息采集、舆论调查和民意测验等。

6）矫正型公共关系策略。矫正型公共关系策略是指在食品企业的发展遇到一定风险、食品企业形象受到损害、食品企业内外部环境发生严重不协调时所采取的一种消除影响、挽回声誉的公共关系活动。

任务 3　网络营销

5.3.1　电子商务

20 世纪末，信息技术突飞猛进，不断创造着令人耳目一新的天地。随着互联网在全球的迅速发展和广泛应用，电子商务受到越来越多的关注，并已渗透到生活的各个角落，改变着社会经济和人类的生活、工作、娱乐、教育等各个方面的内容和方式。电子商务将 IT 策略与企业商务策略整合起来，形成食品企业全新的商业模式、业务流程、组织构架。它是传统企业商务电子化的过程。电子商务战略已作为食品企业战略的一个重要组成部分，成为食品企业管理层必须高度关注的一个战略问题。

1. 电子商务对传统企业营销的冲击

（1）电子商务对传统营销理念的冲击。依据电子商务的特点发展起来的客户体验模型成为电子商务营销理念的典型代表。它以产品体验为核心，重点是让消费者享受周到的服务体验、便捷的物流体验、惊喜的开箱体验等一系列优质的产品体验，能够更为全面地满足消费者的购物需求。与此相比，传统的食品企业营销理念，显得单调又直接。

（2）电子商务对传统营销模式的冲击。电子商务与传统销售行业相比，变化最大的就是产品从卖家手中到达买家手中的渠道或者过程发生了改变，即营销模式发生了改变。例如小米手机，它最先借助电子商务实现了营销模式的成功转型，通过网络预订为品牌造势，运用"饥饿营销"巧妙占领市场。在此期间，小米通过各种媒体渠道大肆宣传，充分整合电子商务资源，降低产品营销成本，一度成为电子商务圈中的营销神话。

（3）电子商务对传统营销载体的冲击。营销载体是食品企业营销的依托，营销载体的变化，带来了营销策略的相应改变。电子商务的产生和发展，成功实现了营销载体由线下到线上的转移，店铺由实体变为虚拟。网上商店从装修到货架一应俱全，甚至添加了库存、价格、销量、型号等信息的自动搜索功能，方便了消费者在琳琅满目的商品中快速挑选。

网上店铺大大降低了食品企业营销的成本，拓宽了消费渠道，突破了传统实体店面在吸引消费者群体时的地域限制，网上店铺可以成功挖掘全国各地甚至海外各国的消费者群体，极大地提高了食品企业的营销能力和盈利空间。单纯依靠实体店铺营销的老思路无法适应电子商务的发展，电子商务正对传统营销载体发起强有力的冲击。

（4）电子商务对传统营销时空的冲击。电子商务的快速发展，打破了以往营销的时间限定。传统的面对面营销概念，首先遵从的是人的自然作息规律，基本限定在了白天的 8 小时工作时间内。然而，电子商务的兴起，实现了 7 天×24 小时的全天候无间歇营销，消费者可以随时自助完成交易。"双十一"的大幕都是在零点拉开的，交易大数据更新都以秒计量，各种狂欢活动逐批在"双十一"零点之后的每一个零点揭晓。这种 24 小时营销状态，传统营销也不可能实现。另外，在电子商务营销中，买卖双方不受空间限制，网络科技所及之处，尽是电子商务营销的空间。

2．食品企业电子商务战略的选择

电子商务战略是建立在食品企业期望通过电子商务实现的任务基础上，在战略形成的过程中，应当首先考虑哪种电子商务最适合企业所处的环境，食品企业如何构建电子商务平台重组业务关系，企业如何通过互联网技术和电子商务获得竞争优势等。

（1）供应链管理战略。互联网条件下品牌对消费者的作用正在减弱，价格优势也只有最具实力的食品企业才能长期维持。随着信息技术的发展与管理思维的创新，有效的供应链管理正在成为食品企业赢得竞争优势的重要源泉。食品企业可以通过 IT 系统，优化其流通网络与分销渠道、减少库存量、加快库存周转来改进它们的供应链。同时，一个高效的供应链可以产生优良的消费者服务水准，最终也带给消费者更多的价值。食品企业必须采取创新的思维与方法，开发新的流程与系统，来改进供应链管理。

（2）有效的客户关系管理战略。在互联网技术的推动下，客户服务强调的是一个互动的客户服务理念和营销策略。随着互联网技术的发展，食品企业的营销网络得到了更深层次的拓展，并且具有虚拟化、层次简单化、低成本、更强的价格灵活性，可以给客户提供更多产品和服务信息。因此，在互联网条件下，食品企业要提供一个完善的营销服务网络，实现自己的最优价值。

（3）电子贸易战略。传统的企业间的交易往往要耗费企业大量资源和时间，无论是销售和分销还是采购都要占用产品成本。通过电子交易的方式，买卖双方能够在网上完成整个业务流程，使企业之间的交易减少许多事务性的工作流程和管理费用，降低了企业的经营成本。

总之，电子商务已经度过了导入期，食品企业必须在公司整体战略体系下制定符合自己特点的电子商务战略，经过合理的论证，发现并规避潜在的风险，才有可能在复杂的竞争中获胜。

5.3.2　新媒体营销

新媒体营销是指利用新媒体平台进行营销的模式。在计算机与网络技术带来巨大革新的年代，营销思维也带来了巨大改变，如体验性、沟通性、差异性、创造性、关联性，互联网已经进入新媒体传播 2.0 时代，并且出现了网络杂志、博客、微博、微信、TAG、SNS、RSS、WIKI 等这些新兴的媒体。

新媒体营销是基于特定产品的概念诉求与问题分析，对消费者进行针对性心理引导的一种营销模式。从本质上来说，它是食品企业软性渗透的商业策略在新媒体形式上的实现，通常借助媒体表达与舆论传播使消费者认同某种概念、观点和分析思路，从而达到企业品牌宣传、产品销售的目的。

5.3.3　新零售

新零售，即食品企业以互联网为依托，通过运用大数据、人工智能等先进技术手段，对产品的生产、流通与销售过程进行升级改造，进而重塑业态结构与生态圈，并对线上服务、线下体验以及现代物流进行深度融合的零售新模式。

线上线下和物流结合在一起，才会产生新零售。2016 年 10 月的阿里云栖大会上，马云在演讲中第一次提出了新零售，"未来的十年、二十年，没有电子商务这一说，只有新零售。未来电子商务平台即将消失，线上线下和物流结合在一起，才会产生新零售"。线上是指云平台，线下是指销售门店或生产商，新物流消灭库存，减少囤货量。电子商务平台消失是指，现有的电商平台分散，每个人都有自己的电商平台，不再入驻天猫、京东、亚马逊大型电子商务平台。"新零售就是用大数据、新技术，利用制造端的改革和升级，利用创新的金融手段，完成'人、货、场'的重构"。

2016 年 11 月 11 日，国务院办公厅印发《关于推动实体零售创新转型的意见》（以下简称《意见》）（国办发〔2016〕78 号），明确了推动我国实体零售创新转型的指导思想和基本原则。同时，在调整商业结构、创新发展方式、促进跨界融合、优化发展环境、强化政策支持等方面做出具体部署。《意见》在促进线上线下融合的问题上强调："建立适应融合发展的标准规范、竞争规则，引导实体零售企业逐步提高信息化水平，将线下物流、服务、体验等优势与线上商流、资金流、信息流融合，拓展智能化、网络化的全渠道布局。"

"新零售"的核心要义在于推动线上与线下的一体化进程，其关键在于使线上的互联网力量和线下的实体店终端形成真正意义上的合力，从而完成电商平台和实体零售店面在商业维度上的优化升级。阿里巴巴投资生鲜类超市，首店于 2016 年 1 月在上海浦东金桥开店，采用线上线下同时运营的以生鲜商品为主，以支付宝作为支付方式的会员店。线下以门店为支撑，线上以独立的盒马 App 为支撑，并提供商品外送和部分海鲜商品加工服务。

项目案例分析

金娃的差异化营销

江湖上寄望于击败武林盟主而一举成名者不少，但最终谁是老大仍是凭实力决定的。年销售额为 2 亿元的金娃虽然位列果冻市场次席，但要挑战年销售额为 15 亿元的喜之郎，在许多人看来无异于以卵击石。金娃能将喜之郎从老大的位置拉下马来吗？要完成这个似乎是不可能完成的任务，最好的制胜之道是找准喜之郎的命门，全力进攻。但喜之郎的命门在哪里？从喜之郎的广告风格上看，其诉求是营造温馨祥和的欢乐气氛，以情动人，但很少在功能上进行诉求，使消费者对于喜之郎作为产品的特性并不了解。其品牌内涵过于空洞，一旦缺乏大量的广告支持就撑不起来。另据调查，果冻有近 90% 的消费者是儿童，而真正的购买者——家长考虑更多的却是安全、营养。在金娃的调查中，家长们几乎无一例外地对孩子零食的营养状况表示担忧。他们非常关注小食品对于儿童的健康影响，但是他们对此基本是一无所知，因此也无从选择。对此，营销专家建议金娃以功能为诉求点，进行高度差异化营销。营造"功能性营养果冻"的概念，将目标瞄准真正的购买者。基本方向确定后，金娃采取了一系列针对性的进攻措施：在"功能性营养果冻"的旗帜下，金娃的新广告片完全体现了金娃"功能性营养果冻"的定位，诉求点非常鲜明。在产品上，金娃的强大研发能力与"功能性营养果冻"定位开始紧密结合。"伊人芦荟"的诞生就是一个极好的例子。"伊人芦荟"的对手是喜之郎的"水晶之恋"，都是针对年轻女性消费者，但"伊人芦荟"的定位是"含有可以美容养颜的芦荟的非常适合女性的产品"。与"水晶之恋"相比，"伊人芦荟"无疑有非常独特的利益点，差异化的优势非常明显。

资料来源：食品伙伴网，http://wenku.foodmate.net/down/2013/07/1082.html。

? 辩证性思考：

谈谈你对金娃差异化营销的看法。

项目检测

管理知识目标检测

1. 什么是市场营销管理？
2. 什么是市场营销计划？
3. 产品生命周期各阶段的市场营销策略分别是什么？
4. 什么是市场营销组合？市场营销组合模式及组合策略有哪些？
5. 简述产品策略、价格策略、分销策略、促销策略的内容。
6. 食品企业电子商务战略的选择主要有哪几种？

7．什么是新媒体营销？

8．什么是新零售？

管理能力目标检测

检测项目：

选择一家食品生产企业，对该企业市场营销现状进行分析，撰写食品企业的市场营销方案。

检测目的：

通过训练，进一步熟悉、掌握市场营销组合及产品策略、价格策略、分销策略、促销策略。

检测要求：

由班级学习委员组织全员分团队对食品企业市场营销方案进行讨论，评选三个优秀方案，在全班进行宣讲，教师进行评价。

项目 6 ● ● ●

食品企业生产管理

项目目标

管理知识目标

认知食品企业生产管理；掌握食品企业生产过程管理；掌握食品企业生产计划与控制；熟悉食品企业设备管理。

管理能力目标

具备运用食品企业生产管理的能力。

项目导入案例

娃哈哈荣膺 2017 年"最佳创新贡献奖"

2018 年 2 月 6 日，由中国经济网、中国科学院预测科学研究中心主办的"2017'中国时间'年度经济新闻盘点暨颁奖盛典"在京隆重召开。会议向社会各界发布了 2017 年度十大经济新闻，并公布了五大企业贡献奖榜单。杭州娃哈哈集团有限公司凭借在品牌培育、区域开发、新产业发力等方面的积极创新斩获"最佳创新贡献奖"。

娃哈哈掌门人宗庆后认为，实体经济要主动利用智能制造技术提升企业的生产效率，让高新技术为企业服务。娃哈哈"食品饮料生产智能工厂"项目入选全国首批工业和信息化部智能制造试点示范项目，在打造食品饮料全数字化管控的智能工厂上进行了实践探索。通过以"智慧工厂"为核心的饮料行业设备管理体系建设，娃哈哈实现了传统饮料制造业向智能制造转型升级，提升食品安全全程保障体系基础，提高了企业的产品产销联控能力，对食品饮料制造业智能制造的转型升级起到了示范和引领作用。

资料来源：中国食品网，http://www.cfqn.com.cn/html/dongtai/qiye/30286_1.html。

? 辩证性思考：

谈谈你对娃哈哈"食品饮料生产智能工厂"的看法。

任务 1　食品企业生产管理概述

6.1.1　食品企业生产管理的概念与内容

1. 食品企业生产管理的概念

食品企业生产管理是对食品企业产品生产的计划、组织和控制。加强生产管理，合理组织生产过程，正确确定企业以及各个生产单位的生产任务，做好日常生产活动的协调和控制，搞好生产现场管理，不仅可以保证生产的顺利进行，而且是合理利用企业资源、提高经济效益的重要保证。

2. 食品企业生产管理的内容

为了提高食品企业生产效益，生产管理的具体内容主要有以下几个方面：

（1）按照市场需求，生产出适销对路、质优价廉的产品，以满足市场和消费者的需要。

（2）全面完成企业生产计划所规定的目标和任务。包括产品品种、质量、产量、产值、交货期及劳动生产率、材料利用率和设备利用率等技术经济指标。

（3）合理组织劳动力，充分利用人力资源，最大限度地挖掘企业员工的内在潜力，调动广大员工的积极性、主动性和创造性，不断提高生产效率。

（4）加强物资、能源管理，合理利用物资、能源，努力降低单位产品的物资和能源消耗，提高资源利用率，建立合理的物资储备，减少资金占用。

（5）加强设备管理，提高设备完好率和利用率。不断采用新技术，促进企业技术进步。

6.1.2　食品企业生产管理的原则

1. 讲求经济效益

讲求经济效益，按传统观点和做法是把降低成本重点放在原材料节省和工时节约上，而按现在观点和做法则把降低成本重点放在提高生产能力和降低库存上。

2. 坚持以销定产

生产管理要坚持以销定产，防止盲目生产，提高市场适应能力，开发新产品。

3. 实现科学管理

生产管理要实行科学管理，建立适宜的生产指挥系统，做好基础工作，数据完整、准确，制度完善，管理工作程序化、制度化以及管理思想和方法现代化。

4. 组织均衡生产

组织均衡生产既是科学管理的要求，也是建立正常生产秩序和管理程序、保证质量、降低消耗的前提条件。

5. 实施可持续发展战略

生产是转化为有用的产品，还是转化为污染？这是生产管理中要考虑的一个问题。1989年联合国环境规划署工业与环境规划活动中心提出"清洁生产"的概念，并定义为："清洁生产是指将综合预防的环境策略持续地应用于生产过程和产品中，以便减少对人类和环境的风险性。"对于生产过程而言，清洁生产包括节约原料和能源，淘汰有毒原材料并在全部排放物和废料离开生产过程以前减少它们的数量和毒性。对产品而言，清洁生产策略旨在减少产品在整个生产周期过程中对人类和环境的影响。

任务 2　食品企业生产过程管理

生产过程是食品企业投入产出转化的主体部分，是食品企业维持生存和发展的基础。生产过程是否合理，对食品企业生产经营的效率、效益都有巨大的影响，因此，必须对食品企业生产过程进行合理的组织。生产过程组织，就是要以最理想的方式将各种生产要素结合起来，对生产的各个阶段、环节、工序进行合理的安排，使其形成一个协调的系统。这个系统的目标是使产品在生产过程中的行程最短、时间最省、耗费最小，并能按市场需要生产出适销对路的产品。生产过程是一个动态过程。生产过程所处的外部环境和内部环境都处于不断运动之中。

6.2.1　食品企业生产过程组织的要求

不同食品企业的生产过程也不相同，但任何产品的生产都是由一定人员、设备，按一定的工艺进行加工的，任何生产过程都要求各要素得到合理的组织，使生产过程始终处于最佳状态。合理组织生产过程是指把生产过程从空间和时间上很好地结合起来，使产品以最短的路线、最快的速度通过生产过程的各个阶段，并且使人力、物力和财力得到充分利用，达到高产、优质、低消耗的要求。这是保证食品企业获得良好经济效益的前提。生产过程的合理组织应考虑以下几方面的要求。

1. 生产过程的连续性

产品在生产过程各阶段、各工序之间的流动在时间上紧密衔接，形成一个连续不断的生产过程。也就是说，产品在生产过程中始终处于运动状态，没有或很少有不必要的停顿和等待时间。生产过程的连续性是提高生产效率、降低生产成本的基础，需要有相应的生产技术、生产的自动化等条件作为保证。

2. 生产过程的比例性

生产过程的比例性也称生产过程的协调性，是指生产过程中的各阶段和各工序之间在生产能力上保持适当的比例关系。生产过程的比例性是保证生产平衡进行、保证生产连续性的基础，也是充分利用生产能力、减少人员和设备等的浪费、提高劳动生产率和设备利用率的前提条件，它取决于生产的设计及组织水平。

3．生产过程的平行性

生产过程的相关阶段、相关工序尽可能实行平行作业。生产过程的平行性可充分利用时间和空间，缩短产品的生产周期，提高生产效率。生产的平行性取决于生产的连续性和生产的组织方式。

4．生产过程的均衡性

生产过程的均衡性也称生产过程的节奏性，是指产品在生产过程的各阶段，在相同的时间间隔内大致生产相等或递增的产量和工作量，使各个工作地的负荷保持均衡，避免前松后紧。生产过程的节奏性是最充分地利用生产能力的基础，能使人员、设备等要素得以最合理的利用，有利于提高产品质量，缩短产品的生产周期。

5．生产过程的适应性

生产过程对市场需求的适应性，就是生产过程能在短时内，以最少的资源消耗，从一种产品的生产转换为另一种产品的生产。这就要求生产加工的组织必须具有灵活性、可变性、多样性。这是变化的市场需求对企业生产过程柔性化的要求。

以上各项要求是相互关联、相互制约的。对不同的食品企业以及企业在不同的条件下，各有不同的指导意义。食品企业应根据自身的实际情况加以综合应用，合理地组织生产过程，以求得系统的整体效益。

6.2.2　食品企业生产过程的空间组织和时间组织

1．生产过程的空间组织

生产过程的空间组织是指在一定的空间内，合理地设置食品企业内部各基本生产单位（车间、工段、班组），使生产活动能高效地顺利进行。这里主要从生产车间的设备布置角度加以说明。生产过程的空间组织有以下两种典型的形式。

（1）工艺专业化形式。工艺专业化，又称工艺原则，是指按照生产过程中的各个工艺阶段的工艺特点来设置生产单位。在工艺专业化的生产单位内，集中着同种类型的生产设备和同工种的工人，完成各种产品的同一工艺阶段的生产，即加工对象是多样的，但工艺方法是同类的，每一生产单位只完成产品生产过程的部分工艺阶段和部分工序的加工任务，产品的制造完成需要各单位的协同努力。

工艺专业化形式的优点：适应性强，可以适应企业中不同产品的加工要求；便于充分利用设备和生产面积；有利于加强专业管理和进行专业技术指导；个别设备出现故障或进行维修，对整个产品的生产制造影响小。

工艺专业化形式的缺点：产品加工过程中运输路线长，运输数量大，停放、等待的时间多，生产周期长；增加了在制品数量和资金占用；生产单位间的协作复杂，生产作业计划管理、在制品管理、成套性进度管理等诸项管理工作量大且复杂。

工艺专业化形式适用于企业产品品种多、变化大、产品制造工艺不确定的单件小批生产类型的企业。它一般表现为按订货要求组织生产，特别适用于新产品的开发试制。

（2）对象专业化形式。对象专业化，又称对象原则，是指点按照产品（或零件、部件）的不同来设置生产单位，即根据生产的产品来确定车间的专业分工，每个车间完成其所负担的加工对象的全部工艺过程，工艺过程是封闭的。在对象专业化生产单位里，集中了不同类型的机器设备、不同工种的工人，对同类产品进行不同的工艺加工，能独立完成一种或几种产品（零件、部件）的全部或部分的工艺过程，而不用跨越其他的生产单位。

对象专业化形式的优点：生产比较集中，生产周期短，运输路线短，周转量小，计划管理、库存管理相对简单；在制品占用量少、资金周转快，协作关系少；有利于强化质量责任和成本责任，便于采取流水生产等先进生产组织形式，提高生产效率。

对象专业化形式的缺点：对市场需求变化适应性差，一旦因生产的产品市场不再需求而进行设备更换，则调整代价大；设备投资大（由于同类设备的分散使用，会出现个别设备负荷不足，生产能力不能充分利用）；不利于开展专业化技术管理。

对象专业化形式适用于企业的专业方向已定，产品品种稳定、工艺稳定的大量大批生产。

在实际生产中，上述两种专业化形式往往是结合起来应用的。根据它们所占比重的不同，专业化形式又可分为：在对象专业化形式基础上，局部采用工艺专业化形式；在工艺专业化形式基础上，局部采用对象专业化形式。

2. 生产过程的时间组织

科学合理地组织生产过程，不仅要对企业内部各生产单位在空间上进行有效组织，而且要对加工对象在不同车间和不同工序之间从时间上进行有效控制，以提高产品在生产过程中的连续性和平行性，实现有节奏地生产，缩短生产周期，要提高劳动生产率和缩短产品生产周期的途径，首先要合理确定加工对象在生产过程中的移动方式。

一批零件的移动方式有三种。

（1）顺序移动方式。顺序移动方式是指一批加工零件在一道工序全部加工完毕之后，整批进入下一道工序继续加工的移动方式。加工对象的加工周期的计算如下：

$$T_{顺} = n \sum_{i=1}^{m} t_i$$

式中：$T_{顺}$为顺序移动方式的加工周期；n为批量；m为工序数；t_i为第i道工序的单件加工时间。

采取顺序移动方式，零件运输次数少，设备的加工不间断，组织管理工作简单；但生产过程的平行性差，加工对象等待时间长，因此其加工周期长，资金周转速度缓慢。这种移动方式比较适合于加工对象的批量不大，单件加工工时较短，加工对象的重量和价值都很小的情况。

（2）平行移动方式。平行移动方式是指每个加工零件在上道工序完成之后，立即转到下道工序继续加工的移动方式。也就是说，一批加工零件在各道工序上同时加工、平行作业。加工对象的加工周期的计算如下：

$$T_{平} = \sum_{i=1}^{m} t_i + (n-1)t_{最长}$$

式中：$T_{平}$为平行移动方式的加工周期；$t_{最长}$为所有工序中单件工时定额最长者。

采取平行移动方式，由于各工序间的加工是平行进行的，所以加工零件的等待时间短，加工周期短，资金的周转速度快。但是，由于运输次数多，运输工作量大，部分工序的部分设备在加工时有间歇，且间歇时易分散，不易利用。这种移动方式适用于加工零件单件工时较长，批量较大，零件的重量和价值均较大的情况。食品企业如果出现交货期比较紧需要赶工时，这种移动方式还是很奏效的。

（3）平行顺序移动方式。平行顺序移动方式是指以能使下道工序连续加工为前提，组织平行作业的移动方式。加工对象的加工周期的计算如下：

$$T_{平顺} = n\sum_{i=1}^{m} t_i - (n-1)\sum_{i=1}^{m-1} t_{相邻短}$$

式中：$T_{平顺}$为平行顺序移动方式加工周期；$T_{相邻短}$为相邻两道工序中单件工时较短者。

平行顺序移动方式克服了顺序移动和平行移动的缺点，吸收了它们的优点，是一种较好的加工零件移动方式。

以上三种移动方式各有其优缺点。从加工周期来看，平行移动方式、平行顺序移动方式较好；从组织工作来看，顺序移动方式较简单，平行顺序移动方式的管理难度大、最复杂。企业应根据其生产特点、生产过程的空间组织形式等因素进行选用。加工零件在生产工序之间的移动方式是在加工零件有了一定的数量，而且存在两个以上的生产工序时才需要研究的问题，如果整个加工过程只有一道工序，就不存在加工对象在工序间移动的问题。

6.2.3　生产现场管理

生产现场是食品企业进行物质转换的场所，是食品企业经营的基础。生产现场管理的内容包括两方面：一是对生产力要素进行合理配置；二是对现场生产全过程进行有效的组织、计划与控制，包括对人的思想行为、产品质量和工作质量、设备和物料、生产中的信息、工艺流程等方面的管理。因此，生产现场管理是以生产系统的作业场所为管理范围的所有管理工作的总称，它是一项经常性、基础性的综合管理，对于充分利用企业各种资源、建立文明的生产经营秩序、树立良好的企业形象有着十分重要的意义。

现场管理与生产控制有着密切的联系。现场管理也是一种控制行为，是生产控制的一个组成部分，是生产管理的日常工作之一。下面简要介绍几种现场管理的方式。

1. 目视管理

目视管理是以生产现场的劳动者为直接对象，利用视觉信息，调节人们的行为，控制生产物流的管理方式。具体来说，就是运用图案、文字、电视信号等传递可视信息，并以此来规范、指导、警示生产现场的员工，以求达到生产作业有序和有效进行的目的。因此，目视管理可使各种管理状态、管理方法"一目了然",容易明白,易于遵守,让员工自主地理解、接受和执行各项工作。

目视管理中运用的可视信息内容一般包括作业标准、安全信息等。目视管理的具体形式多种多样,如仪表、电视、信号灯、标示牌、图表、标志线、色彩标志等。

2. 定置管理

定置管理是以生产现场的物为主要对象,研究人、物、现场三者之间的结合关系,并对三者进行组织、设计、实施和完善的一种管理方式。定置,是将生产、工作需要的物品按照一定的要求,科学合理地固定位置。定置管理是围绕定置工作所进行的一系列管理活动。

随着生产和科学技术的高速发展,设备的数量和种类不断增加,从而要求人和机器之间有一种最佳关系,使生产和工作现场的各种物品处于最佳的使用位置,才能大大地提高生产和工作效率。定置管理正是针对这一需要,实现生产现场有关的人和物的最佳结合,从而使生产现场处于有效的控制状态,创造文明的生产和工作环境,建立良好的生产和工作秩序。

在生产现场,物可分为三类:A 类,即物的放置可使人和物处于即时结合的状态,在需要时伸手可得。这是一种理想的状态。B 类,即物的放置需要经过寻找和处理才能使人和物结合。这种状态需要改善。C 类,即生产现场的无用之物或与现场生产的无关之物,多属不良状态,应予以消除。

定置管理就是通过对上述三种状态的分析、调整,将物按科学合理的要求固定并保持,使操作者用物时好用、方便顺手,减少无效劳动,实现安全、文明生产,从而不断提高生产效率和效益。

3. 6S 管理

6S 管理是一种管理模式。6S 即整理(Seiri)、整顿(Seiton)、清扫(Seiso)、清洁(Seiketsu)、素养(Shitsuke)、安全(Security)。6S 管理兴起于日本企业。

(1)6S 管理的内容。

整理是指将工作场所的任何物品区分为有必要的和没有必要的,除了有必要的留下来,没必要的都消除掉。目的:腾出空间,空间活用,防止误用,塑造清爽的工作场所。

整顿是指把留下来的有必要的物品依规定位置摆放,并放置整齐加以标识。目的:工作场所一目了然,消除寻找物品的时间,整整齐齐的工作环境,消除过多的积压物品。

清扫是指将工作场所内看得见与看不见的地方清扫干净,保持工作场所干净、亮丽。目的:稳定品质,减少工业伤害。

清洁是指将整理、整顿、清扫进行到底,并且制度化,经常保持环境处在美观的状态。目的:创造明朗现场,维持上面 3S 成果。

素养是指每位成员养成良好的习惯,并遵守规则做事,培养积极主动的精神(也称习惯性)。目的:培养良好习惯、遵守规则的员工,营造团队精神。

安全是指重视成员安全教育，每时每刻都有安全第一的观念，防患于未然。目的：建立安全生产的环境，所有工作应建立在安全的前提下。

（2）6S 各要素之间的关系。6S 之间彼此关联，整理、整顿、清扫是具体内容；清洁是指将上面的 3S 实施的做法制度化、规范化，并贯彻执行及维持结果；素养是指培养每位员工养成良好的习惯，并遵守规则做事，开展 6S 容易，但长时间的维持必须靠素养的提升；安全是基础，要尊重生命，杜绝违章。

（3）6S 管理实施的原则。

1）效率化：定置管理是提高工作效率的先决条件。

2）持久性：人性化，全员遵守与保持。

3）美观性：做产品—做文化—征服客户群。管理理念适应现场场景，展示让人舒服、感动。

（4）管理对象。

1）人：对员工行动品质的管理。

2）事：对员工工作方法、作业流程的管理。

3）物：对所有物品的规范管理。

（5）实现工具。6S 管理只是一种管理方式，要真正实现 6S 的目的，还必须借助一些工具，来更好地达成 6S 管理的目的。6S 管理的主要工具有以下两个。

1）看板管理。看板管理可以使工作现场人员看一眼就知道何处有什么东西、有多少，同时可将整体管理的内容、流程以及订货、交货日程与工作排程，制作成看板，使工作人员易于了解，以进行必要的作业。

2）Andon 系统。Andon 系统（安灯，也称暗灯），是一种现代企业的信息管理工具。Andon 系统能够收集生产线上有关设备和质量管理等与生产有关的信息，加以处理后，控制分布于车间各处的灯光和声音报警系统，从而实现生产信息的透明化。

（6）6S 管理标准。根据公司管理情况，分别制定生产现场 6S 管理标准及办公现场 6S 管理标准。生产现场 6S 管理标准主要针对车间范围内定置区画线及通道线、物品摆放、地面墙面及门窗玻璃、设备及管线、工作台、消防器材、清扫用具、工具箱、管理看板和台账记录十项制定了五级管理标准，规定了相应的得分标准，被考核单位为生产车间。办公现场 6S 管理标准主要针对办公设施布局、桌面状态、资料柜状态、抽屉状态、文件架状态和办公素养六项制定了管理规范，被考核单位为各管理职能部门。

（7）6S 管理被考核单位及职责。被考核单位为下属各职能部门、各生产车间。被考核单位要认真贯彻落实 6S 管理的有关规定，完善现场管理工作的规章制度，积极开展自主管理、自主建设，保证本单位 6S 管理体系的正常运转；积极配合 6S 管理推行委员会及推行办公室的检查、考评工作，认真整改存在问题，使本单位现场管理工作处于良好的受控状态。

（8）6S 管理工作程序。各职能部门、各生产厂、车间的 6S 管理采取被考核单位自检、自查、自控，6S 管理推行办公室联合进行定期或不定期检查、考核、评定的管理模式。每月由 6S 管理推行办公室负责组织 6S 管理推行委员会成员对被考核单位进行现场管理联合检查和综合考评,以得分多少为依据进行考评结果的排序,并将结果公开。

任务 3 食品企业生产计划与控制

6.3.1 食品企业生产计划

1．生产计划的概念

生产计划,又称生产大纲,是根据销售计划所确定的销售量,在充分利用生产能力和综合平衡的基础上,对食品企业所生产的产品品种、数量、质量和生产进度等方面所做的统筹安排,是食品企业生产管理的依据。生产计划既是食品企业生产管理的重要组成部分,又是经营计划的重要组成部分。它对充分利用生产能力,缩短产品生产周期,全面完成生产任务和提高食品企业经济效益,都具有十分重要的意义。

2．生产计划的体系

食品企业生产计划体系是一个包括需求预测、中长期生产计划、生产作业计划、材料计划、能力计划、设备计划和新产品开发计划等相关计划职能,并以生产控制信息的迅速反馈连接构成的复杂系统。

（1）长期生产计划。长期生产计划属于战略层计划。最初的计划较粗,随着时间的推移逐渐具体化,每年要进行滚动修改。

（2）中期生产计划。中期生产计划属于战术层计划。通常称为生产计划大纲或年度生产经营计划,计划期一般为一年。

（3）短期生产计划。短期生产计划属于作业层计划,主要包括主生产计划、物料需求计划、能力计划与控制和生产控制与反馈等。

3．生产计划的主要指标

（1）品种指标。

（2）产量指标。

（3）质量指标。

（4）产值指标。

（5）投入产出期要求。

4．生产计划的制订方式

生产方式不同,生产计划的制订方式也会不同。

（1）预测型连续生产方式的生产计划的制订。预测型生产,也称存货型生产,一般为大批和中批生产类型,消费者可以直接从成品库提货。因此,确定品种和产量是预测型生产企业编制年度生产计划的核心内容。

预测型生产计划的编制应从市场需求预测开始,按照产品销售计划、生产计划和日程计划的顺序逐步展开。其具体要点有：市场需求预测、编制产品营销计划、制订合理的成品库存计划、编制储备生产计划、编制生产计划、编制作业日程计划、编制材料计划。

（2）订货型单件生产方式的生产计划的制订。订货型生产是食品企业按照客户的订货合同组织产品生产。其典型代表是单件生产。

1）单件订货型生产计划的编制要点：订货与市场预测相结合，根据生产能力接受订货，及时掌握各部门的情况。

2）单件订货生产计划的形式。单件生产产品的规格、功能等是根据客户的要求确定的，一般都是非标准产品。其生产计划多采用甘特图式或网络式的生产计划表。

3）单件订货型生产计划的体系。单件订货生产的生产计划体系，包括从接受订货、产品设计到编制生产作业日程计划等内容。其计划的编制过程有：决定交货期与编制销售计划；编制大日程计划，单件生产的大日程计划以订货合同规定的交货日期为依据，确定与该产品生产有关的各部门生产活动的日程计划；产品设计；编制中日程计划；编制小日程计划，单件生产小日程计划是具体的作业实施计划，它是将作业分解之后分配到工作地和作业者，并指明作业的开始时间和完工时间，小日程计划的期间一般不超过一周；编制物料库存计划。

（3）订货型批量间歇生产方式的生产计划的制订。订货型批量间歇生产是订货型生产的一种。它与典型的订货型生产中的单件生产有很大差别。

1）生产计划编制的前提：设定合理的产品库存订货点；设定经济制造批量。

2）生产计划体系的内容：订货管理，编制成品库存计划，编制生产计划和日程计划等。

6.3.2　生产作业计划

1. 生产作业计划的概念

生产作业计划是生产计划的具体执行计划。它把食品企业的年度、季度生产计划具体规定为各个车间、工段、班组、每个工作地和个人的以月、周、班以至小时计的计划。它是组织日常生产活动、建立正常生产秩序的重要手段。生产作业计划的作用是通过一系列计划安排和生产调度工作，充分利用食品企业的人力、物力，保证企业每个生产环节在品种、数量和时间上相互协调和衔接，组织有节奏的均衡生产，取得良好的经济效果。与生产计划相比，生产作业计划具有计划期短、计划内容具体、计划单位小三个特点。

2. 生产作业计划的形式

根据食品企业的具体情况，生产作业计划有厂部、车间和工段（班、组）三级作业计划形式。厂部生产作业计划由食品企业生产科负责编制，确定各车间的月度生产任务和进度计划；车间级生产作业计划由车间计划调度室负责编制；工段级生产作业计划由工段计划调度员负责编制，分别确定工段（班、组）或工作地月度、旬（或周）以及昼夜轮班的生产作业计划。

3．编制生产作业计划的资料

编制生产作业计划需要详尽的资料，主要有：总体（中期）计划和订货情况变化；前期生产作业计划完成情况；成品和外购件的库存；设备状况和维修计划；产品制造等技术文件；生产能力和劳动力的负荷；原材料能源等的供应；成本、费用核算资料以及技术组织措施安排；等等。

为编制生产作业计划，主要应有以下各类资料：

（1）生产任务方面的资料，包括食品企业的年度、季度生产计划，各项订货合同，新产品试制计划等。

（2）技术资料，包括产品图纸、工艺文件、产品技术检验规范、外协零件清单、按车间编制的零件明细表等。

（3）生产能力方面的资料，包括各工种生产工人情况、生产设备负荷情况、生产面积利用情况、工作定额和生产能力查定情况。

（4）生产准备工作方面的资料，包括工艺装备准备情况和原材料、外协件、配套库存及供应情况等。

（5）各种期量标准和生产资金定额。

（6）前期预计生产完成情况和在制品结存及分布情况等。

4．生产作业计划的编制方法

生产作业计划编制工作的主要内容包括：收集为编制计划所需要的各项资料，核算、平衡生产能力，制定期量标准和编制生产作业计划。生产作业计划的编制方法如下。

（1）在制品定额法。根据生产计划的要求，将预先制定的在制品定额与预计可能结存的在制品数量做比较，使期末在制品数量保持在规定的定额水平上，并据此来规定各车间的生产任务。这种方法适用于大批量生产的食品企业。

（2）提前期法。又称累计编号法，根据生产计划的要求和预先制定的提前期来规定各车间某种产品的装配生产提前完成的产量。它通常用累计编号来表示投入出产的产量任务。这种方法通常用于多品种成批生产的食品企业。

（3）生产周期法。根据生产计划的要求和预先制定的产品生产周期图表，通过生产能力的核算来规定各车间的生产任务。这种方法适用于单件小批生产的食品企业。

（4）订货点法。这种方法适用于安排生产产量大、品种稳定、价值低、结构简单的小型零件。

（5）成组技术的计划方法。这种方法打破产品界限，把工艺相似的零件组织成组生产，适用于多品种、中小批量生产的企业。

（6）网络法。它是一种逻辑性的计划手段，其典型的方法是计划评审法。这种方法主要用于复杂的一次性产品（或工程）的生产。

（7）准时生产制。它的内容要点是在必要的时候，按必要的数量，把生产所必要的物料送到必要的地方。它的目的是把在制品储备压缩到最低限度，尽可能地节约流动资金。

（8）混流生产方法。在现有生产条件和生产能力的情况下，经过科学逻辑的运算，制订出在同一生产线上最优品种搭配的生产方案，达到品种、产量、工时的均衡，最大限度地节约资源。这种方法主要用于工艺相似的系列化产品的流水生产的食品企业。

6.3.3　生产作业控制

1．生产作业控制的概念

生产作业控制，是在生产计划执行过程中，对有关产品生产的数量和期限的控制。其主要目的是保证完成生产作业计划所规定的产品产量和交货期限指标。生产进度控制是生产控制的基本方面，狭义的生产作业控制就是指生产进度控制。

2．生产作业控制的内容

（1）作业安排；

（2）测定偏差，掌握实际完成量与计划完成量之间的偏差；

（3）纠正偏差；

（4）提供信息。

这四个要素是缺一不可的：没有生产作业安排及其依据的各种标准，就不可能有衡量执行生产作业实际结果的依据；没有事先规定和事后检查同标准发生偏差的信息，就无法了解和评价生产作业计划的执行情况，以及可能发展的趋势；不规定纠正偏差的措施，生产作业控制就成了无意义的活动。

3．不同生产类型作业控制的特点

在物流、库存、设备和工人等方面，不同生产类型的作业控制具有不同的特点，如表6-1所示。

表 6-1　不同生产类型作业控制的特点

项　　目	单件小批生产	大批量生产
零件的流动	没有主要的流动路线	单一流动路线
瓶颈	经常变动	稳定
设备	通用设备、有柔性	高效专用设备
调整设备费用	低	高
工人操作	多	少
工人工作的范围	宽	窄
工作节奏的控制	由工人自己和工长控制	由机器和工艺控制
在制品库存	高	低
产品库存	很少	较高
供应商	经常变化	稳定
编制作业计划	不稳定性高，变化大	不稳定性低，变化小

（1）单件小批生产。单件小批生产是为消费者生产特定产品的，因此，产品品种千差万别，种类繁多。每一种产品都有其特定的加工路线，整个物流没有什么主流。各种产品都在不同的机器前面排队等待加工，工件的生产提前期各不相同。各个工作地之间的联系不是固定的，有时为了加工某个特定的配件，两个工作地才发生联系，该配件加工完成之后，也许再也不会发生什么联系。这种复杂的情况使得没有任何一个人能够把握如此众多的机器加工情况。为此，需要专门的部门来进行控制。

（2）工件的生产提前期。

1）移动时间。移动时间是为上道工序加工完成后转送到本工序途中所需时间。这个时间取决于运输工具和运输距离，是相对稳定的。

2）排队时间。排队时间是由于本工序有很多工件等待加工，新到的工件都需排队等待一段时间才能加工。排队时间的变化最大，单个工件的排队时间是优先权的函数，所有工件的平均排队时间与计划调度的水平有关。

3）调整准备时间。调整准备时间是调整准备所花的时间，它与技术和现场组织管理水平有关。

4）加工时间。加工时间是按设计和工艺加工要求，改变物料形态所花的时间。加工时间取决于所采用的加工技术和工人的熟练程度，它与计划调度方法无关。

5）等待运输时间。等待运输时间是加工完毕，等待转到下一道工序所花的时间，它与计划调度工作有关。

对于单件小批生产，排队时间是主要的，它占工件加工提前期的 90%~95%。排队时间越长，在制品库存就越多。如果能够控制排队时间，也就控制了工件在车间的停留时间。要控制排队时间，实际是控制排队长度的问题。因此，如何控制排队长度是作业控制要解决的主要问题。

（3）大批量生产。大批量生产的产品是标准化的，通常采用流水线或自动线组织生产。在流水线或自动线上，每个工件的加工顺序都是确定的，工件在加工过程中没有排队，没有派工问题，也无优先权问题。因此，控制问题比较简单，主要通过改变工作班次，调整工作时间和工人数来控制产量。但是，在组织混流生产时，由于产品型号、规格和花色的变化，也要加强计划性，使生产均衡。

任务4　食品企业设备管理

目前，食品企业设备的智能化自动化水平在逐年提高。随着食品企业设备拥有量的增加以及设备的日趋先进，食品企业对设备的依赖性也越来越大。所以食品企业设备的管理工作显得日趋重要，必须把食品企业设备的管理工作摆在较高的位置上。

6.4.1　食品企业设备资产管理

食品企业的设备管理几乎涉及食品企业生产和经营的每个方面，它的意义在于：提高和稳定产品质量，降低生产成本，促进安全和环保，有利于生产资金的合理利用。

1．设备的分类

（1）按编号要求分类。食品企业使用的设备品种繁多，为便于固定资产管理、生产计划和设备维修管理，设备管理部门对所有生产设备必须按规定的分类进行资产编号，这是设备基础管理工作的一项重要内容。

（2）按设备维修管理要求分类。为了分析企业拥有设备的技术性能和在生产中的地位，明确企业设备管理工作的重点对象，使设备管理工作能抓住重点、统筹兼顾，以提高工作效率，可按不同的标准从全部设备中划分出主要设备、大型精密设备、重点设备等作为设备维修和管理工作的重点。

1）主要设备。根据国家统计局现行规定，凡是复杂系数在五个以上的设备称为主要设备。

2）大型和精密设备。对产品的生产和质量有决定性影响的大型、精密设备列为关键设备。

3）重点设备。重点设备选定的依据，主要是生产设备发生故障后和修理停机时对生产、质量、成本、安全、交货期等诸方面影响的程度与造成生产损失的大小。

2．设备资产的动态管理

设备资产的动态管理主要包括设备的安装验收与移交生产、闲置设备的封存与处理、设备的移装与调拨、设备的借用与租赁、设备的报废。

（1）设备的安装验收与移交生产。设备的安装验收与移交生产是设备构成期与使用期的过渡阶段，是设备全过程管理的一个关键环节。设备安装调试后，经鉴定各项指标达到技术要求后，要办理设备移交手续。

（2）闲置设备的封存与处理。闲置设备是指过去已安装验收、投产使用而目前生产和工艺上暂时不需用的设备。它在一定时期内不仅不能为企业创造价值，而且占用生产场地，占用固定资金，消耗维护费用，成为保管单位的负担。因此，企业要设法把闲置设备及早利用起来，确定不需用的设备要及时处理给需用的单位。

（3）设备的移装与调拨。设备的移装是指设备在工厂内部的调动或安装位置的移动。凡已安装并列入固定资产的设备，车间不得擅自移位和调动，必须有设备动力部门、生产计划部门、技术部门、移入单位及原单位会签的设备移装调拨审定单和平面布置图，并经分管厂长审批后方可实施。设备动力部门每季初编制设备变动情况报告表，分送财务部门和上级主管部门，作为资产卡片和账目调整的依据。

（4）设备的借用与租赁。食品企业内部单位之间设备的借出与借入称为设备的借用。设备租赁是指企业单位之间设备的租入与租出。对借用的设备，借出单位照提折旧，借入单位按月向借出单位缴纳相应的折旧，主管部门应办理调动手续和资产转移，以利于资产管理。对租出的设备，租出单位亦按月照提折旧，租金的计算包括除折旧费外，还应考虑食品企业的资金利润率。

1）利用少量资金就能得到急需的设备，加速提高设备的技术水平和增强企业的竞争能力，少花钱，办大事，争取时间，抓住机遇。

2）可以保持资金的流动状态，提高资金利用率。

3）可以减少技术落后的风险。

4）可以促进食品企业加强经济核算，改善设备管理。

（5）设备报废。设备由于严重的有形或无形的损耗，不能继续使用而退役，称为设备报废。设备报废关系到国家和企业固定资产的利用，必须尽量做好"挖潜、革新、改进"工作。在确定设备不能再利用，且具有下列条件之一时，企业方可申请报废。

1）已超过规定使用年限的老旧设备，主要结构和零部件已严重磨损，设备效能达不到工艺最低要求，无法修复或无修复改造价值。

2）因意外灾害或重大事故受到严重损坏的设备，无法修复使用。

3）严重影响环保安全，继续使用将会污染环境，引发人身安全事故，危害健康，进行修复改造不经济。

4）因产品转型、工艺变更而淘汰的专用设备，不宜修改利用。

5）技术改造和更新替换的旧设备不能利用和调出。

6）按国家能源政策应于淘汰的高耗能设备。

3. 设备资产管理的基础资料

设备资产管理的基础资料主要包括设备资产卡片、设备台账、设备清点登记表、设备档案。

6.4.2 食品企业设备的使用

1. 设备的合理使用

合理使用设备，应该做好以下几方面工作。

（1）充分发挥操作工人的积极性。设备是由工人操作和使用的，充分发挥他们的积极性是用好、管好设备的根本保证。因此，企业应经常对员工进行爱护设备的宣传教育，积极吸引员工参加设备管理，不断提高员工爱护设备的自觉性和责任心。

（2）合理配置设备。食品企业应根据自己的生产工艺特点和要求，合理地配备各种类型的设备，使它们都能充分发挥效能。为了适应产品品种、结构和数量的不断变化，还要及时进行调整，使设备能力适应生产发展的要求。

（3）配备合格的操作者。企业应根据设备的技术要求和复杂程度，配备相应的工种和胜任的操作者，并根据设备性能、精度、使用范围和工作条件安排相应的加工任务和工作负荷，确保生产的正常进行和操作人员的安全。

机器设备是科学技术的物化，随着设备日益现代化，其结构和原理也日益复杂，要求具有一定文化技术水平和熟悉设备结构的工人来掌握使用。因此，必须根据设备的技术要求，采取多种形式，对员工进行文化专业理论教育，帮助他们熟悉设备的构造和性能。

（4）为设备提供良好的工作环境。工作环境不但对设备正常运转、延长使用期限有关，而且对操作者的情绪也有重大影响。为此，应安装必要的防腐蚀、防潮、防尘、防震装置，配备必要的测量、保险用仪器装置，还应有良好的照明和通风等。

（5）建立健全必要的规章制度。保证设备正确使用的主要措施包括：制定设备使用程序；制定设备操作维护规程；建立设备使用责任制；建立设备维护制度，开展维护竞赛评比活动。

2．设备使用前的准备工作

这项工作包括：技术资料的编制，对操作者的技术培训和配备必需的检查及维护用仪器工具，以及全面检查设备的安装、精度、性能及安全装置，向操作者点交设备附件等。技术资料准备包括设备操作维护规程、设备润滑卡片、设备日常检查和定期检查卡片等。对操作者的培训包括技术教育、安全教育和业务管理教育三方面内容。操作者经教育、培训后要经过理论和实际的考试，合格后方能独立操作使用设备。

3．设备使用守则

（1）定人、定机和凭证操作制度。为了保证设备的正常运转，提高工人的操作技术水平，防止设备的非正常损坏，必须实行定人、定机和凭证使用设备的制度。

1）定人、定机的规定。严格实行定人、定机和凭证使用设备，不允许无证人员单独使用设备。定机的机种型号应根据工人的技术水平和工作责任心，并经考试合格后确定。原则上既要管好、用好设备，又要不束缚生产力。

主要生产设备的操作工作由车间提出定人、定机名单，经考试合格，设备动力科同意后执行。精、大、稀设备和有关设备的操作者经考试合格后，设备动力科同意并经企业有关部门合同审查后，报技术副厂长批准后执行。定人、定机名单保持相对稳定，有变动时，按规定呈报审批，批准后方能变更。原则上，每个操作工人每班只能操作一台设备，多人操作的设备，必须由值班机长负责。

为了保证设备的合理使用，有的企业实行了"三定制度"（设备定号、管理定户、保管定人）。这"三定"中，设备定号、保管定人易于理解，管理定户就是以班组为单位，把全班组的设备编为一个"户"，班组长就是"户主"，要求"户主"对小组全部设备的保管、使用和维护保养负全面责任。

2）操作证的签发。学徒工（或实习生）必须经过技术理论学习和一定时期的师傅在现场指导下的操作实习后，师傅认为该学徒工（或实习生）已懂得正确使用设备和维护保养设备时，可进行理论及操作考试，合格后由设备动力科签发操作证，方能单独操作设备。

对于工龄长且长期操作设备，并会调整、维护保养的工人，如果其文化水平低，可免笔试而进行口试及实际操作考试，合格后签发操作证。

公用设备的使用者，应熟悉设备结构、性能，车间必须明确使用小组或指定专人保管，并将名单报送设备动力科备案。

（2）交接班制。连续生产的设备或不允许中途停机者，可在运行中交班。交班人须把设备运行中发现的问题，详细记录在"交接班记录簿"上，并主动向接班人介绍设备运行情况。双方当面检查，交接完毕后在记录簿上签字。如不能当面交接，交班人可做好日常维护工作，使设备处于安全状态，填好交班记录并交有关负责人签字代接。如接班人发现设备异常现象，如记录不清、情况不明和设备未按规定维护时可拒绝接班。如因交接不清设备在接班后发生问题，由接班人负责。

食品企业在用的每台设备，均须有"交接班记录簿"，不准撕毁、涂改。区域维修站应及时收集"交接班记录簿"，从中分析设备现状，采取措施改进维修工作。设备管理部门和车间负责人应注意抽查交接班制度的执行情况。

（3）"三好""四会""五项纪律"。

1）"三好"要求。

① 管好设备。发扬工人阶级的责任感，自觉遵守定人、定机制度和凭证使用设备，管好工具、附件，不损坏、不丢失，放置整齐。

② 用好设备。设备不带病运转，不超负荷使用，不大机小用、精机粗用。遵守操作规程和维护保养规程，细心爱护设备，防止事故发生。

③ 修好设备。按计划检修时间停机修理。参加设备的二级保养和大修完工后的验收试车工作

2）"四会"要求。

① 会使用。熟悉设备结构、技术性能和操作方法，懂得加工工艺。会合理选择切削用量，正确地使用设备。

② 会保养。会按润滑图表的规定加油、换油，保持油路畅通无阻。会按规定进行一级保养，保持设备内外清洁，做到无油垢、无脏物，漆见本色、铁见光。

③ 会检查。会检查与加工工艺有关的精度检验项目，并能进行适当调整。会检查安全防护和保险装置。

④ 会排除故障。能通过不正常的声音、温度和运转情况，发现设备的异常状态，并能判定异常状态的部位和原因，及时采取措施排除故障。

3）使用设备的"五项纪律"。

① 凭证使用设备，遵守安全使用规程。

② 保持设备清洁，并按规定加油。

③ 遵守设备的交接班制度。

④ 管好工具、附件，不得遗失。

⑤ 发现异常，立即停车。

6.4.3 食品企业设备的维护和修理

1. 设备维护

设备维护是设备维修与保养的结合。为了防止设备性能劣化或降低设备失效的概率，按事先规定的计划或相应技术条件的规定进行的技术管理措施。

设备维护的措施包括：

（1）制定设备使用程序。

（2）加强按计划检修工作。

（3）制定设备操作维护规程。

（4）建立设备使用责任制。

（5）建立设备的维护保养制度。

2. 设备修理

设备修理，是指修复日常的或不正常的原因造成的设备损坏和精度劣化。通过修理更换磨损、老化、腐蚀的零部件，可以使设备性能得到恢复。设备的修理和维护是设备维修的不同方面，二者由于工作内容与作用的区别是不能相互替代的，应把二者同时做好，以便相互配合、相互补充。

设备修理的方法包括：

（1）标准修理法，又称强制修理法，是指根据设备零件的使用寿命，预先编制具体的修理计划，明确规定设备的修理日期、类别和内容。设备运转到规定的期限，不管其技术状况好坏、任务轻重，都必须按照规定的作业范围和要求进行修理。此方法有利于做好修理前准备工作，有效保证设备的正常运转，但有时会造成过度修理，增加修理费用。

（2）定期修理法，是指根据零件的使用寿命、生产类型、工件条件和有关定额资料，事先规定出各类计划修理的固定顺序、计划修理间隔期及其修理工作量。在修理前通常根据设备状态来确定修理内容。此方法有利于做好修理前准备工作，有利于采用先进修理技术，减少修理费用。

（3）检查后修理法，是指根据设备零部件的磨损资料，事先只规定检查次数和时间，而每次修理的具体期限、类别和内容均由检查后的结果来决定。这种方法简单易行，但由于修理计划性较差，检查时有可能由于对设备状况的主观判断误差引起零件的过度磨损或故障。

项目案例分析

郑州思念食品有限公司的精益生产

根据精益生产理论，郑州思念食品有限公司结合自身的特点，确定了精益生产管理的框架。郑州思念精益生产管理概括为：以持续改进平台为基础，依靠准时化生产及自动化生产两大支柱，从而实现降低成本、提高盈利能力、提升客户满意度的目标。

郑州思念为充分落实好精益生产管理，成立了精益生产推进部门。精益生产推进部门由公司负责运营管理业务的常务副总直接管理。在持续改进的基础上，陆续开展了 5S 活动、标准化作业、均衡化生产、全面质量管理、全员生产维护等精益生产活动。5S 及标准化作业是开展精益生产的基础；均衡化生产强调了生产效率及信息的平衡性；全面质量管理及全员生产维护和持续改进一样强调全员参与，是开展持续改进必不可少的方法和手段。

1. 5S 管理

5S 管理是现场管理的基础。推行精益生产，首先从 5S 管理手段及方法入手，这样可以更直观地让员工看到精益生产给予员工带来的好处，使其更有积极性。在郑州思念，5S 管理得到了有效推广，不仅将 5S 管理应用到了生产的管理，而且将 5S 管理应用到了办公现场、档案管理等领域。

2. 标准化作业

推行精益生产，离不开标准化作业。从某种角度讲，推行精益生产，就是"制定标准—执行标准—评价标准—修改标准"，不断循环向上的过程。

标准是一切工作的基础。标准化作业是指制定的统一的和最优的作业顺序和作业方法。郑州思念推行标准化作业的方法为：

第一，梳理工艺、设备、原材料、工作流程等标准，把作业标准化作为管理的基本思想。

第二，标准建立后，对标准进行培训并对标准掌握情况进行验证；在对标准进行培训时，要对标准的重点要素进行重点培训。培训时，注重培训的标准化：课件的标准化、讲师资质的标准化等。只有具备一定能力的人员，才能够把标准的目的正确地传授至每个员工。

第三，依照标准进行作业，对作业情况进行检查，不遵守标准作业及时纠正。在这个过程中要注重对异常现象进行分析，找出标准执行不到位的因素，从而有效避免错误的再次发生。

第四，根据验证结果对标准不断完善并持续进行培训、验证。如果是标准的制定不符合实际作业要求时，应对标准进行修订、完善。如果是人员导致的问题，就应该对人员进行培训，让员工掌握标准。

3. 均衡化生产

为保证均衡化生产，郑州思念特成立了生产线研究的专职部门，专业从事生产线的均衡的研究。郑州思念从设备的合理布置、生产线平衡、设备的快速切换、合理安排生产计划等方面进行了改进。

4. 全面质量管理

郑州思念实施全面质量管理的方法，对质量管理体系进行梳理，推行区域管理责任机制，开展小组质量管控活动，开展车间自主品控活动。

5. 全员生产维护

全员生产维护是一种全员参与的生产维修及保养的方法。郑州思念推行全员生产维护的有：建立全面生产维护体系，包括设备的清洁、点检、保养、润滑、计划维修、故障处理、设备改造等相关制度及执行标准；现状调研，确定自主管理维护体系，对全体员工进行相关操作流程及工艺标准培训，提升员工设备技术技能；定期检查，及时纠正，对全员参与情况进行评比。在推行过程中，充分考虑设备自主保养难点，要对员工进行设备安全培训，让员工知悉自主管理的范围，避免发生事故。

资料来源：www.lunwenstydy.com。

(?) **辩证性思考：**

谈谈精益生产的内容。

项目检测

管理知识目标检测

1. 什么是食品企业生产管理？食品企业生产管理的原则有哪些？
2. 生产过程的合理组织应满足哪些要求？
3. 生产现场管理的方式主要有哪些？
4. 什么是生产计划？生产计划的制订方法主要有哪些？
5. 如何进行生产过程的控制？
6. 什么是生产作业控制？
7. 设备资产的动态管理主要包括哪些内容？
8. 设备维护的措施主要包括哪些？
9. 设备修理的方法包括哪些？

管理能力目标检测

检测项目：

选择一家食品生产企业，对该企业生产管理现状进行分析，撰写食品企业的生产管理分析方案。

检测目的：

通过训练，进一步熟悉、掌握食品企业的生产管理的概念、生产过程的合理组织、生产现场管理、生产作业控制、设备维护与维修等内容，具备分析食品企业生产管理的基本能力。

检测要求：

由班级学习委员组织全员分团队对食品企业生产管理分析方案进行讨论，评选三个优秀方案，在全班进行宣讲，教师进行评价。

项目 7 ●●●

食品企业质量管理与卫生管理

项目目标

管理知识目标

明确全面质量管理的概念和内容；熟悉食品企业全面质量管理的基础工作和产品质量控制的方法；掌握食品企业全面质量管理的工作程序；明确 QS 食品质量安全生产许可认证和 ISO 9000 质量管理体系认证；明确食品安全卫生管理的内容。

管理能力目标

具备运用食品企业质量管理的能力。

项目导入案例

品质安全与责任心并重

对于食品企业而言，为消费者提供安全放心的优质产品，是企业安身立命的基础，也是一个企业对大众的责任心。为此，金锣公司从四个环节上重点把控。首先，安全——从源头开始。通过统一种猪，统一饲料，统一药品疫苗，统一收购商品猪，统一收购、屠宰、加工的"五统一"模式，使金锣最大限度确保原料品质和安全，实现规模化生产和标准化经营，从根源上提高企业食品安全控制水平。其次，全监控——生产关卡环环扣。金锣在生产中布下了"天罗地网"，建立了一套全面的安全检测体系，贯穿食品生产的全过程，全方位确保食品安全。再次，规范化——品质管理到终端。金锣将规范化的质量管理延展到了终端。一方面，通过打造"冷链生产、冷链运输、冷链销售、连锁经营"的冷鲜肉专卖营销模式，确保产品在运输和销售过程中的新鲜、健康、安全、放心；另一方面，在终端实行专卖店"统一形象、统一规划、统一配送、统一价格、统一管理、统一服务标准"的规范化管理。通过严格的管理，提升员工责任意识，确保品质，避免疏漏。最后，可追溯——产品身份全透明。金锣率先建立并执行了"食品安全可回溯体系"。消费者可以清晰获知所购买的金锣产品从种猪到终端的全部信息。全程透明，全程可追溯，让消费者买得安心，吃得放心，真正从根源上确保了食品的安全。

资料来源：搜狐财经。

? 辩证性思考：

谈谈金锣公司从四个环节重点把控食品质量的好处。

任务 1 食品企业全面质量管理

7.1.1 食品企业全面质量管理概述

1．食品企业全面质量管理的概念

食品企业全面质量管理（Total Quality Management，TQM）是指一个食品企业以质量为中心，以全员参与为基础，目的在于通过消费者满意和本企业所有人员及社会受益而达到长期成功的管理途径。

2．食品企业全面质量管理的特点

（1）全员性。要求食品企业全员参加全面质量管理。全体人员树立质量第一的思想，各部门各层次的人员都要有明确的质量责任、任务和目标，做到各司其职，各负其责，形成一个群众性的质量管理活动，尤其是要开展质量管理小组活动，充分发挥广大员工的聪明才智和当家做主的主人翁精神，把质量管理提高到一个新水平。

（2）全面性。全面质量管理不仅要提高产品质量，还要提高工作质量，其管理还应包括试验设计、生产制造、辅助生产、使用服务等生产全过程。全面质量管理的范围是产品或服务质量的产生、形成和实现的全过程。包括从产品的研究、设计、生产（作业）、服务等到全部有关过程的质量管理。任何一个产品或服务的质量，都有一个产生、形成和实现的过程，把产品或服务质量有关的全过程各个环节加以管理，形成一个综合性的质量体系，做到以预防为主、防检结合、不断改进，做到一切为用户服务，以达到用户满意为目的。

（3）预防性。全面质量管理变"事后把关"为"事前预防"，变管结果为管因素，对生产全过程进行有效的控制。

（4）服务性。要求牢固树立为用户服务的思想，对外，表现在为消费者服务；对内，表现在上道工序为下道工序服务——内部用户原则。所谓的内部用户原则，就是要求每一个生产者都必须做到：不接受、不制造、不传递不良产品。

3．食品企业全面质量管理的内容

食品企业全面质量管理过程的全面性，决定了全面质量管理的内容应当包括产品的设计过程、制造过程、辅助过程、使用过程四个过程的质量管理。

（1）设计过程的质量管理。设计过程的质量管理是全面质量管理的首要环节。这里所指的设计过程，包括市场调查、产品设计、工艺准备、试制和鉴定等过程（产品正式投产前的全部技术准备过程）。主要工作内容包括：通过市场调查研究，根据用户要求、科技情报与企业的经营目标，制定产品质量目标；组织有销售、使用、科研、设计、工艺、制度和质管等多部门参加的审查和验证，确定适合的设计方案；保证技术文件的质量；做好标准化的审查工作；督促遵守设计试制的工作程序；等等。

（2）制造过程的质量管理。制造过程，是指对产品直接进行加工的过程。它是产品质量形成的基础，是企业质量管理的基本环节。它的基本任务是保证产品的制造质量，建立一个能够稳定生产合格品和优质品的生产系统。主要工作内容包括：组织质量检验工作；组织和促进文明生产；组织质量分析，掌握质量动态；组织工序的质量控制，建立管理点；等等。

（3）辅助过程的质量管理。辅助过程，是指为保证制造过程正常进行而提供各种物资技术条件的过程。它包括物资采购供应、动力生产、设备维修、工具制造、仓库保管、运输服务等。它的主要内容有：做好物资采购供应（包括外协准备）的质量管理，保证采购质量，严格入库物资的检查验收，按质、按量、按期地提供生产所需要的各种物资（包括原材料、辅助材料、燃料等）；组织好设备维修工作，保持设备良好的技术状态；做好工具制造和供应的质量管理工作等。另外，企业物资采购的质量管理也将日益显得重要。

（4）使用过程的质量管理。使用过程，是考验产品实际质量的过程，是食品企业内部质量管理的继续，也是全面质量管理的出发点和落脚点。这一过程质量管理的基本任务是提高服务质量（包括售前服务和售后服务），保证产品的实际使用效果，不断促使食品企业研究和改进产品质量。它主要的工作内容有：开展技术服务工作，处理出厂产品质量问题；调查产品使用效果和用户要求。

4．全面质量管理的基本工作程序

全面质量管理全过程划分为 P（Plan，计划）、D（Do，执行）、C（Check，检查）、A（Action，总结处理）四个阶段八个步骤。

（1）P 阶段。其中又分为四个步骤：分析现状，找出存在的主要质量问题；分析产生质量问题的各种影响因素；找出影响质量的主要因素；针对影响质量的主要因素制定措施，提出改进计划，定出质量目标。

（2）D 阶段。即按照既定计划目标加以执行。

（3）C 阶段。即检查实际执行的结果，看是否达到计划的预期效果。

（4）A 阶段。其中又分为两个步骤：根据检查结果加以总结成熟的经验，纳入标准制度和规定，以巩固成绩，防止失误；把这一轮 P、D、C、A 循环尚未解决的遗留问题，纳入下一轮 P、D、C、A 循环中去解决。

PDCA 循环的实质就是按照计划、执行、检查、总结处理四个阶段的顺序来进行管理工作的，将不成功的方案留待下一个循环去解决。PDCA 是一个前进的循环，每转一圈，全面质量管理就提高一步。

7.1.2　食品企业全面质量管理的基础工作

1．标准化工作

标准化，包括产品标准化和工作标准化两个方面。产品标准化，指的是现代化大生产中工业产品品种、规格的简化，尺寸、质量和性能方面的统一化。工作标准化包括业务标准化和作业标准化。业务标准化，是指对各部门业务工作的一些具体规定，如技术管理规定、设备管理规定等。作业标准化包括工艺流程、操作规程、装配作业程序等。

标准分为国家标准、部门标准（专业标准）和企业标准三级。

食品企业制定标准时，一般由技术部门收集资料起草，经过修改后，由食品企业总工程师审查，报上级主管部门审批备案。

食品企业制定生产和管理标准，尚无统一办法，食品企业可根据实际情况进行制定。

技术标准的贯彻执行，要求做到：生产企业对于原料、材料和协作件的验收、半成品的检查及成品的检验，都必须按标准严格进行；符合标准的产品由检验部门填发合格证，不符合标准的产品，一律不计产值、产量，不合格品不允许出厂。

2．计量工作

计量工作包括计量、测试、化验、分析工作，是保证零部件互换，确保产品质量的重要手段和方法。没有计量的准确性，就不能保证技术工作的准确性，就不可能正确地贯彻执行技术标准。

3．质量教育培训工作

质量教育培训工作是实行全面质量管理的一项根本性的基础工作。质量管理要"始于教育，终于教育，贯彻始终"。

质量教育培训的内容：

（1）全面质量管理的宣传、普及教育。推行全面质量管理，要涉及企业内部、外部一系列环节，触及许多旧的质量管理观念和管理方法，有的甚至要完全被推翻而用新的观念和方法去代替，其工作范围和工作内容都有很大变化。因此，要掌握它、运用它，就得先认识它、了解它，这就需要有一个学习教育和提高认识的过程。首先是要进行有关知识的宣传和普及教育。例如，班组长和质量管理小组成员，对质量管理的有关知识不认识、不了解，无法把质量管理的方法应用到实际工作中去，这就要通过宣传、教育，普及这方面的知识，否则，要在班组推行全面质量管理，就只能是一句空话。质量管理教育的办法很多，可以采用分层施教、因人而异、抓住重点、联系实际的教育方法。

（2）技术业务教育和培训。产品质量是广大员工通过设计、制造等共同劳动创造的，它归根结底决定于员工队伍的质量意识和技术水平，决定于各方面的管理水平。"技术是质量的血液"，所以，必须把技术业务的培训教育，当作全面质量管理知识提高的中心环节来抓。通过这种质量教育，要使参加学习培训的员工基本掌握有关产品的性能、用途及生产过程、工艺操作、检验方法等知识和技能。

（3）质量情报工作。质量情报，指的是反映在产品质量和产品生产全过程中，各个环节的工序质量、工作质量的信息，其中包括各种有关的基本数据、原始记录，直至产品使用过程中反映出来的各种情报资料。质量情报工作，就是及时收集上述情报，并掌握国内外产品质量发展动向和市场营销动态，为保证和提高产品质量提供依据。

（4）质量责任制。建立健全严格的质量责任制，也是全面质量管理的一项重要的基础工作。要对企业每个科室、车间、班组和个人都明确地规定他们在质量工作中的具体任务、责任和权利，以便做到质量工作事事有人管，人人有责任，办事有标准，工作有检查，经济责任明确，功过分明，从上到下形成一个严密的高效率的质量管理责任体系。质量管理要求每个员工都处于自我控制状态，充分了解自己所应达到的目标，如质量成本、计划完成时间、质量标准等，充分了解自己正在做的事情，如实际成本、实际进度、实际达到的标准等。当实际与目标发生偏差时，能够自己控制和调节。这就是质量责任制的中心思想，以及使产品质量落到实处的根本保证。

7.1.3 食品企业产品质量控制的方法

产品质量控制是食品企业为生产合格产品和提供消费者满意的服务和减少无效劳动而进行的控制工作。根据国家标准《质量管理体系——基础和术语》（GB/T 19000：2000）的定义，"质量控制是质量管理的一部分，致力于满足质量要求"。

产品质量控制的目标是确保产品的质量能满足消费者、法律法规等方面所提出的质量要求，如适用性、可靠性、安全性。

产品质量控制的范围涉及产品质量形成全过程的各个环节，如设计过程、采购过程、生产过程、安装过程等。

产品质量控制的内容包括作业技术和活动，也就是包括专业技术和管理技术两个方面。围绕产品质量形成全过程的各个环节，对影响工作质量的人、机、料、法、环五大因素进行控制，并对质量活动的成果进行分阶段验证，以便及时发现问题，采取相应措施，防止不合格重复发生，尽可能地减少损失。因此，质量控制应贯彻预防为主与检验把关相结合的原则。

要确定在每个质量控制点应采用什么类型的检验方法。检验方法分为计数检验和计量检验。

（1）计数检验。对缺陷数、不合格率等离散变量进行检验。

（2）计量检验。对长度、高度、重量、强度等连续变量的计量。在生产过程中的质量控制还要考虑使用何种类型控制图问题：离散变量用计数控制图，连续变量用计量控制图。

质量控制的七个步骤如下：

（1）选择控制对象。

（2）选择需要监测的质量特性值。

（3）确定规格标准，详细说明质量特性。

（4）选定能准确测量该特性值的监测仪表，或自制测试手段。

（5）进行实际测试并做好数据记录。

（6）分析实际与规格之间存在差异的原因。

（7）采取相应的纠正措施。

任务 2　食品企业质量认证

7.2.1　QS 食品质量安全生产许可认证

1．食品质量安全生产许可认证的概念

获得食品质量安全生产许可认证的企业，其生产加工的食品经出厂检验合格的，在出厂销售之前，必须在最小销售单元的食品包装上标注由国家统一制定的食品质量安全生产许可证编号并加印或者加贴食品质量安全市场准入标志"QS"。食品质量安全市场准入标志的式样和使用办法由国家质检总局统一制定，该标志由"QS"和"质量安全"中文字样组成（见图 7-1）。标志主色调为蓝色，字母"Q"与"质量安全"四个中文字样为蓝色，字母"S"为白色，使用时可根据需要按比例放大或缩小，但不得变形、变色。加贴（印）有"QS"标志的食品，即意味着该食品符合了质量安全的基本要求。

图 7-1　"QS"标志

自 2004 年 1 月 1 日起，我国首先在大米、食用植物油、小麦粉、酱油和醋五类食品行业中实行食品质量安全市场准入制度，对第二批十类食品肉制品、乳制品、方便食品、速冻食品、膨化食品、调味品、饮料、饼干、罐头实行市场准入制度。目前，我国已对 28 类食品实行市场准入制度。

2．食品质量安全生产许可认证程序

（1）申请阶段。从事食品生产加工的企业（含个体经营者），应按规定程序获取生产许可证。新建和新转产的食品企业，应当及时向质量技术监督部门申请食品生产许可证。省级、市（地）级质量技术监督部门在接到企业申请材料后，在 15 个工作日内组成审查组，完成对申请书和资料等文件的审查。企业材料符合要求后，发给"食品生产许可证受理通知书"。食品企业申报材料不符合要求的，食品企业从接到质量技术监督部门的通知起，在 20 个工作日内补正，逾期未补正的，视为撤回申请。

（2）审查阶段。食品企业的书面材料合格后，按照食品生产许可证审查规则，在 40 个

工作日内，食品企业要接受审查组对企业必备条件和出厂检验能力的现场审查。

（3）发证阶段。经国家质检总局审核批准后，省级质量技术监督部门在 15 个工作日内，向符合发证条件的生产企业发放食品生产许可证及其副本。食品生产许可证的有效期为三年。不同食品生产许可证的有效期限在相应的规范文件中规定。在食品生产许可证有效期满前六个月内，食品企业应向原受理食品生产许可证申请的质量技术监督部门提出换证申请。质量技术监督部门应当按规定的申请程序进行审查换证。

（4）年审阶段。质量安全认证对食品生产许可证实行年审制度。取得食品生产许可证的企业，应当在证书有效期内，每满一年前的一个月内向所在地的市（地）级以上质量技术监督部门提出年审申请。年审工作由受理年审申请的质量技术监督部门组织实施。年审合格的，质量技术监督部门应在企业生产许可证的副本上签署年审意见。食品生产加工企业在食品原材料、生产工艺、生产设备等生产条件发生重大变化，或者开发生产新种类食品的，应当在变化发生后的三个月内，向原受理食品生产许可证申请的质量技术监督部门提出食品生产许可证变更申请。受理变更申请时，质量技术监督部门应当审查企业是否仍然符合食品生产企业必备条件的要求。食品企业名称发生变化时，应当在变更名称后三个月内向原受理食品生产许可证申请的质量技术监督部门提出食品生产许可证更名申请。

3. 食品质量安全生产许可认证要求

（1）必须符合国家生产企业的卫生标准和各个产品的审查细则以及通则。

（2）必备的生产设备。

（3）必须做到工艺合理、设备齐全（对照审查细则）。

（4）必需的检验设备。

（5）必须建立企业自己的实验制度，并具备实验条件，同时必须有相应的检验设备（对照审查细则）和试剂。

7.2.2　ISO 9000 质量管理体系

1. ISO 9000 质量管理体系概述

ISO 标准是指由国际标准化组织（International Organization for Standardization）制定的标准。国际标准化组织是一个由国家标准化组成的世界范围的联合会，现有 140 个成员。其宗旨是：在世界范围内促进标准化工作的发展，以利于国际物资交流和互助，并扩大知识、科学、技术和经济方面的合作。其主要任务是：制定国际标准，协调世界范围内的标准化工作，与其他国际性组织合作研究有关标准化问题。

ISO 9000 是国际上通用的质量管理体系，包括五项标准：ISO 9000 质量管理体系——基础和术语；ISO 9001 质量管理体系——要求；ISO 9004 质量管理体系——业绩改进指南；ISO 19011 质量和环境管理体系审核指南；ISO 10012 测量控制系统。以上五项标准的前四项是该标准的核心，也叫 ISO 9000 族。ISO 9000 族标准是指"由国际标准化组织质量管理和质量保证技术委员会（ISO/TC176）制定的所有国际标准"。ISO 9000 族标准是国际标准化组织于 1987 年制定，后经不断修改完善而成的系列标准。现已有 100 多个国家和地区将此标准等同转化为国家标准。该族标准可帮助组织实施并有效运行质量管理体系，是质量管理体系通用的要求或指南。它不受具体的行业或经济部门限制，可广泛适用于各种类型和规模的组织，在国内和国际贸易中促进相互理解。

ISO 9001 是 ISO 9000 体系中四个核心标准之一，是要求认证 ISO 9000 体系的企业必须执行的标准。ISO 9001 标准规定了质量管理体系要求，在组织需要证实其提供满足用户和适用法规要求的产品的能力时使用。ISO 9001 包括的核心标准有四个：质量管理体系——基础和术语、质量管理体系——要求、质量管理体系——业绩改进指南、质量和环境管理体系审核指南。ISO 9001 标准中的质量管理体系——要求，经历了以下几个版本：ISO 9001：1994→ISO 9001：2000→ISO 9001：2008。上述标准中的 ISO 9001：2008 质量管理体系——要求，通常用于企业建立质量管理体系并申请认证。它主要通过对申请认证组织的质量管理体系提出各项要求来规范组织的质量管理体系。主要分为五大模块的要求，这五大模块分别是质量管理体系、管理职责、资源管理、产品实现、测量分析和改进。其中，每个模块又有许多分条款。随着 2008 版标准的颁布，世界各国的企业纷纷开始采用新版的 ISO 9001：2008 标准申请认证。国际标准化组织鼓励各行各业的组织采用 ISO 9001：2008 标准来规范组织的质量管理，并通过外部认证来达到增强用户信心和减少贸易壁垒的作用。

2．ISO 9001 标准认证申请认证的条件

组织申请认证须具备以下基本条件：具备独立的法人资格或经独立的法人授权的组织；按照 ISO 9001：2008 标准的要求建立文件化的质量管理体系；已经按照文件化的体系运行三个月以上，并在进行认证审核前按照文件的要求进行了至少一次管理评审和内部质量体系审核。具备以上条件的组织方可向经过国家认可机构认可的认证机构申请认证。

3．ISO 9001 标准认证的步骤

ISO 9001 标准认证的步骤：知识准备—立法—宣传贯彻—执行—监督、改进。

任务3　食品企业卫生管理

7.3.1　食品企业设计的卫生管理

凡新建、扩建或改建的工程项目中，其建筑涉及食品卫生的部分均需按各食品企业卫生规范的有关规定进行设计和施工。其设计审查和工程验收，必须有食品卫生监督机构参加。

1．选址

（1）要选择地势干燥、交通方便、有充足水源的地区。厂区不应设于受污染河流的下游。

（2）厂区周围不得有粉尘、有害气体、放射性物质和其他扩散性污染源；不得有昆虫大量滋生的潜在场所，避免危及产品卫生。

（3）厂区要远离有害场所。生产区建筑物与外缘公路或道路应有防护地带。其距离可根据各类食品厂的特点由各类食品厂卫生规范另行规定。

2．总平面布局

（1）各类食品厂应根据本厂特点制定整体规划。

（2）要合理布局，划分生产区和生活区，生产区应在生活区的下风向。

（3）建筑物、设备布局与工艺流程三者衔接合理，建筑结构完善，并能满足生产工艺和质量卫生要求，原料与半成品和成品、生原料与熟食品均应杜绝污染。

（4）建筑物和设备布置还应考虑生产工艺对温度、湿度和其他工艺参数的要求，防止毗邻车间受到干扰。

（5）道路。厂区道路应通畅，便于机动车通行，有条件的应修环形路且便于消防车辆到达各车间。厂区道路应采用便于清洁的混凝土、沥青及其他硬质材料铺设，防止积水及尘土飞扬。

（6）绿化。厂房之间、厂房与外缘公路或道路应保持一定距离，中间设绿化带。厂区内各车间的裸露地面应进行绿化。

（7）给排水。给排水系统应能适应生产需要，设施应合理有效，经常保持畅通，有防止污染水源和鼠类、昆虫通过排水管道潜入车间的有效措施。生产用水必须符合 GB 5749 的规定。污水排放必须符合国家规定的标准，必要时应采取净化设施，达标后才可排放。净化和排放设施不得位于生产车间主风向的上方。

（8）污物。污物（加工后的废弃物）存放应远离生产车间，且不得位于生产车间上风向。存放设施应密闭或带盖，要便于清洁、消毒。

（9）烟尘。锅炉烟筒高度和排放粉尘量应符合 GB 3841 的规定。烟道出口与引风机之间须设置除尘装置。其他排烟、除尘装置也应达到标准后再排泄，防止污染环境。排烟除尘装置也应达到标准后再排放，防止污染环境。排烟除尘装置应设置在主导风向的下风向。季节性生产厂应设置在季节风向的下风向。

（10）实验动物、待加工禽畜饲养区应与生产车间保持一定距离，且不得位于主导风向的上风向。

3．设备、工具、管道

（1）材质。凡接触食品物料的设备、工具、管道，必须用无毒、无味、抗腐蚀、不吸水、不变形的材料制作。

（2）结构。设备、工具、管道表面要清洁，边角圆滑，无死角；不易积垢，不漏隙，便于拆卸、清洁和消毒。

（3）设置。设备设置应根据工艺要求，布局合理。上下工序衔接要紧凑。各种管道、管线尽可能集中走向。冷水管不宜在生产线和设备包装台上方通过，防止冷凝水滴入食品。其他管线和阀门也不应设置在暴露原料和成品上方。

（4）安装。安装应符合工艺卫生要求，与屋顶（天花板）、墙壁等应有足够的距离。设备一般应用脚架固定，与地面应有一定的距离。传动部分应有防水、防尘罩以便清洁和消毒。各类料液输送管道应避免死角和盲端，设排污阀或排污口，便于清洁、消毒，防止堵塞。

4．建筑物和施工

（1）高度。厂房的高度应能满足工艺、卫生要求，以及设备安装、维护、保养的需要。

（2）占地面积。生产车间人均占地面积（不包括设备占位）不能少于1.5m²，高度不低于3m。

（3）地面。生产车间地面应使用不渗水、不吸水、无毒、防滑材料（如耐酸砖、水磨石、混凝土等）铺砌，应有适当坡度，在地面最低点设置地漏，以保证不积水，其他厂房也要根据卫生要求进行。

（4）屋顶。屋顶或天花板应选用不吸水、表面光洁、耐腐蚀、耐温、浅色材料覆涂或装修，要有适当的坡度，在结构上减少凝结水滴落，防止虫害和霉菌滋生，以便洗刷、消毒。

（5）墙壁。生产车间墙壁要用浅色、不吸水、不渗水、无毒材料覆涂，并用白瓷砖或其他防腐蚀材料装修，高度不低于1.5m的墙裙。墙壁表面应平整光滑，其四壁和地面交界面要呈漫弯形，防止污垢积存，便于清洗。

（6）门窗。门、窗、天窗要严密不变形，防护门要能两面开，设置位置适当，并便于卫生防护设施的设置。窗台要设于地面1m以上，内侧要下斜45°。非全年使用空调的车间、门、窗应有防蚊蝇、防尘设施，纱门应便于拆下洗刷。

（7）通道。通道要宽敞，便于运输和卫生防护设施的设置。楼梯、电梯传送设备等处要便于维护和清扫、洗刷和消毒。

（8）通风。生产车间、仓库应有良好通风。采用自然通风时，通风面积与地面面积之比不应小于1:16；采用机械通风时，换气量不应小于每小时换气三次。机械通风管道进风口要距地面2m以上，并远离污染源和排风品，开口处应设防护罩。饮料、熟食、成品包装等生产车间或工序必要时应增设水幕、风幕或空调设备。

（9）采光、照明。车间或工作地应有充足的自然采光或人工照明。车间采光系数不低于标准Ⅳ级；检验场所工作面混合照明度不应低于540lx；加工场所工作面不应低于220lx；其他场所一般不应低于110lx。位于工作台、食品和原料上方的照明设备应加防护罩。

（10）防鼠、防蚊蝇、防尘设施。建筑物及各项设施应根据生产工艺卫生要求和原材料储存等特点，相应设置有效的防鼠、防蚊蝇、防尘、防飞鸟、防昆虫的侵入、隐蔽和滋生的设施，防止受其危害和污染。

5．卫生设施

（1）洗手、消毒。洗手设施应分别设置在车间进口处和车间内适当的地点。要配备冷热水混合器，其开关应采用非手动式。龙头设置应每班人数在200人以内者，按每10人一个，200人以上者每增加20人增设一个。洗手设施还应包括干手设备（热风、消毒干毛巾、消毒纸巾等）；根据生产需要，有的车间、部门还应配备消毒手套，同时应配备足够数量的指甲刀、指甲刷和洗涤剂、消毒液等。生产车间进口，必要时还应设有工作靴鞋消毒池（卫生监督部门认为无须穿靴鞋消毒的车间可免设）。消毒池壁内侧与墙体呈 45°坡形，其规格尺寸应根据情况使工作人员必须通过消毒池才能进入为目的。

（2）更衣室。更衣室应备穿衣镜，供工作人员自检用。

（3）淋浴室。淋浴室可分散或集中设置，淋浴器按每班工作人员计每 20~25 人设置一个。淋浴室应设置天窗或通风排气孔和采暖设备。

（4）厕所。厕所设置应有利生产和卫生，其数量和便池坑应根据生产需要和人员情况适当设置。生产车间厕所应设置在车间外侧，并一律为水冲式，备有洗手设施和排臭装置。其出入口不得正对车间门，要避开通道。其排污管道应与车间排水管道分设。设置坑式厕所时，应距生产车间 25m 以上，并应便于清扫、保洁，还应设置防蚊、防蝇设施。

7.3.2　食品原材料的卫生管理

1．原材料的卫生要求

（1）符合卫生标准。我国目前制定的食品原材料标准有：

1）GB 2716—88 食用植物油卫生标准。

2）GB 2720—96 味精卫生标准。

3）GB 13104—91 白糖卫生标准。

（2）原料应新鲜、无污染。

2．原材料采购

采购的原材料除必须符合国家有关卫生标准外，还应采用国家允许的定点厂生产的食用级食品添加剂。

应向供应商索取原材料的卫生质量检查合格证或检验报告，并到厂家进行卫生考察和认证。

3．原材料运输

运输工具应符合卫生要求，运输过程应防止污染。

4．原材料验收

对所购进的原材料进行严格的质量和卫生检查，对不合格的原材料拒绝接收。

认真核对货单，包括产品名称、数量、批号、生产日期、保质期、产地及厂家，检查该产品的卫生检验合格证及检验报告，检查货物的卫生状况，如外观、色泽、气味等。

5．原材料的储存

（1）干货库。干货库应照明充足、通风良好，应有防潮、防霉、防虫害措施，有温、湿度监测。

（2）冷库。冷库温度应控制在 0~5℃，冷冻库温度控制在-18℃。

7.3.3　食品企业生产过程的卫生管理

1．设备的卫生控制

与设备接触的设备表面必须由无毒、无害、不吸水、耐腐蚀、易于清洁的材料制作。

与食品接触的器具设备表面被污染时，须立即清洗和消毒。设备在产供销使用前和使用后应正确清洁和消毒。

2．用具和容器的洗涤与消毒

所有用具和容器在使用前应彻底清洁和消毒。

食物容器不允许直接放置在地上，应存放在货架上。

3．食品初加工的卫生

（1）冷冻食品原料：一般解冻温度控制在 10℃左右。紧急情况下采用流水解冻或采用微波解冻。

（2）不需要热加工而直接入口的果蔬类，须设专门的冷荤间，专人、专室、专消毒、专工具和专冷藏。

（3）初加工的肉禽水产要洗，掏净内脏，去净毛、血块、鳞片。

（4）蔬菜水果要择洗干净，无烂叶、无杂物、无泥沙、无虫子。

（5）荤素要分开加工，动物性食品和蔬菜食品要分别设加工车间和加工用具。

（6）初加工的废弃物要及时清理，做到地面、地沟无油泥、无积水。

4．温度和时间的控制

控制食品卫生，最主要是控制食品中微生物的生长和繁殖。重点了解微生物生长的六个必要条件：食物、酸度、温度、时间、氧气、湿度。

5．食品的包装

（1）应设专门的食品包装间，内设空调、紫外线灭菌、二次更衣和清洗消毒设施。

（2）成品应有固定包装，且检验合格后方可包装。包装应在良好的状态下进行，防止异物进入。

（3）使用的包装容器和材料，应完好无损，符合国家卫生标准。

（4）包装上的标签应符合 GB 7718 规定。

（5）成品包装完毕，按批入库。

（6）生产过程中应做好各项原始记录。

6．预防交叉污染和二次污染

要保证生、熟分开储藏。原材料、半成品和成品要使用不同的冷库。

每天应用紫外线消毒进行空气消毒，工作台、设备器具等与食品接触的所有物品均应用消毒剂消毒。

7.3.4 食品储存、运输和销售过程的卫生管理

1．食品储存的卫生管理

（1）成品按品种、批次分类存放。不得储存有毒、有害物品或其他易腐、易燃品。

（2）成品堆放应有利于通风。

（3）要有防虫等设施。

2．食品运输的卫生管理

（1）防雨、防尘、冷藏、保温等设施。

（2）运输中避免强烈震荡、撞击。

（3）生鲜食品应有专门运输工具。

3．食品销售的卫生管理

（1）边销售，边存放。

（2）货架应离墙、离地。

（3）易腐食品要在冰箱或冰柜中存放。

（4）灭蝇灯能正常工作，并 24 小时开启。

7.3.5 食品企业员工的卫生管理

1．个人健康的要求

食品从业人员应接受健康检查，取得合格证后方可参加食品生产。以下疾病不得从事食品生产工作：肝炎（病毒性肝炎和带菌者）；活动性肺结核；肠伤寒和肠伤寒带菌者；细菌性痢疾和痢疾带菌者；化脓性或渗出性脱屑性皮肤病；其他有碍食品卫生的疾病。

2．卫生知识培训

上岗前要先进行卫生培训教育，考试合格取得合格证后方可上岗工作。主要进行良好的卫生操作规范培训，了解卫生操作要求及规定。要求员工正确理解交叉污染存在的普遍性、危害性及复杂性。

3．操作卫生

食品从业人员必须保持良好的个人卫生，做到勤洗澡、勤理发、勤换工作服、勤剪指甲，养成良好的卫生习惯，防止污染食品。

（1）着装要求。

1）进车间前必须穿戴整洁统一的工作服、帽、鞋，工作服应盖住外衣，头发不得露于帽外。

2）每天更换工作服，保持工作服整洁。

3）直接与原料、半成品和成品接触人员不准戴耳环、戒指、手镯、手表，不准浓艳化妆、染指甲、喷洒香水进入车间。

4）袖口、领口要扣严。发网要将头发完全罩住，防止头发等异物落入食品中。

5）操作人员不得穿工作服到加工区外的地方。不准穿工作服进厕所。

（2）手的卫生：下列情况要彻底洗手。

1）开始工作前。

2）上厕所后。

3）处理操作任何生食品（尤其是肉、禽、水产品）后。

4）处理被污染的原材料、废料、垃圾后。

5）清洗设备、器具，接触不洁用具后。

6）用手抠耳、擤鼻，用手捂嘴咳嗽后。

7）接触其他有污染可能的器具或物品后。

8）从事其他与生产无关的活动后。

9）工作中应勤洗手，至少每 2~3 小时洗手一次。

（3）操作卫生。

1）在车间所有的入口处均设有完善的洗手消毒设施，如自动开启或肘触式等非手动式洗手器，并配有消毒洗手液和一次必擦手纸或烘手器。

2）洗手池应贴"工作前请洗手"及洗手程序。

3）严禁一切人员在加工车间内吃食物、吸烟、随地吐痰和乱扔废弃物。

4）生产车间进口，必要时应设有工作靴鞋消毒池。

5）上班前不许酗酒，工作时不准吸烟、饮酒、吃食物。

6）操作人员手部受到外伤应及时处理，不得接触食品或原料，经过包扎治疗后，可参加不直接接触食品的工作。

7）生产车间不得带入或存放个人生活用品，如衣服、食品、烟酒、药品、化妆品等。

项目案例分析

三全公司的全面质量管理

三全公司是一家以生产速冻食品为主的股份制企业，一直把食品安全作为一项良心工程进行经营，一贯重视产品的质量控制。最初，"三全"的名称是为了纪念中国共产党第十一届中央委员会第三次全体会议。进入"以质取胜"的新时期，三全公司又给其注入了新的内涵：全面的质量管理、全新的技术工艺、全方位的优质服务。全面质量管理中的"三全"又指全企业的质量管理、（产品生产）全过程的质量管理、全员参与的质量管理。

三全公司的质量管理是一项系统工程，需要建立质量管理体系。三全公司的具体做法是：依据年度质量管理审核计划编制内部审核核查表，并进行内部审核实施。根据内部审核情况编写内部审核总结，并将不符合项及建议项分发到各责任部门。将不符合项及建议项汇总，并跟踪验证部门的整改完成情况，每季度对各部门的整改合格率进行汇总发布。

定期组织并配合第三方认证机构对公司进行 ISO 9001：2000 的监督审核工作，积极配合供应商审核和其他认证工作。对产品品质的严格要求也使得公司在同行业中率先通过了 ISO 9001：2000 质量体系认证和 ISO 22000 体系认证。

三全公司还非常注重现代科学管理技术的应用，目前已经建立了基于知识管理的 EKP 办公自动化系统和 E-HR 系统，成功引进实施了 SAP（EKP 系统）项目；在绩效管理上，引入了 BSC（平衡计分卡）战略管理与绩效评估体系；在生产管理中，导入了 JIT（精益生产管理）和 TQM（全面质量管理）体系；在仓储物流管理上，引入了 7R 管理和立体仓储智能控制系统等先进管理工具和方法。完善的质量保障体系也使得三全公司被国家有关部门评为"全国质量管理先进企业"。

实施全过程的质量管理在于"精细化"。三全公司为保证"不合格的原料不投产，不合格的半成品不使用，不合格的产品不出厂"，他们严把质量安全关，从源头控制食品安全，上游原料的安全控制延伸到农产品的种植和畜牧产品的养殖基地的评审和控制。加严了供应商采购资质的评审；加大了产品检验力度，实验室通过了中国合格评定国家认可委员会（CNAS）检测实验室的国家认可；每批送抵终端货柜的产品都会出具第三方的检验报告，最大限度地消除公众的隐忧。下游延伸到商超的冰柜管理和消费者的购买指导服务。三全公司已经打造一条完整的有足够控制力的食品安全供应链，也就是"从农田到餐桌"的新型食品安全供应链。公司原料不仅和知名品牌战略合作采购，还必须经过多次的检测试验合格后方可流入生产线。员工进入车间必须经过清洗消毒，风洞吹淋，确保清除细菌和灰尘。更衣室里必须安装紫外灯，对工作服进行消毒。车间在生产前必须臭氧杀菌。每一批饺子馅料必须在半小时内用完。运输过程中冷藏车运输温度必须≤−18℃，物流温控采用温度监控仪全程监控。

倡导全员参与质量管理，就要调动人的积极因素，发挥人的主观能动性。三全公司通过技术培训并配合一定的激励制度，调动基层管理和作业人员的积极性，提高公司中每个员工的质量意识。三全公司聘请了咨询专家，从技术方面给予了专业指导，强调意识先行，分层次组织了多场质量管理专题培训和实战演练。

为推动质量管理工作跨上新台阶，公司以绩效为评价，着力驱动目标实现。在 2007 年，他们依据《卓越绩效评价准则》（GB/T 19580）标准，积极导入卓越绩效管理模式，以卓越绩效管理模式作为整个组织持续改进和提升综合竞争能力的管理模式，在推进过程中不断学习、实践、提高、创新。

资料来源：www.chld.com。

? **辩证性思考：**

简述三全公司全面质量管理的内容。

项目检测

管理知识目标检测

1．简述食品企业全面质量管理的概念。

2．食品企业全面质量管理的特点是什么？

3．食品企业全面质量管理的工作程序包括哪些？

4．简述 QS 食品质量安全生产许可认证和 ISO 9000 质量管理体系认证的内容。

5．对食品企业员工的卫生要求有哪些？

6．对采购的食品原材料卫生的要求有哪些？

管理能力目标检测

检测项目：

选择一家食品企业，对该企业质量管理和卫生管理的现状进行分析，撰写该食品企业的质量管理和卫生管理分析方案。

检测目的：

通过检测，进一步熟悉、掌握食品企业的质量管理和卫生管理，初步具备分析食品企业质量管理和卫生管理的基本能力。

检测要求：

由班级学习委员组织全员分团队对食品企业质量管理和卫生管理分析方案进行讨论，评选三个优秀方案，在全班进行宣讲，教师进行评价。

项目 8 ● ● ●

食品企业物流管理

项目目标

管理知识目标

熟悉食品企业物流管理的概念，掌握食品企业物流管理的内容和目标；熟悉食品企业采购管理的概念，掌握食品企业商品采购制度、商品采购的内容和策略；熟悉食品企业运输的概念，掌握商品运输方式和运输程序，掌握运输合理化的措施；熟悉食品企业仓储管理的内容，掌握食品企业仓储管理的作业流程。

管理能力目标

具备运用食品企业物流管理的能力。

项目导入案例

双汇集团与顺丰速运开展战略合作

2017 年 12 月 21 日，双汇集团与顺丰速运战略合作签约仪式在深圳顺丰总部举行，双汇集团总经理张太喜、双汇物流副总经理杨逸哲及清远双汇物流总经理孟永超，顺丰冷运事业部 William E. OBrien 董事长、危平总裁、顺丰中西大区王锋总裁等出席签约仪式。

这次签约仪式是在当前我国大力发展冷链物流业的行业背景下举行的。随着供给侧改革的进一步推进，冷链物流需求市场进一步扩大，该市场呈现出快速发展的趋势。国家对冷链物流行业发展也非常重视，2016 年以来，出台了多项利好政策规划，加大了对冷链物流的扶持和支持力度，同时冷链物流行业发展模式日趋多元化，跨界合作与行业资源整合进一步加速。双汇集团与顺丰速运作为冷链物流行业重要的力量，一直有着良好的合作关系。为进一步推进行业发展，实现合作共赢，双汇集团与顺丰速运决定进行战略合作。本次双汇集团和顺丰速运强强联合，确定战略合作关系，双方将在车辆资源、仓储资源整合、物流运力互补、员工福利、商业和金融板块等方面进行全方位合作，构建双方合作发展的新平台、新机制，提升战略协同层次和水平，促进双方物流产业的进一步发展，从而实现双方优势互补、资源共享、互利共赢，也将使双方客户得到更加便捷、优质的服务，共同推进中国冷链物流行业的发展。

资料来源：大河网。

（?）**辩证性思考：**

双汇集团与顺丰速运战略合作的意义是什么？

任务 1　食品企业物流管理概述

随着"互联网+物流"的发展，智慧物流已经成为物流业发展的必然趋势。大数据、云计算、人工智能、机器学习等一系列信息技术的发展和在物流领域的广泛应用，促使物流行业也将更加迅猛地发展。

8.1.1　食品企业物流管理的概念

物流是指原材料、半成品、产成品等从供应地到接收地的流动过程，包括包装、运输、储存、装卸、搬运、流通加工、配送、信息处理等全过程。

食品企业物流管理是企业为了以最低的物流成本达到用户所满意的服务水平，对物流活动进行的计划、组织、协调与控制活动。

8.1.2　食品企业物流管理的内容

（1）物流活动诸要素的管理。从物流活动要素的角度出发，物流管理主要包括运输管理、储存管理、装卸搬运管理、包装管理、流通加工管理、配送管理、物流信息管理、用户服务管理。

（2）物流系统诸要素的管理。从物流系统诸要素的组成上，物流管理包括人的管理、物的管理、财的管理、设备的管理、方法的管理、信息的管理。

（3）物流活动中具体职能管理。从物流活动职能上，物流管理主要包括物流计划管理、物流质量管理、物流技术管理、物流工程管理和物流经济管理。

8.1.3　食品企业物流管理的原则

（1）物流管理的总原则——物流合理化。即对物流设备配置和物流活动组织进行设计调整和改进，实现物流系统整体优化。

（2）物流合理化的基本思想。物流活动各种成本之间经常存在着此消彼长的关系，物流合理化的一个基本思想就是"均衡"的思想，从物流总成本的角度权衡得失。不求极限，但求均衡，均衡造就合理。

（3）物流管理面临的新挑战。随着信息技术的不断发展，物流不再是简单功能的组合，而是一个系统概念，加强系统的管理效率已成为物流管理面临的新挑战。

8.1.4 食品企业物流管理的目标

（1）快速反应。反应速度是物流业能否满足用户需求的关键能力，信息技术的不断发展和物流业竞争的不断加剧，要求食品企业对用户的需求做出快速响应。

（2）最小变异。变异是破坏物流系统的突发事件。食品企业在充分发挥信息技术的前提下，应采取积极的物流控制手段把风险控制在最低限度，以提高物流管理的效率。

（3）最低库存。保持最低库存是把库存减少到与用户服务目标相一致的最低水平，以实现物流总成本最低。

（4）物流质量。物流管理的目标是不断提高物流质量。全面质量管理要求食品企业物流无论是对产品质量，还是服务质量，都要做得更好。

任务2　食品企业采购管理

8.2.1　食品企业采购

1．食品企业采购的概念

食品企业采购是指企业在一定的条件下从供应市场获取产品或服务作为食品企业资源，以保证食品企业生产及经营活动正常开展的一项企业经营活动。食品企业的生产，是以采购作为前提条件的。没有采购，生产就不能进行。食品企业的采购不仅采购数量多，采购市场范围宽，而且对采购活动要求特别严格。它要对食品企业的需求品种、需求量、需求规律进行深入的研究，要对国内外众多的供应厂商进行分析、研究，还要对采购过程各个环节进行深入研究和科学操作，才能完成好采购任务，保证食品企业生产所需的各种物资的适时、适量供应。

2．采购物流的概念

我国《物流术语》对采购物流的定义为：采购物流是指提供原材料、零部件或其他物料时发生的物流活动，包括原材料等一切生产物资的采购、进货运输、仓储、库存管理、用料管理和供应管理，也称原材料采购物流。

采购物流是食品企业物流系统中独立性较强的子系统，并且和生产系统、财务系统等生产企业各部门以及企业外部的资源市场、运输部门有密切的联系。采购物流是食品企业对保证生产节奏，不断组织原材料、零部件、燃料、辅助材料供应的物流活动。这种活动对食品企业生产的正常、高效率进行发挥着保障作用。食品企业采购物流不仅要实现保证供应的目标，而且要在低成本、少消耗、高可靠性的限制条件下组织采购物流活动，因此难度很大。

3．采购物流的环节

（1）取得资源。取得资源是完成以后所有供应活动的前提条件。取得什么样的资源，这是核心生产过程提出来的，同时要按照采购物流可以承受的技术条件和成本条件辅助采购物流流程决策。

（2）组织到厂物流。所取得的资源必须经过物流才能到达企业。这个物流过程是食品企业外部的物流过程。在物流过程中，往往要反复运用装卸、搬运、储存、运输等物流活动才能使取得的资源到达食品企业的门口。

（3）组织厂内物流。如果食品企业外物流到达企业的"门"，便以"门"作为食品企业内外的划分界限。例如，以食品企业的仓库为外部物流终点，便以仓库作为划分企业内、外物流的界限。这种从"门"和仓库开始继续到达车间或生产线的物流过程，称作采购物流的企业内部物流。

8.2.2　食品企业采购制度

为了规范采购操作步骤和方法，确保采购的质量和采购要求的适用性，符合食品企业整体的日常管理规定要求，食品企业对于商品的采购制定了严格的规章制度。

（1）廉洁自律，严守工作纪律。不接受供应商礼金、礼品和宴请。

（2）严格遵守采购规范流程，按流程办事。

（3）能及时按质、按量地采购到所需物品。

（4）严格供应商选择、评价、甄选，以保证供应商供货质量。

（5）加强采购的事前管理，建立完善的商品价格信息档案，以有效地控制和降低采购成本并保证采购质量。

（6）科学、客观、认真地进行收货质量检查。

（7）处理好与供应商的关系，帮助供应商解决一定的问题。

（8）认真分析采购工作，改进流程、规范和采购标准，提出有助改进公司和供应商服务水平的建议。

（9）做好采购相关文档的存档和备份工作，在满足公司需求的基础上最大限度地降低采购成本。

（10）所有采购，必须事前获得批准。未经计划并报审核和批准的，除急购外，不得采购。急购需要在申请单上注明"急购"，并由上级领导补批。

（11）凡具有共同特性的物品，尽最大可能以集中计划办理采购。可以核定物品项目，通知各请购部门依计划提出请购，然后集中办理采购。

（12）采购物品在条件相同的前提下，应在正在发生业务或已确定的供应商处购买，不得随意变更供应商。

8.2.3　食品企业采购管理的目标和内容

1．采购管理的目标

（1）适用。适用是指必须依据生产经营任务的要求，结合生产技术水平来采购物品。由于生产中所使用的物品，质量要求严，替代性小，有较强的质的规定性，因此采购应满足生产的需要，品种规格要对路，质量和技术性能要适宜，数量要准确，否则，就会导致供应中断，直接影响生产的正常进行，也会造成企业经济效益的下降。因此，适用性是采购管理中的首要目标。为此，采购部门必须同设计、生产、技术等有关部门一起，正确地选择和核算，并随时掌握使用情况。

（2）及时。及时是指进货时间安排必须与生产使用时间上相互衔接。既要防止采购不及时而造成停工待料的情况，又要避免进货过早而增加不必要的库存，占压资金。因此，采购部门必须掌握生产进度，摸准用料规律，安排好进货周期，同时要充分了解供应商准时组织供货的可靠性和运输条件的可能性。

（3）齐备。齐备是指各种物品的采购要满足生产使用上的配套性要求。产品的生产不仅要求基本生产过程和辅助生产过程之间设备能力上的配套，而且包括各种原材料、加工、外购零部件的配套，它们之间都存在着一定的数量比例关系，因此需要按照这个比例关系来组织配套。否则，缺少任何一种要素都完成不了产品的生产。为此，采购部门要掌握各种物品、各种设备间的比例关系，安排各种物品的进货数量和进度，尤其是外部零部件，注意它们之间的平衡衔接。

（4）经济。经济是指采购物品时要努力降低采购费用，为企业盈利创造条件。它包括合理地选购物品，做到物美价廉，降低商务和物流费用。为此，要求采购部门确切掌握产品性能对材料的要求，加强经济核算，进行价值工程分析，正确运用物流方式，严格控制库存，按照采购总费用最低的原则组织采购业务。

（5）协作。协作是指供需双方、采购部门与供应部门内部，以及与其他生产、研发、财务、销售等部门的各业务环节都要建立良好的协作关系，相互协调、密切合作，才能保证供应质量，保证企业产品生产的顺利进行。为此，采购部门在与供应商的关系处理中要重合同、守信用，注意双方的经济利益，在双赢中建立长期的合作关系；在企业内部则应想生产之所想，急生产之所急，用全心全意为生产服务的观念来处理部门之间的关系。

2．采购管理的内容

采购管理的内容包括计划、组织实施和监控。

（1）计划。

1）用料部门请购单。用料部门请购单是采购业务的凭据。它由企业自行制定，虽没有统一的标准格式，但主要包括请购单号、请购单位、申请日期、订购数量、功能要求、需要日期、采购单号、供应商名称及供货日期等。另一种是与产品（工程）设计图样相配套的材料清单，它表明一件成品所需的各种材料、零部件的数量以及采购后的验收标准。

2）汇集信息。各类采购信息为采购决策和审核请购单提供依据。包括以下几个方面：第一，外部信息。主要有市场供需状况及预期，价格波动及趋势，供应商的情况，其产品的质量、价格、运距与运费、供应可靠性，市场上新材料、新设备、替代品的情况和供应状况，以及政府对物品使用的政策和法规等。第二，内部信息。主要有生产计划任务，物资消耗定额、物料消耗统计资料，设备最大承载能力，所需物品的性能和用途，进货和供应能力，物流组织状况和资金条件。第三，产品信息。主要有产品说明书，它包括商务标准、市场等级、设计蓝图、材料说明书及功能说明书等。上述信息既可以从企业的数据处汇集，也可以从外部采集。

3）采购决策。这是采购管理中最主要的内容。在请购单审核后，要对以下几个方面的问题进行决策：

① 物料品种决策，即确定采购物料的品种规格以及功能要求。

② 采购量决策，即确定计划期内的各类物料采购总量。

③ 供应商决策，即选定供应商和供应渠道。

④ 采购方式决策，即决定是现货采购还是远期合同采购；同种物品，是向一家购买还是向多家购买；是由各事业部门分散采购，还是由集团总部集中采购；是市招标采购还是网上采购。

⑤ 订购批量决策，即确定一次订购的数量和批次。

⑥ 采购时间决策，即确定订购周期（两次订购的时间间隔）、进货时间。

⑦ 采购价格决策，即确定合理的价位，并考虑折扣等优惠条件。

⑧ 进货方式决策，即确定是物流配送还是自行提货等。

4）确定参与采购的人员。企业规模大小不同，参与采购的人员差异很大。一般的企业都有采购部门，将所需采购的物品分成若干类，由各类部门分别采购。涉及技术问题和大额投资时，除了专业采购人员，还需技术人员、管理人员、使用人员，乃至监督机构和最高主管的参与，共同做出投资重大决策。

5）编制采购计划。采购决策后要编制采购计划，包括年度采购计划、季度采购计划和月度采购计划。年度采购计划表明大类物品的采购总量，其目的在于与市场供应资源保持平衡，与企业内货物的进、存、用保持平衡，与企业的资金、成本、费用等指标保持平衡。季度和月度采购计划是在年度计划的指导下，按具体品种规格编制的，是具体落实年度采购计划，组织日常采购的任务书。

（2）组织实施。

1）选择供应商。对于供应链中的供应商，可以通过互联网将采购计划信息传输给它们，并要求它们执行。而对于非供应链中的供应商，采购部门可以将生产所需物品的供应商编成一览表，从质量好、价格低、货物交付及时、服务周到的供应商中进行比较，还可以从人员访问、供应商财务报告、历来经营状况的补充信息中进一步分析，择优选取。

2）商务谈判。在同选中的供应商进行谈判的过程中，要做到知己知彼，明确下列问题：第一，希望得到什么？第二，对方要求什么？第三，能做出什么样的让步使谈判成功？

3）签订采购合同。采购合同是将"双赢"结果，以符合法律规范的书面形式确定下来。签订采购合同，可以明确双方的权利、义务以及对违规方的办法处理。

4）验收入库。采购部门要配合仓库部门按有关采购合同中规定的数量、质量、验收办法、到货时间做好验收入库工作。财务部门按入库单及时付清货款，对违反合同的要及时拒付和提出索赔要求。

（3）监控。

1）合同监管。对签订的采购合同要及时进行分类管理，按时间顺序建立合同台账，按期检查采购合同的执行情况，并将执行过程及时输入数据库，以便对供应商做出评价。采购部门要加强与供应商的联系，督促其按期交货。对出现的质量、数量、到货时间等问题要及时交涉。同时要与企业内部其他部门密切配合，为顺利执行合同做好准备。

2）购后评价。所购物品投入使用后，采购部门要与使用部门保持联系，掌握使用情况、使用效果以及服务水平，并考察各供应商的履约情况，以决定今后对供应商的选择和调整。

8.2.4　食品企业采购策略

1．采购成本的控制

食品企业为销售而生产，为生产而采购，而采购的目标是生产与经营。制造业产品的成本中主要是材料费用，如果采购成本控制不力而造成采购成本偏高，不管食品企业再如何控制企业内部的其他成本都无济于事，所以有必要对采购业务进行严格而深入的控制和管理。

控制采购成本，关键是把握几个"控制点"。

（1）采购计划是企业采购的基本依据，是控制盲目采购的重要措施，还是搞好现金流量预测的有力手段。因此要根据生产计划、物料需求计划、资金条件及采购手段等信息编制并且严格执行计划，做到无采购计划不采购。

（2）采购订单是与供应商签订的采购合同，供应商是否按合约"适时、适量、适价、适质、适地"地供货对企业的生产有重大影响。因此要严格采购订单的管理，对于可能拖期的供应商应及时催货，以避免对生产造成不利影响。

（3）采购业务的确认和付款是食品企业采购中的日常业务。当供应商的物料到达企业以后，要通过采购计划、订单核查采购的物料数量、品种，还要经过质检、验收，才能办理入库手续。当采购员持发票准备报销时，要根据入库单逐笔核对。如果物料尚未入库，不允许直接报销。应提交领导审批通过后，方可报销。

（4）正确选择供应商对于稳定物料来源、保证物料质量是十分重要的。由于采购流程是一个动态连续的过程，所以其管理可以纳入企业计算机管理信息系统，以采购管理子系统方式实现包括采购计划、采购订单、收货、确认发票、付款业务、账表查询及期末转账等几部分的控制功能。

2．采购的方式

（1）公开招标。公开招标是采购方事先规定招标之标的有关规范（包括货物品质、品牌、报价方式、投票手续、运输方式、交货日期、品质检测等）公开征求供应商交货、承制。凡符合资格规定的供应商，均可参加竞标，并以当众开标为原则。符合各项规定，报价最低者，优先得标。

（2）比价。比价又称限定厂商公开招商，即已知少数供应商具有供应能力，事先拟定有关政策和规范条款并通知其参加投标和竞标。此方式与公开招标方式除供应商数目不同外，其余均无差异。

（3）议价。议价是基于货物专利或特定条件，与个别供应商进行接触洽谈，不公开竞标，纯系买卖双方面对面就货物价格讨价还价，最终确定货物供应商。

任务 3　食品企业运输管理

8.3.1　食品企业运输

1．运输的概念

运输是指"人"和"物"的载运及输送。这里专指"物"的载运及输送。运输是"用设备和工具，将物品从一地点向另一地点运送的物流活动。其中包括集货、分配、搬运、中转、装入、卸下及分散等一系列操作"（国标）。它是在不同的地域范围间（例如，两个国家、两个城市、两个工厂之间，或一个大企业内相距较远的两个车间之间），以改变"物"的空间位置为目的的活动，是对"物"进行的空间位移。它与搬运的区别在于，运输是较大范围的活动，而搬运是在同一地域之内的活动。

2．运输在物流中的地位

作为食品企业"第三利润源"的物流，完成其改变"物"的空间位置功能的主要手段是运输。综合分析表明，运费的比例占全部物流费用近 50%。运输成本是目前物流总成本中最大的成本项目。现实中，依然有很多人认为物流就是运输，原因就在于物流的很大一部分功能是由运输完成的。由此可见，运输在物流中占有重要地位，运输的合理化在物流管理中十分重要。

3．物流运输的原则

物流运输的原则是及时、准确、经济、安全。

（1）及时。在用户指定的时间内把商品送到消费地或把货品及时运到销售地，尽量缩短货物的在途时间。缩短流通时间的主要手段是改善交通，实现运输现代化。另外，应注意不同运输方式之间的衔接工作，及时发运货物。同时做好委托中转工作，及时把货物转运出去。

（2）准确。在货物的运输过程中，切实防止各种差错事故，做到不错不乱，准确无误地完成任务。由于货物品种繁多，规格不一，加上运输过程中要经过多个环节，稍有疏忽，就容易发生差错。发运货物不仅要求数量准确，而且品种规格不能搞错。这就要求加强岗位责任制，要有周密的监察制度，精心操作。

（3）经济。以最经济的方式调运商品，降低运输成本。降低成本的方法很多，如合理选择运输方式和运输路线，尽可能减少中间环节，缩短运输里程，力求用最少的费用，把货物运送到目的地。

（4）安全。保证商品在运输过程的安全。一是注意运输、装卸过程中的震动和冲击等外力的作用，防止商品破损；二是防止商品由物理、化学或生物学变化等自然原因引起的商品耗损和变质。

8.3.2 食品企业运输方式和运输程序

1. 运输方式

按运输设备及运输工具的不同，可以将运输分为公路运输、铁路运输、水路运输、航空运输和管道运输五种运输方式。各种运输方式都有其优缺点，掌握其各自特点，有利于进行运输管理和选择，从而实现运输的合理化，提高物流效率。

（1）公路运输。公路运输是指主要使用汽车，也可以使用其他车辆在公路上进行货、客运输的一种方式。物流运输中的公路运输专指汽车货物运输。公路运输主要承担近距离、小批量的货和水运、铁路运输难以到达地区的长途、大批量货运及铁路、水运优势难以发挥的短途运输。由于公路运输有很强的灵活性，在有铁路、水运的地区，较长途的大批量运输也开始使用公路运输。

公路运输主要的优点是灵活性强，公路建设期短，投资较低，易于因地制宜，对收货、到站设施要求不高。可以采取"门到门"运输形式，即从发货者门口直接运到收货者门口，而不需转运或反复装卸搬运。公路运输也可作为其他运输方式的衔接手段。公路运输经济里程一般在200千米以内。

（2）铁路运输。铁路运输是指利用机车、车辆等技术设备在铺设的轨道上运行的运输方式。铁路运输主要承担长距离、大批量的货运，在没有水运条件的地区，几乎所有大批量货物都依靠铁路，是在干线运输中起主力运输作用的运输形式。铁路运输的优点是速度快，运输不太受自然条件的限制，载运量大，运输成本较低。主要缺点是灵活性差，只能在固定线路上实现运输，而且需要其他运输手段的配合和衔接。铁路运输经济里程一般在200千米以上。

（3）水路运输。水路运输是指使用船舶及其他航运工具，在江河湖泊、运河和海洋上载运货物的一种运输方式。这是最古老的一种运输方式。具有运载量大、费用低廉、节省能源和能够实现大陆间运输等特点。适合运输低价值货物，如谷物、矿石、煤炭等。水路运输的主要缺点是受港口、水位、季节和气候影响较大，营运范围和运输速度受到限制。除非其起始地和目的地都接近水道，否则必须有铁路和公路运输补充运输。水运是国际货物运输的主要方式。

（4）航空运输。航空运输是指使用飞机或其他航空器进行运输的一种方式。航空运输的单位成本很高，因此，从综合物流费用以及提高商品竞争力的角度看，适合航空运输的物资有以下几种类型：

1）运输时间受到限制的货物：容易腐败的货物、修理物品、流行品、商品样本、紧急物品（医药、医用器具等）。

2）高价值的贵重货物：贵金属、珍珠、手表、相机、美术品和皮毛等。

3）容易破损的货物：电器产品、光学器具、玻璃制品和计算机等。

航空运输的主要优点是速度快，不受地形的限制，在火车、汽车都无法到达的地区也可依靠航空运输。

（5）管道运输。管道运输是指利用管道输送气体、液体和粉状固体的一种运输方式。其运输形式是靠物体在管道内顺着压力方向循序移动实现的，和其他运输方式主要的区别在于，管道设备是静止不动的。管道运输的主要优点是，采用密封设备，在运输过程中可避免散失、丢失等损失，也不存在其他运输设备本身在运输过程中消耗动力所形成的无效运输问题。另外，运输量大，适合量大且连续不断运送的物资。

管道运输的主要对象是原油、天然气、成品油等流体资源。除此之外，煤等固体原料也可以加工成浆状后利用管道运输。管道按照输送的对象分为原油管道、成品油管道、天然气管道以及煤浆管道等。

2．运输程序

（1）整车货物的核实理货。货物的核实理货工作一般有受理前的核实和起运前的验货。受理前的核实是在货主提出托运计划并填写货物托运单后，运输部门派人会同货主进行。

核实的主要内容有：托运单所列的货物是否已处于待运状态；装运的货物数量、发运日期有无变更；连续运输的货源有无保证；货物包装是否符合运输要求，危险货物的包装是否符合《危险货物运输规则》规定；确定货物体积、重量的换算标准及其交接方式；装卸场地的机械设备、通行能力；运输道路的桥涵、沟管、电缆、架空电线等详细情况。

货物起运前的核实工作称为理货或验货。其主要内容有：承托双方共同验货；落实货源、货流；落实装卸、搬运设备；查清货物待运条件是否变更；确定装车时间；通知发货、收货单位做好过磅、分垛、装卸等准备工作。

（2）收费并开具货票。托运人向承运人缴纳运费和运杂费，领取承运凭证——货票。汽车运输货票是专用于营业性运输的组织和个人的货物运费结算单据，有时也替代运输合同，是承运人与承载人之间的承运协议，是根据货物运单填写的，主要用于临时性和零担货物或一次性包车运输，在运输市场广泛使用。一式四联，用不同颜色区分，代表作用分别是存根、收据、报单、统计。

（3）货物的监装。车辆到达装货地点，监装人员（运输物流员）应根据货票或运单填写的内容、数量和发货单位联系发货，并确定交货办法。货物装车前，监装人员检查货物包装有无破损、渗漏、污染等情况。装车完毕后，应清查货位，检查有无错装、漏装，并与发货人核对实际装车件数。确认无误后，办理交接签收手续。

（4）运输途中作业。途中作业主要包括途中货物交接、货物整理或换装等作业内容。为了方便货主，整车货物还允许途中拼装或分卸作业。考虑到车辆周转的及时性，对整车拼装或分卸应加以严密组织。

为了保证货物运输的安全与完好，便于划清企业内部的运输责任，货物在运输途中如发生装卸、换装、保管等作业，驾驶员之间、驾驶员与站务人员之间，应认真办理交接检查手续。一般情况下，交接双方可按货车现状及货物装卸状态进行，必要时可按货物件数和数量交接。如接收方发现有异状，由交出方编制记录备案。

（5）货物到达作业。货物在到达站发生的各项货运作业统称到达作业。货物装卸人员（运输物流人员）在接到卸货预报后，应立即了解卸货地点、货位、行车道路、卸车机械等情况。卸货时应根据运单及货票所列的项目与收货人点件或监秤记码交接。如发现货损货差，则应按有关规定编制记录并申报处理。收货人可在记录或货票上签署意见但无权拒收货物。

8.3.3 食品企业运输合理化

1. 运输合理化的概念

运输合理化是按照货物流通规律，组织货物运输，力求用最少的劳动消耗，得到最高的经济效益。也就是说，在有利于生产，有利于市场供应，有利于节约流通费用、运力以及劳动力的前提下，使货物运输最短的里程，经过最少的环节，用最快的事件，以最小的损耗和最低的成本，把货物从出发地运到用户要求的地点。

2. 合理运输的要素

运输合理化的影响因素很多，起决定性作用的有五个方面的因素，称为合理运输的"五要素"。

（1）运输距离。在运输时，运输时间、运输货损、运费、车辆或船舶等运输的若干技术经济指标都与运输距离（简称运距）有一定的比例关系。运距长短是运输是否合理的一个最基本因素。缩短运距从宏观、微观上都会带来好处。

（2）运输环节。每增加一次运输，不但会增加起运的运费，而且要增加运输的附属活动，如装卸、包装等，各项技术经济指标也会因此下降。因此，减少运输环节，尤其是同类运输工具的环节，对合理运输有促进作用。

（3）运输工具。各种运输工具都有其使用的优势领域。对运输工具进行优化选择，按运输工具特点进行装卸运输作业，最大限度地发挥所用运输工具的作用，是运输合理化的重要一环。

（4）运输时间。运输是物流过程中需要花费较多时间的环节，尤其是远程运输。在全部物流时间中，运输时间占绝大部分，所以，运输时间的缩短对整个流通时间的缩短有决定性的作用。此外，运输时间短，有利于运输工具的加速周转，充分发挥运力的作用，有利于货主资金的周转，有利于运输线路通过能力的提高，对运输合理化有很大贡献。

（5）运输费用。运输费用在全部物流费用中占很大比例，运输费用的高低在很大程度上决定着整个物流系统的竞争能力。实际上，运输费用的降低，无论对货主企业来讲，还是对物流经营企业来讲，都是运输合理化的一个重要目标。运输费用的判断，也是各种合理化实施是否行之有效的最终判断依据之一。

3. 运输合理化的措施

（1）提高运输工具实载率。实载率有两个含义：一是单车实际载重与运距的乘积和标定载重与行驶里程的乘积的比率。这一比率在安排单车、单船运输时，是作为判断装载合理与否的重要指标；二是车船的统计指标，即一定时期内车船实际完成的货物周转量（以吨公里计）占车船载重吨位与行驶公里的乘积的百分比。在计算时车船行驶的公里数，不但包括载货行驶里程，也包括空驶里程。

提高实载率的意义在于：充分利用运输工具的额定能力，减少车船空驶和不满载行驶时间，减少浪费，从而求得运输的合理化。在铁路运输中，采用整车运输、合装整车、整车分卸及整车零卸等具体措施，都是提高实载率的有效措施。

（2）减少动力投入，增加运输能力。这种合理化的要点是，少投入、多产出，走高效益之路。运输的投入主要是能耗和基础设施的建设。在设施建设已经定型和完成的情况下，尽量减少能源投入，是少投入的核心。做到了这一点就能大大节约运费，降低单位货物的运输成本，达到合理化的目的。

（3）发展社会化的运输体系。运输社会化的含义是发展运输的大生产优势，实行专业分工，打破一家一户自成运输体系的状况。实行运输社会化，可以统一安排运输工具，避免对流、倒流、空驶、运力不当等多种不合理形式，不但可以追求组织效益，而且可以追求规模效益，所以发展社会化的运输体系是运输合理化非常重要的措施。

当前火车运输的社会化运输体系已经较完善，而在公路运输中，小生产方式非常普遍，是建立社会化运输体系的重点。在社会化运输体系中，各种联运体系是其中水平较高的方式。联运方式充分利用面向社会的各种运输系统，通过协议进行一票到底的运输，有效打破了一家一户的小生产，受到了普遍欢迎。

（4）开展中短距离铁路公路分流，"以公代铁"的运输。这一措施的要点是，在公路运输经济里程范围内，或者经过论证，超出通常平均经济里程范围，也尽量利用公路。这种运输合理化的表现主要有两点：一是对于比较紧张的铁路运输，用公路分流后，可以得到一定程度的缓解，从而加大这一区段的运输通过能力；二是充分利用公路门到门和中短途运输中速度快且灵活机动的优势，实现铁路运输服务难以达到的水平。

（5）尽量发展直达运输。直达运输是追求运输合理化的重要形式，其对合理化的追求要点是通过减少中转过载换载，从而提高运输速度，省去装卸费用，降低中转货损。直达的优势，尤其是在一次运输批量和用户一次需求量达到了整车时表现最为突出。此外，在生产资料、生活资料运输中，通过直达，建立稳定的产销关系和运输系统，也有利于提高运输的计划水平、技术水平和运输效率。特别需要一提的是，如同其他合理化措施一样，直达运输的合理性也是在一定条件下才会有所表现，不能绝对地认为直达一定优于中转。要根据用户的要求，从物流总体出发做综合判断。如果从用户需要量看，批量大到一定程度，直达是合理的，批量较小时中转是合理的。

（6）配载运输。这是充分利用运输工具载重量和容积，合理安排装载的货物及载运方法以求得合理化的一种运输方式。配载运输也是提高运输工具实载率的一种有效方式。

配载运输往往是轻重商品的混合配载。在以重质货物运输为主的情况下，同时搭载一些轻泡货物，如海运矿石、黄沙等重质货物，在上面捎运木材、毛竹等，铁路运矿石、钢材等重物上面搭运轻泡农、副产品等。在基本不增加运力投入的情况下，在基本不减少重质货物运输情况下，解决了轻泡货物的搭运，因此效果显著。

（7）"四就"直拨运输。"四就"直拨是减少中转运输环节，力求以最少的中转次数完成运输任务的一种方式。一般批量到站或到港的货物，首先要进批发部门或配送部门的仓库，然后再按程序分拨或销售给用户。这样一来，往往出现不合理运输。"四就"直拨是由管理机构预先筹划，然后就厂或就站（码头）、就库、就车（船）将货物分送给用户，而无须再入库。

（8）发展特殊运输技术和运输工具。依靠科技进步是运输合理化的重要途径。例如，专用散装罐车，解决了粉状、液状物运输损耗大、安全性差等问题；袋鼠式车皮、大型半挂车解决了大型设备整体运输问题；"滚装船"解决了车载货的运输问题；集装箱高速直达车船加快了运输速度，增加了运输量等。这些都是通过先进的科学技术来实现合理化的。

（9）通过流通加工，使运输合理化。有不少产品，由于产品本身形态及特性问题，很难实现运输的合理化。如果进行适当加工，就能够有效解决合理运输问题。例如，将造纸材在产地预先加工成干纸浆，然后压缩体积运输，就能解决造纸材运输不满载的问题；轻泡产品预先捆紧包装成规定尺寸，装车就容易提高装载量；水产品及肉类预先冷冻，就可提高车辆装载率并降低运输损耗；等等。

任务4　食品企业仓储管理

8.4.1　仓储管理

1. 仓储的概念

仓储是指通过仓库对物品进行储存和保管的物流活动。它主要包括以下几个要点：仓储既有静态的物品储存，也包括动态的物品存取、保管、控制的过程；利用仓储对商品流通还起到"蓄水池"和调节阀的作用。

2. 仓储的性质

（1）仓储具有生产性质。仓储能够保持已创造的使用价值不受损失，从而为商品使用价值的最终实现创造了条件。因此，仓储是商品生产过程在流通领域的继续。

（2）仓储具有不均衡和不连续性。这主要是指商品的出入库任务不像工业企业生产任务那样持续和均衡。物品一般都要经过交通运输部门的运输，这就必须是成批地、集中地进入仓库，再加上交通运输条件的限制、商品的不同供应方式等，造成商品出入库任务时松时紧，不均衡和不连续。

（3）仓储具有服务性质。仓储服务于商品流通，服务于社会生产和人民生活，具有服务性。

3．仓储的分类

（1）按仓储的经营方式和隶属关系分。

1）自有仓库仓储。这类仓库只为企业本身使用，不对社会开放，被称为第一方物流仓库和第二方物流仓库。

2）公共仓库仓储。国家或社会团体为了公共利益而建设的仓库。

3）第三方仓储。第三方仓储或合同仓储是指企业将物流活动转包给外部专业公司，由专业公司为企业提供综合物流服务。第三方仓储不同于一般的租赁仓库仓储，它能够提供专业化的高效、经济和准确的分销服务。第三方仓储公司与传统仓储公司相比，能为货主提供特殊要求的空间、人力、设备和特殊服务。

（2）按仓储的功能分。

1）储备仓库。储备仓库是以长期保管为主要功能的仓库。

2）流通仓库。流通仓库是指除具有保管功能之外的，面对厂商、集中客户需求实行流通加工（装配、简单加工、包装、开价、理货）、配送等功能的仓库。

3）保税仓库和保税货场。保税仓库是指获得海关许可的能长期储存外国货物的场所；保税货场是指获得海关许可的能装卸搬运外国货物并暂时存放的场所。这里的外国货物是指获得出口许可的出口货物和获得进口许可的进口货物。

（3）按仓储的集中程度分。

1）集中仓储。以一定的较大批量集中于一个场所之中的仓储活动。集中仓储是一种大规模储存的方式，可以利用"规模效益"，有利于仓储时采用机械化、自动化，有利于先进科学技术的应用。集中仓储的单位仓储费用较低，经济效益较高。

2）分散仓储。分散仓储是较小规模的储存方式，往往和生产企业、消费者、流通企业相结合，不是面向社会而是面向某一企业的仓储活动，因此仓储量取决于企业生产或消费要求的经营规模。分散仓储的主要特点是容易和需求直接密切结合，仓储位置离需求地很近，但由于数量有限，保证供应的能力一般较小。

3）零库存。零库存是指某一领域不再保有库存，以无库存（或很低库存）作为生产或供应保障的一种仓储方式。

（4）按仓储对象的特点分。

1）普通物品仓储。不需要特殊保管条件的物品仓储，如一般的生产物资，普通生活用品、普通工具等。

2）特殊物品仓储。在保管中有特殊要求和需要满足特殊保管条件的物品仓储，如危险品仓储（需用监控、调温、防爆、防毒、泄压等装置）、冷库仓储（一定温度）、粮食仓储（恒温）等。

（5）按仓储物的处理方式分。

1）保管式仓储。以保管物原样保持不变的方式进行的仓储，即到期原物返还。

2）加工式仓储。保管人在仓储期间根据存货人的要求对保管物进行一定的加工的仓储方式。

3）消费式仓储。保管人在接受保管物时，同时接受保管物的所有权，保管人在仓储期间有权对仓储物行使所有权；在仓储期满，保管人将相同种类、品种和数量的替代物交还给委托人所进行的仓储，即替代物返还、所有权转移。

4．仓储管理的内容

仓储管理是对仓储活动和仓储物资进行计划、组织、协调和控制的过程，主要包括以下内容：

（1）仓库建设。包括仓库选址、仓库面积确定、库内通道、物品堆垛方式等仓库的整个布局。

（2）仓库管理设备配置。根据仓库的构造特点、面积大小及存放物资的要求选择配套的机械和电子设备，并且能够使用和维护保养。

（3）仓库作业管理。主要包括物资接运、验收、入库手续，货物保管、分类、编码、存放、维护保养以及货物出库程序等。

（4）仓库安全工作。如安全保卫、消防安全、劳动安全、质量安全等。

8.4.2　食品企业仓储管理的原则

保证质量、注重效率、确保安全、讲求经济是仓储管理的基本原则。

1．保证质量

仓储管理中的一切活动，都必须以保证在库物品的质量为中心。没有质量的数量是无效的，甚至是有害的，因为这些物品依然占用资金、产生管理费用、占用仓库空间。因此，为了完成仓储管理的基本任务，仓储活动中的各项作业必须有质量标准，并严格按标准进行作业。

2．注重效率

仓储成本是物流成本的重要组成部分，因此仓储效率的提高关系到整个物流系统的效率和成本。在仓储管理过程中要充分发挥仓储设施设备的作用，提高仓库设施和设备的利用率；要充分调动仓库生产人员的积极性，提高劳动生产率；要加速在库物品周转，缩短物品的在库时间，提高库存周转率。

3．确保安全

仓储活动中不安全因素有很多。有的来自库存物，如有些物品具有毒性、腐蚀性、辐射性、易燃易爆性等；有的来自装卸搬运作业过程，如每种机械的使用都有其操作规程，违反规程就要出事故；还有的来自人为破坏。因此特别要加强安全教育，提高认识，制定安全制度，贯彻执行"安全第一、预防为主"的安全生产方针。

4．讲求经济

仓储活动中所耗费的物化劳动和活劳动的补偿是由社会必要劳动时间决定的。为了实现一定的经济效益目标，必须力争以最少的人财物消耗，及时、准确地完成最多的储存任务。因此，对仓储生产过程进行计划、控制和评价是仓储管理的主要内容。

8.4.3　食品企业仓储管理的作业流程

食品企业仓储管理的作业流程是指以保管活动为中心，从仓库接收商品入库开始按需要把商品全部完好地发送出去的全部过程。它包括入库、保管和出库三个阶段。

1. 商品的入库

（1）商品的入库作业。商品入库，一般是指仓库根据商品入库凭证接收商品入库储存，而进行卸货、搬运、清点数量、检查质量、办理入库手续等一系列操作的总称。合理组织商品入库工作，对商品在库保管以及出库业务的改善等都有密切的关系。

商品入库业务的主要任务如下：

1）根据商品入库凭证，清点商品数量，检查商品包装质量，包括商品的品名、规格、等级、产地、牌号等是否与入库凭证上所列的相符，并监督与检查运输部门对其应尽义务的履行情况。

2）通过对入库商品的接收检查，如发现商品残损、短少以及质量不合要求，包括水湿、发霉、生锈等问题，如实做好记录，以作为查询的依据，并在规定的时间内向主管领导和存货单位报告。

3）按照规定程序办理各种进仓手续和凭证，保证不因进仓手续和凭证办理不善而影响仓库业务的正常进行。进仓业务应做到手续简便，操作敏捷，快而不乱，点数准确，认真把关，保证质量。

（2）商品入库的操作程序。商品入库，必须经过接货、搬运装卸、分唛（分标记）、验收入库、堆码、办理交接手续、登账等一系列操作过程，这些统称进仓作业。入库作业要在一定时间内迅速、准确完成。一般分为以下几个程序。

1）大数验收。这是商品入库的第一道工序。由仓库收货人员与运输人员或运输部门进行商品交接。商品由车站、码头、生产厂或其他仓库移转，到达仓库时，收货人员要到现场监卸。对于品种多、数量大、规格复杂的入库商品，卸货时要分品种、分规格、分货号堆放，以便清点验收。点收商品要依据正式入库凭证，先将大件（整件）数量点收清楚。大数点收，一般采用逐件点数计总以及集中堆码点数两种方法。逐件点数，靠人工点记费力易错，可采用简易的计算器，计算累计以得出总数。对于花色品种单一、包装大小一致、数量大或体积大的商品，适宜用集中堆码点数法，即入库的商品，堆成固定的垛形（或置于固定容量的货垛），排列整齐，每层、每行件数一致，一批商品进库完毕，货位每层（横列）的件数与堆高（纵列）的件数相乘，即得总数。但需注意，码成的货垛，其顶层的件数往往是零头，与以下各层件数不一样，如简单划一统计，就要产生差错。

2）检验商品包装和标志。在对大数点收的同时，对每件商品的包装和标志要进行仔细检查。收货人员应注意识别商品包装是否完整、牢固，有无破损、受潮、水湿、油污等异状。对液体商品要检查包装有无渗漏痕迹。认真核对所有商品包装上的标志是否与入库通知所列的相符。

3）办理交接手续。入库商品经上述两个工序之后，即可与送货人员办理交接手续。由仓库收货人员在送货单上签收，从而分清仓库与运输之间的责任。铁路专用线或水运专用码头的仓库，由铁路或航运部门运输的商品入库时，仓库人员从专用线或专用码头上接货，直接与交通运输部门办理交接货手续。

4）商品验收。商品入库后，要根据有关业务部门的要求以及本库必须抽验入库的规定，进行开箱，拆包点验。

5）办理商品入库手续。商品验收后，由保管员或验收人员根据验收结果写在商品入库凭证上，以便记账、查货和发货。经过复核，仓库留下保管员存查及仓库商品账登记所需的入库联单外，其余入库凭证各联退送业务部门，作为正式收货的凭证。

商品入库手续办理完毕后，仓库账务人员根据保管员（或验收员）签收的商品入库凭证，将仓储有关项目登入商品保管账。仓库的保管账必须正确反映商品进、出和结存数。在库商品的货位编号，应账上注明，以便核对账货和发货时查考。

（3）商品入库验收。

1）验收工作的目的。入库验收是仓储工作中的一个重要环节，验收的目的是保证商品能及时、准确、安全地发运到目的地。商品在供应商和工厂与仓库之间相互有交接关系，所以验收的目的首先在于与送货单位分清责任；其次在商品运输过程中，因种种原因可能造成商品短缺、损失，供需双方更应当面查点交接，分清责任。

2）验收的内容。商品入库验收工作是一项细致复杂的工作，一定要仔细核对，才能做到准确无误。目前主要有"三核对"和"全核对"两种核对方法。

"三核对"即核对商品条形码（或物流条形码），核对商品的件数，核对商品包装上品名、规格、细数。只有做到"三核对"，才能达到品类相符、件数准确。由于用托盘收货时，要做到"三核对"有一定难度，故收货时采取边收边验的方法，来保证"三核对"的执行。有的商品即使进行了"三核对"，仍会产生一些规格和等级上的差错。如品种繁多的小商品，对这类商品就要采取全核对的方法，要以单对货，核对所有项目，即品名、规格、颜色、等级、标准等，才能保证单货相符，准确无误。

3）商品验收的要求和方法。商品验收是交接双方划分责任的界限，要实现把完好的商品收进来，通过配送再把完好的商品送给门店（或用户）。为此，必须经过商品条形码标识、数量、质量、包装四个方面的验收。

① 商品条形码验收。在作业时要抓住两点，一是检验该商品是否有送货预报的商品；二是验收该商品的条形码与商品数据库内已登录的资料是否相符。

② 数量验收。由于配送中心的收货工作非常繁忙，通常会几辆卡车接连到达。为了节约时间，一般采取"先卸后验"的办法，几辆卡车同时卸车，先卸毕的先验收，交叉进行，既可省人力，又可加快验收速度；既便利点验，又利于防止差错。

③ 质量验收。出于交接时间短促和现场码盘等条件的限制，在收货点验时，一般只能用"看""闻""听""摇""拍""摸"等感官检验方法，检查范围也只能是包装外表。

④ 包装验收。其目的是为了保证商品在运行途中的安全。物流包装一般在正常的保管、装卸和运送途中，经得起颠簸、挤压、污染等影响。在包装验收时，应具体检查纸箱封条是否破裂、箱盖（底）是否粘牢、纸箱内包装或商品是否外露、纸箱是否受过潮湿等。

2. 商品的保管

商品经过入库验收，办清入库手续，进入库房堆码或上货架之后，商品的入库业务就此结束，接着商品的储存保管业务便开始了。在这个阶段中，仓库要进行一系列工作，确保库储商品的安全、商品质量完好和数量准确无误。保管商品是仓库的基本职能。把好在库保管关，对于商品安全度过保管期，能够加速完好地分发出库，从而完成商品储存的任务，有决定性的意义。

在储存管理中应充分利用现有仓储物质技术设备，熟悉商品性能，实行在库商品分区分类保管、货位编码、物品的检查盘点，建立健全商品养护制度等保管措施，以达到商品在库保管养护的目的。

3. 商品的出库

商品的出库业务，即发货业务，是仓库根据业务部门开出的商品出库凭证，按其所列的商品编号、名称、规格、牌号、单位、数量等项目，组织商品出库登账、配货、复核、包装、分发出库等一系列作业的总称。商品出库是商品储存阶段的结束，也是仓库作业的最后阶段。出库环节使仓库工作直接与商品使用单位发生联系，是做好服务的重要一环。同时，商品出库工作组织得合理与否，对改善仓库经营管理、降低费用等方面也起一定作用。所以，仓库必须根据商品出库的有关规定，有计划、有组织地进行。

（1）商品出库的要求。

1）认真实行"先进先出、推陈储新"和"接近失效期先出"的原则，密切注意商品的保质期限。

2）商品出库应按照商品出库计划进行，出库单据和手续必须符合要求，对非正式凭证或白条一律不予发放。

3）商品出库必须及时准确，保证需要。出库工作尽量一次完成，以防差错。

4）出库商品要符合运输要求。

（2）商品出库的一般程序。

1）审核提货单（或仓单）。仓库接到存货人或仓单持有人出库通知后，必须对仓单进行核对。因为存货人取得仓单后，可以通过背书的方式将仓单转让给第三人，也可以分割原仓单的货物，填发两份以上仓单，将其中一部分转让给第三人。存货人与仓储人原来所签订的合同中有关被转让部分一定适用于第三人。第三人在取得仓单后，还可以在仓单有效期内，再次转让或分割仓单。《合同法》规定，存货人转让仓储物提取权的，应当经保管人签字或盖章。仓单背书必须连续。

2）核对登账。审核仓单的合法性和真实性以后，仓库商品会计要核对货物的品名、型号、规格、单量等有无错误，收货单位、到站、银行账号等是否齐全和准确，单证上书写的字迹是否清楚、无涂改痕迹，是否超过了规定的提货有效期等。如属于自提货物，还需结清仓储费用；如属于仓单持有人逾期提货的，还应当加收仓储费。如果核对无误，可根据凭证所列各项内容，登入商品保管账，核销储存量，并在出库上批注发货商品存放的货区、库房、货位编号以及发货后应有的储存量。同时，收回仓库货物出库单，写清各项内容，连同仓单或调拨单，一起交仓库保管员查对配货。

3）配货备货。保管员对商品会计转来的货物出库凭证复核无误后，按其所列项目内容和凭证上的引导编号的货位对货，核实后进行配货。配货中要执行"先进先出""易坏先出""坏货不出"的原则。货物从货垛上搬下后，应整齐堆放在备货区位上，以便进行刷卡、复核、交付等备货作业。配货后把出库货物分品种、规格、流向堆放在备货区。备货时，发现有下列情况者，要立即与存货人或仓单持有人联系，存货人或仓单持有人认为可以出库，并在正式出库证上签署意见后，方可备货、出库，否则，不备货、不出库：商品质量有异状的；出库货物应附有质量证明书或副本、磅码单、装箱单等；机电设备等配件产品，其说明书及合格证应随货同行。

4）复核查对。为了保证出库货物不出差错，备货后应立即进行复核。复核的形式有保管员自行复查，保管员互核，专职人员复核，负责人复查等。复核的目的就是要求出库货物手续完备、交接清楚，不错发、不错运。出库货物经过复核无误后，方可发运。

5）点付交接。出库货物无论是收货单位提货，还是交付运输部分发运，仓库保管员在备齐货物经复核无误后，必须当面与提货人或运输承运人按单逐件点交清楚，分清责任，办好交接手续。自提货物，待货物交清后，提货人应在出库凭证上签章；待发运货物保管员应向发运人员点交，发运人员在出库凭证上签字。发货结束，应在出库凭证发货联上加盖"发讫"或"商品付讫"戳记，并留据存查。同时，应由仓库填写出库商品清单或出门证，写明承运单位名称、商品名称、数量、运输工具和编号，并会同承运人或司机签字。出库商品清单或出门证一式三联，第一联由仓库发货人留存，第二联交仓库门卫查验放行，第三联给承运人作为交货凭据。

6）填单销账。货物交点后，保管员应在出库单上填写"实发数""发货日期"等项内容，并签名。然后将出库单连同有关证件资料，及时交送货主，以便货主办理货款结算。保管员根据留存一联出库凭证清点货垛余数，并与账、卡核对，登记、核销实物保管明细账，检查账面余额与实际库存量和货卡登记是否相符；出库凭证应在当日清理，定期装订成册，妥善保管；在规定时间内，转交财会记账人员登账复核。

一批货物发完后，应根据出入库情况，对有关情况进行分析，以便总结经验，改进工作，并把这些资料整理好，存入商品保管档案妥善保存，必备日后查用。

项目案例分析

2017 年冷链行业呈现的新形势、新变化

2017 年，是中国冷链物流发展史上的一个很重要的年份。当年整个冷链物流行业的政策环境、资本市场、运作模式等都涌现出许多新的气象。冷链物流企业如何应对新形势和新变化?

1. 新形势

（1）政策环境。2017 年出台的冷链政策比过去五年还多，特别是 2017 年 4 月的国办 29 号文，涉及部委有 20 多个，每个部委都有明确的分工。交通运输部最早做出反应，规定对整个冷藏车的管理要参照特种车辆管理标准进行管理，制定相对应量入量出办法。与此同时，各个省市纷纷以 29 号文为基础，出台对方本地财政和实际情况的扶持政策。整个冷链物流行业的政策越发明朗和务实，这势必将极大地触发冷链物流企业发展的动力和规范化。

（2）消费升级。第一次消费结构升级出现在改革开放之初，代表是纺织和服装。第二次消费结构升级出现在 20 世纪 90 年代末，代表是家用电器。第三次消费结构升级是 2005 年前后，代表是房地产和汽车。目前，中国的人均 GDP 达到 8 000 美元，随着大量的 80 后、90 后互联网原住民以及中产阶级的继续扩大，将迎来第四次消费升级，代表就是大健康领域，而食品作为大健康领域的重要组成部分，将成为消费升级的重要拉动力。

（3）国际化。购买海外进口食品成了很多消费者的选择。南向通道，从重庆到贵州到广西，从北部湾出海到东南亚和新加坡，已经运营得很成熟了。2017 年，这条通道又拓展到兰州，这样与"一带一路"的北线相接，兰州的农产品可以通过南向通道出口到东南亚和新加坡，整个东南亚的水果和海鲜也可以通过南向通道一直北上到兰州，因此这里蕴藏了大量的机遇。

（4）竞争加剧。一是传统干货物流和快递企业进入行业中，如顺丰、申通、圆通等。二是食品生产企业，如新希望、双汇、光明乳业等这样的产业企业持续发力冷链物流。三是互联网企业加速生鲜电商的发展，布局冷链物流，如安鲜达、京东物流等。四是物流地产商的进入，如万科、普洛斯、复星、宇培等。五是我们看不见但已经进来的对手，它们从细分领域切入。因此，未来冷链物流行业内的竞争将越来越激烈。

（5）物流科技。个性化的消费时代即将到来，权力中心向消费者转移，人、场、货将重新链接，体现在生鲜电商、餐饮外卖、快捷支付等这几个方面，物联网、大数据、人工智能在物流领域得到迅速应用，也将改变冷链物流的模式。

（6）绿色节能。国家高度重视新能源车辆和建筑环保材料的应用，深圳等很多城市推出了新能源车专用牌照。现在中国很多企业对这部分不够重视，在建冷库时很少对节能环保有更多的考虑，更多是站在投资回报的角度上。

2．行业内的新变化

（1）监管环境。上海市食品药品监督管理局近日出台了《上海市食品贮存、运输服务经营者备案管理办法（试点）》的通知，其他城市很快会效仿，特别是一线城市。北京冬天的一把火把北京的冷库企业烧出了原型，北京变得一库难求。卫计委也计划出台冷链的相关强制性标准。现今冷链行业内政策大环境在变，政府的监管会让行业竞争趋于规范化。

（2）跨境供应链。2017年进口生鲜食品呈几何式增长，带动了港口和航空整个跨境供应链服务企业的快速发展。跨境供应链需要的不仅仅是报关、物流的服务，还包括金融、客户开拓服务等。

（3）新零售、新餐饮。新零售概念在2017年成为重大风口，随之带来的是整个关联行业的整合和变化，这将对冷链物流提出更新更高的挑战，也是冷链物流企业变革的重大机遇。同时，新餐饮所要求的集约化、工厂化等更把冷链物流作为核心。零售餐饮化，餐饮零售化，线上线下的融合，让整个冷链服务发生了变化。冷链物流企业也会出现新物种。

（4）食材B2B平台。B2B是2017年投资的热点，除了连锁餐饮类的，最大的市场是中小型餐饮企业，这是万亿级市场，这个增量市场，背后孕育出新冷链物流的需求。B2B的标准化、工业化不是在消费地的工业化而是在产地的工业化，又在考验冷链物流企业的网络深度。

（5）最后一公里。现在有快递直送，有社区的生鲜自提柜，有前置微仓、同城闪送，包括利用便利店、盒马鲜生的30分钟送达等模式都在探索，现在我们又看到办公室无人售货架，最后一公里的物流战争2017年全面打响。

（6）订单碎片化。由于电商、物联网和互联网的发展，消费者的需求越来越个性化，随之带来的冷链物流的订单走向碎片化，及时、小批量、多批次等特征将愈发明显。

不管是跨境供应链、餐饮外卖、食材B2B、新零售、最后一公里，大部分传统的冷链物流企业在这些业务上涉足较少甚至没有涉及。而这些恰恰是这两年增长最快，给冷链企业带来增量业务的市场。但是目前很多冷链物流企业对这些触碰很少，他们第一是为食品企业服务，第二为传统的零售餐饮服务，真正的增量业务拓展得并不多。因此，这时需要冷链物流企业做出一些反思和思考，现在企业的业务量下滑并不是消费降低了，而是客户在变化，消费模式在升级。

3．面对这些变化，冷链物流企业应如何应对

（1）思想要转变。企业不应再用传统的思维来考虑问题了。环境变了，消费者变了，会有各种你没见过的客户来找你。

（2）人力资源。人力资源需要上升到一把手工程，有什么样的人才你就做什么样的业务。物流的企业网络扩张，以及投资并购，没有足够的人才储备就无从谈起。

（3）科技驱动。物流技术方面的投入，不仅是信息系统，也包括保鲜、制冷、分级、包装等技术，未来的冷链物流公司一定是一家技术很强的公司。

（4）智能化。未来的冷链物流公司一定是靠大数据管理企业的，万物会说话，人工智能将在物流领域应用，运营通过智能化提高效率，降低成本。

（5）冷库是核心。事实证明，掌握冷库的企业越来越有竞争力，冷链物流的核心点在库，因为它是枢纽，特别是 2017 年一线城市库变得越来越稀缺，所以不管你通过什么方式（租或常温库改造），都要尽快取得库的资源。

（6）线下的能力。冷链物流是一个重运营的行业，冷链物流企业还是要回归本质，踏踏实实地提高仓干配运营能力，不断走向专业化，在一米的宽度做出一百米的深度。

（7）金融工具。第三方物流有多少钱决定了做多大业务，因为大部分业务都要靠垫资，所以金融就是物流企业血液。而很多中小客户企业融资难也是最大的问题，很多外来者可能就是通过金融切入这个行业的，所以要提高企业的金融能力，就要更好更恰当地利用好各式各样的金融工具。

（8）走向供应链。在新零售和技术驱动下，未来从冷链物流走向商流和物流一体化，再加上金融支持，供应链是大势所趋。

（9）不断创新。互联网的本质是提高效率，减少中间环节，冷链物流企业的核心就是降本增效，互联网和技术只是工具，核心都是在提高资产（车和库）的运营效率。现在整个中国冷链物流效率较低，所以未来降本增效是物流企业去创新的源泉。

资料来源：中物联冷链网。

⑦ 辩证性思考：

食品企业如何应对冷链行业呈现的新形势、新变化？

项目检测

管理知识目标检测

1．食品企业物流管理的内容有哪些？

2．食品企业商品采购有哪些策略？

3．食品企业商品运输有哪些方式？如何实现运输合理化？

4．简述食品企业仓储管理的作业流程。

管理能力训练

检测项目：

选择一家食品生产企业，对该企业物流管理现状进行分析，撰写食品企业的物流管理分析方案。

检测目的：

通过训练，进一步熟悉、掌握物流管理的程序，具备分析食品企业物流管理的基本能力。

检测要求：

由班级学习委员组织全员分团队对食品企业物流管理分析方案进行讨论，评选三个优秀方案，在全班进行宣讲，教师进行评价。

项目 9 ●●●

食品企业人力资源管理

项目目标

管理知识目标

熟悉食品企业人力资源管理的概念和原则，掌握食品企业人力资源管理的内容和人力资源管理规划的内容和程序；熟悉食品企业人力资源招聘的概念、程序和形式；掌握食品企业人力资源培训的程序；明确食品企业人力资源的绩效考评和薪酬管理的概念和作用，掌握绩效考评的程序和方法，掌握食品企业人力资源激励的内容和手段。

管理能力目标

具备运用食品企业人力资源管理的能力。

项目导入案例

伊利集团的人力资源管理

伊利集团人力资源管理的"一总则"：以德取才，以能用才，以需育才，以信留才。

伊利集团人力资源管理的"二基点"：既要用人之力，更要用人之智。

伊利集团人力资源管理的"三部曲"：信任、约束、成长。信任是前提，约束是保障，成长是归宿。

选人：以德为先，以才为上。

用人：汰弱留强，以能用人；发现人才，知人善用，人尽其才，才尽其用；能者上，平者让，庸者下。

育人：内修外补，以需育才；人人受培训，人人培训人。

绩效考评：以绩论效，公平透明。

薪酬激励：以岗定薪，激发潜能。

资料来源：www.baike.com。

？辩证性思考：

伊利集团人力资源管理的创新点是什么？

任务 1　食品企业人力资源管理概述

9.1.1　食品企业人力资源管理的概念与原则

1. 食品企业人力资源管理的概念

食品企业人力资源管理是指企业为了实现既定的目标，运用现代管理措施和手段，对人力资源的取得、开发、保持和运用等方面进行管理的一系列活动的总和。

2. 食品企业人力资源管理的原则

（1）系统优化原则。人力资源系统经过组织、协调、运行、控制，使其整体获得最有绩效的准则。

（2）能级对应原则。在人力资源管理中，要根据人的能力安排工作、岗位和职位，使人尽其才、物尽其用。

（3）激励强化原则。激发员工动机，调动人的主观能动性，强化期望行为，从而显著地提高劳动生产效率。

（4）弹性冗余原则。弹性一般都有一个"弹性度"，超过这个"度"，弹性就要丧失。人力资源管理也是一样，职工的劳动强度、工作时间、工作定额都有一定的"度"，任何超过这个"度"的管理，会使员工身心交瘁，疲惫不堪，精神萎靡。弹性冗余原则强调在充分发挥和调动人力资源的能力、动力、潜力的基础上，主张松紧合理、张弛有度，使人们更有效、更健康地开展工作。

9.1.2　食品企业人力资源管理的内容

人力资源管理的内容包括人力资源规划、招聘与配置、培训与开发、绩效管理、薪酬福利管理、劳动关系管理，如图 9-1 所示。

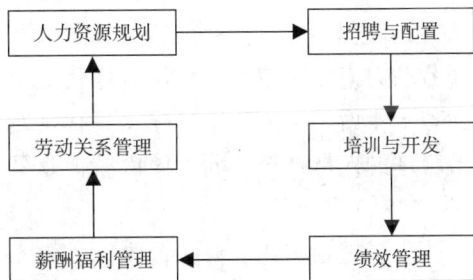

图 9-1　人力资源管理的内容

人力资源管理的内容之间相互衔接、相互作用、相互影响形成人力资源管理的有效体系。其中，人力资源规划是人力资源管理的起点，主要通过规划帮助组织预测预计未来的人员需求数量及基本素质构成；招聘与配置，以人力资源规划为输入之一，相当于组织的血液，为组织提供营养，解决组织人员配置、人岗匹配的问题；培训与开发，其主题是"育人"；绩效管理是六大模块的核心，是其他各模块的主要输入，主旨在于帮助人、提高人，解决组织如何用人的问题；薪酬福利，旨在激励人，解决食品企业留人的问题；最终，劳动关系管理，旨在管理人、裁人，帮助食品企业形成合理化人力资源配置的有效循环。

9.1.3 食品企业人力资源规划

1. 食品企业人力资源规划的概念

食品企业人力资源规划是指根据企业的发展战略和经营目标，通过对食品企业未来人力资源需求和供给状况的分析及估计，在职务编制、人员配置、教育培训、人力资源管理政策、招聘和甄选等方面进行的人力资源管理的职能性计划。

人力资源规划的实质，是在食品企业发展方向和经营管理目标既定的前提下，为实现这一目标而进行的人力资源计划管理。它确定食品企业需要什么样的人力资源来实现企业目标，并采取相应措施来满足这方面的要求。从总体上看，人力资源计划管理的任务，是确保食品企业在适当的时间获得适当的人员，实现食品企业人力资源的最佳配置，使组织和员工双方的需要都能得到满足。

2. 食品企业人力资源规划的内容

食品企业人力资源规划可以分为战略计划和策略计划。战略计划阐述了人力资源管理的原则和目标；策略计划强调了具体每项工作的实施计划和操作步骤。一个完整的人力资源规划应该包括以下几个方面。

（1）总体规划。人力资源总体规划是指在计划期内人力资源管理的总目标、总政策、实施步骤和总预算的安排。

（2）人员需求规划。人员需求规划是食品企业根据组织运行的情况，对食品企业可能产生的空缺职位加以弥补的计划，旨在促进人力资源数量、质量的改善，是企业吸收员工的依据。一般来讲，人员需求计划是和人员晋升计划相联系的，因为晋升计划会造成组织内的职位空缺逐渐向下移动，最后积累到较低层次的人员需求上来。当然，较高的职位也会有空缺，有时必须从外部劳动力市场以较大的代价方能获得。所以，在食品企业进行招聘录用活动时，必须考虑到若干年后员工的使用情况。只有在人员的安排和使用上用发展的观点看问题，才能制订出合理的人员补充计划，使食品企业每个发展阶段都有适当的人选胜任工作要求。

（3）人员配置规划。人员配置规划阐述了食品企业每个职务的人员数量、人员的职务变动、职务空缺数量等。食品企业人员在未来职位上的安排和使用，是通过食品企业内部人员有计划地流动实现的，这种人员流动计划称为配置计划。配置计划对于食品企业来讲是非常必要的：当企业要求某种职务的人员同时具备其他职务的经验和知识时，就应使之有计划地流动，以培养高素质的复合型人才；当上层职位较少而等待提升的人较多时，通过配置计划进行人员的水平流动，可以减少他们的不满，等待上层职位的空缺；在企业人员过剩时，通过配置计划可以改变工作分配方式，对食品企业中不同职位的工作量进行调整，解决工作负荷不均的问题。所以，人员配置计划能够使人力资源结构不断得到优化。

（4）人员供给规划。人员供给规划是根据食品企业对用人的需求，通过内、外部招聘等方式，采取内、外部流动政策，以获取员工的计划。食品企业通过分析劳动力过去的人数、组织结构构成以及人员流动、年龄变化和录用等资源，就可以预测出未来某个特定时期的供给情况。预测结果显示出了食品企业现有人力资源状况以及未来在流动、退休、淘汰、升职以及其他相关方面的发展变化情况。

（5）教育培训规划。为了提升食品企业现有员工的素质，适应食品企业发展的需要，对员工进行培训是非常重要的。培训计划中包括培训政策、培训需求、培训内容、培训形式、培训考评等内容。

（6）薪酬激励规划。为了保证公司人工成本与经营状况之间的恰当比例关系，充分发挥薪酬的激励功能，要制定薪酬激励计划。先对未来的薪酬总额进行预算，并设计、制定、实施未来一年的激励措施，以充分调动员工的积极性。

（7）退休解聘规划。食品企业每年都会有一些人因为达到退休年龄或合同期满，食品企业不再续聘等原因而离开食品企业。在经济不景气、人员过剩时，有的企业还常常采取提前退休、买断工龄甚至解聘等特殊手段裁撤冗员。在这些方面，食品企业都应根据人员状况提前做好规划。

（8）职业规划。一个人的成长与发展只有在企业的实践和发展中才能实现，因此职业规划不仅是个人的事，也是食品企业必须关心的事。职业规划就是食品企业为了不断增强其员工的满意感，并使其能与食品企业的发展和需要统一起来而制定的协调有关员工个人的成长、发展与食品企业的需求发展相结合的规划。其主要内容是企业对员工个人在使用、培养等方面的特殊安排。一般情况下，食品企业不可能也不必要为所有员工都制定职业规划，职业规划的主要对象应该是食品企业的骨干。

（9）劳动关系规划。即关于如何减少和预防劳动争议，改进劳动关系的规划。

（10）人力资源预算。以上各方面都或多或少地涉及费用问题，要在制定各项预算的基础上，制定出人力资源的总预算。

上述十个方面是相互关联的。例如，培训开发规划可能会使部分岗位空缺，因此需要需求规划；需求规划以配置规划为前提；需求规划的有效执行需要有培训开发规划、薪酬激励规划、劳动关系规划来保证。

3．人力资源规划的程序

（1）预测组织未来的人力资源供给。估计在未来某一时间构成所需劳动力队伍的人员数目和类型。在做这种预测时要细心地评估现有的人员状况以及他们的运动模式。不过，供给预测仅仅与组织内部的人力资源有关。

（2）预测组织未来的人力资源需求。预测由未来工作岗位的性质和要求所决定的人员素质、技能的类型。

（3）将人力资源需求和内部供给的预测值加以比较以确定人员的净需求。做比较时不仅要针对整个组织，而且要针对每个工作岗位。在确定人员的净需求以后，就可以估计所选择的人力资源管理政策和措施能否减少人员的短缺或剩余。这两步实际上也是一个人力资源规划的管理决策过程。

（4）确定其是否对组织有用。估计规划的有效性。为了做好这种评估，规划人员有必要首先确定评估标准。

任务2 食品企业人力资源的招聘与培训

9.2.1 食品企业人力资源的招聘

食品企业人力资源招聘是指通过各种信息，把具有一定技巧、能力和其他特性的，同时又有兴趣到本企业任职的申请者吸引到企业空缺岗位的过程。

1．食品企业人力资源招聘的程序

（1）对工作岗位进行分析，确定职位空缺。

（2）做出职务分析，制定招聘计划书。

（3）组建招聘团队。

（4）发布招聘信息。

（5）对应聘人员进行甄选和评价。

（6）对应聘合格者进行录用与试用，与试用合格者签订劳动合同。

（7）对招聘结果进行评估和审核。

2．食品企业人力资源招聘的途径

人力资源招聘的途径有内部招聘和外部招聘两种。

（1）内部招聘。内部招聘是指从食品企业正在任职的员工中选拔所需要的各种人才填补空缺职位。内部招聘是食品企业人力资源招聘的重要来源，特别是食品企业中管理人员的招聘，主要由食品企业内部被确定为具备提升资格的人员来填补。内部招聘方式主要包括内部晋升、公告征召、员工推荐。

（2）外部招聘。外部招聘是按照一定的程序和标准，从食品企业外部吸引人才的过程。外部招聘可以通过广告、人才招聘会、网络、中介公司、申请人自荐和校园招聘等渠道进行。

在实际的招聘活动中，食品企业要根据自己的战略计划、招聘岗位等因素综合考虑，选取适当的招聘形式。食品企业可以同时运用内外部招聘来选拔人才，克服两者的不足，坚持公平竞争的原则，采取科学的手段与方法对应聘人员进行评估与审核，为企业挑选合适的人才。

3. 人员选拔的方法

对应聘人员的选拔是招聘过程中的关键环节，需要运用一系列科学方法。选拔过程包括填写求职申请表、素质测评、面试等环节。人员选拔过程不仅要挑选优秀的人才，更主要的是要找到最适合从事这份工作的人才。因此，企业在选择人员选拔的方法时，要考虑到不同方法对不同工作岗位的有效性，选择最适合的方法。

（1）填写求职申请表。企业可以通过要求应聘者填写求职申请表来获得关于求职者的基本信息。求职申请表不仅要求应聘者提供诸如年龄、教育背景等资料，而且应收集与评价指标相关的信息。例如，要求应聘者详细写出几个过去发生的，能够显示应聘者团队精神、创新能力等方面素质的事例，以便对其合作、创新等能力进行评价。

（2）人员素质测评。人员素质测评是指测评者采用科学的方法，收集被测评者在主要活动领域的表征信息，针对某一素质测评目标体系做出量值或价值判断的过程，或者从表征信息中引发与推断某些素质特性的过程。人员素质测评就是对个人稳定的素质特征进行测量与评价。

个人稳定的素质特点主要包括三个方面：能力因素、个人风格和动力因素。因此，人员素质测评就是针对这三个方面进行测量和评价。常用的测评方法有卡特尔16项人格因素测验、霍兰德职业性格测验、瑞文标准推理测验、图片投射测验等。通过测评，不仅可以了解应聘者的现有水平，还有助于发现其潜在的发展能力，为人力资源招聘与录用奠定基础。

（3）面试。面试主要是通过招聘者与应聘者面对面地交流、观察，了解应聘者的素质状况、能力特征、应聘动机等，是人力资源招聘过程中必不可少的一步。为提高面试的准确性和可靠性，一般采用结构化面试，即根据所制定的评价指标，运用特定的问题、评价方法和评价标准，严格遵循特定程序，对应聘者进行评价的标准化过程。

9.2.2　食品企业人力资源的培训

食品企业人力资源培训是企业为了提高员工在执行某向特定工作或任务时所必要的知识、技能及态度或培养其解决问题之能力所采取的一系列活动。每个企业都需要受过良好训练并具有丰富经验的人去运作，以维持组织生存所必要的活动。员工培训是食品企业的一种投资行为，而且是一种智力投资。因此，加强食品企业人力资源的培训便成为组织维持其高效工作所必需投注的一项活动。

1. 人力资源培训的目的

人力资源培训的出发点和归宿点是"企业的生存与发展"，其目的主要有以下几点。

（1）可以使食品企业不断适应外界环境的变化。食品企业要发展，就要充分利用外部环境所给予的各种机会和条件，抓住时机，通过自身的变革去适应外部环境的变化。食品企业不是一个封闭的系统，而是一个不断与外界相适应的升级系统。食品企业要在市场竞争中立于不败之地，关键在于企业内部的机制问题。企业的生存和发展归根结底是人的作用，具体是指如何提高员工素质、调动员工的积极性和发挥员工的创造力。因此，食品企业必须不断地培训员工，才能适应技术及经济发展的需要。

（2）可以增强员工的满足感。员工通过学习新的知识和技能，可以接受具有挑战性的工作，可以有晋升希望，这些都离不开培训。因此，通过培训可以增强员工的满足感。事实上，这些期望在某种情况下可以转化为自我实现诺言。期望越高，受训者的表现越佳。反之，期望越低，受训者的表现越差。这种自我实现诺言现象被称为皮革马利翁效应。

（3）可以提高工作绩效。通过培训，可以使员工在工作中减少失误；同时，可以提高员工的工作技能，减少不必要的损耗和浪费，提高工作质量和工作效率，提高企业的效益。

（4）可以提升食品企业文化，提高企业素质。培训的一个重要目的就是，可以使具有不同价值观念、不同工作作风以及不同生活习惯的人，能够按照食品企业经营要求，进行文化养成教育，以便形成统一、和谐的工作集体，使劳动生产率得到提高，人们的工作及生活质量得到改善。要提高食品企业的核心竞争力，就一定要重视教育培训和文化建设，充分发挥由此铸就的企业精神，提高企业的整体素质。

2．人力资源培训的基本程序

员工培训是指将执行工作时的各种基本技能提供给新进员工或现有员工，它包括一系列有计划的活动。这些活动可以改进员工的知识、技能、工作态度和社会行为，从而提高组织的效率。

（1）职前培训。职前培训的主要目的是让员工尽快适应食品企业的工作环境。它通过提高员工的技能水平，来增强员工对组织的规则和理念的理解，以改进员工的工作态度，提高员工与工作之间的配合，从而适应工作岗位的要求。

（2）在职培训。员工的在职培训，就其内容和目的而言，有三种情况：第一，改善人际关系的培训。它主要是使员工对人际关系有一个比较全面的认识，其中包括员工与员工之间的关系，员工自身的心理状况和社会关系，员工对部门、企业整体的认同感以及整个集团内部各部门之间的关系等。第二，新知识、新观念与新技术的培训。企业要发展，就要跟上时代的步伐，就必须随时注意外部环境和内部条件的变化，随时向其内部员工灌输新知识、新技术和新观念，否则员工思想跟不上，势必影响企业的竞争力。第三，晋级前的培训。晋级是企业人事管理的必然过程。由于编制的扩充、人员退休、免职等原因，企业需要随时相应补充各类人员。为了让即将晋级的员工在晋级之前有心理方面和能力方面的准备，企业有必要对有培养前途的员工提前实施培训。

（3）职务培训。职务培训主要是对管理人员的培训。管理人员是食品企业发展、生存的中坚力量，对这些人的培训尤为重要。因此，在对管理人员进行培训时，食品企业应注意以下几点：首先，熟悉工作环境。对于管理人员，应要求他们对于公司的经营性质、管理制度、所分配部门的工作性质有充分了解。只有如此，才能有效地开展工作。其次，注重团队能力的培养。管理人员在团队中生活，在安排工作时，最好从基层干起，使其确切了解基层人员的状况，为将来的主管工作积累最实用的经验。再次，随时进行工作考评。除定期的工作报告外，主管应以随机测验的方式做不定期的考评。这种方式可使主观更深入地了解被培训人员的工作绩效和培训成果。最后，合理的工作分配。在管理人员对某一工作熟悉之后，最好能安排其去做其他工作，适当地调动工作，可以提高管理人员的工作热情，使其能在最短时间内掌握较多的工作经验。

任务3　食品企业人力资源的绩效考评与薪酬管理

9.3.1　食品企业人力资源的绩效考评

绩效考评是针对食品企业中每个员工所承担的工作，应用各种科学的定性和定量的方法，对员工行为的实际效果及其对食品企业的贡献或价值进行考核和评价，是食品企业的各级管理者通过某种手段对下属工作完成情况进行定量与定性的评价过程。它是食品企业人力资源管理的重要内容，更是食品企业管理强有力的手段之一。绩效考评的目的是通过考评提高个体的效率，最终实现食品企业的目标。

1．食品企业人力资源绩效考评的作用

（1）从公司角度分析。管理者以及培训工作负责人，在进行培训需求分析时，应把人事考评的结果作为员工是否需要培训、培训什么的主要依据，根据绩效考评结果，制订绩效改进计划，对员工实行有针对性的指导，改善和提高员工的工作绩效。对考评结果优异者或突出者给予一定的奖励。在决定每年一度的奖励时，绩效考评结果是重要的依据。同时，人事调整必须严格与人事考评的结果结合起来，如一等85分以上，晋升三级；二等75分以上，晋升二级；三等60分以上，晋升一级；四等50分以上，不予升迁；五等50分以下，降一级；六等40分以下，30分以上，将二级；七等30分以下，解雇。食品企业可根据自身情况，制定相应的升迁基准和等级。

（2）从管理者角度分析。合理的绩效考评可以帮助管理者建立与下属的职业工作关系，借以阐述主管对下属的期望，了解下属对其职责与目标任务的看法，取得下属对主管、对企业的看法和建议，提供主管向下属解释薪资处理等人事决策的机会，共同探讨员工培训和开发的需求及行动计划。

（3）从员工角度分析。科学而有效的绩效考评让所有员工肩上都有担子，时时有事做，事事有目标，使员工更加了解自己的职责和目标，了解自己在企业的发展前途，了解与自己有关的各项政策的执行情况，获得说明困难和解释误会的机会，获得成绩和能力得到上司赏识的机会。

此外，奖勤罚懒、优胜劣汰、有言在先、目标明确、心往一处想劲往一处使，都是和谐企业文化的关键内容，而绩效考评的长期推进，恰恰能实现这些目标。

2．食品企业人力资源绩效考评的程序

（1）制订考评计划。

1）明确考评的目的和对象。考评目的不同，则对象也不同。例如，为晋升职称而进行的考评，对象是专业技术人员；而评选先进、决定提薪奖励的考评往往是在全体员工

中进行。

2）选择考评的内容和方法。考评目的和对象不同，重点考评的内容也不同。例如，发放奖金应以绩效考评为主，这是因为发放奖金的意图就是激励员工提高绩效；而提升职务，除了要看考评成绩，还要注意其品德和能力。考评的方法和考评的内容是相关联的，不同考评内容应选择不同的考评方法与其相适应。

3）确定考评时间。考评时间因考评的目的和对象而异。生产、销售人员的考评可每月进行，而专业技术人员、管理人员的工作短期不易见效，考评过于频繁不但没有实际意义，反而容易助长短期行为，因此以半年或更长时间一次为宜。

（2）进行技术准备。绩效考评是一项技术性很强的工作。其技术准备主要包括确定考评标准、选择或设计考评方法。在考评计划确定之后，最关键的一个程序就是要确定绩效考评的标准。考评标准的合理性直接决定着考评工作的有效性。首先，如果没有较为客观的考评标准，考评者就无法客观地对被考评者做出正确评价；其次，如果考评标准不合理，则考评结果和员工的实际情况之间会存在偏差，从而影响考评的公平、公正。一般来说，考评标准包括业绩标准、行为标准及任职资格标准等方面。

（3）选拔考评者。在选择考评者时，应考虑多方面因素，并同时对考评者进行培训。通过培训，可以使考评者掌握考评原则，熟悉考评标准，掌握考评方法，克服常见偏差。

（4）收集资料信息。收集资料信息要建立一套与考评指标体系有关的制度，并采取各种有效方法。生产企业收集信息的方法主要有以下几种：

1）生产记录法。生产、加工、销售、运输和服务的数量、质量、成本等均按规定填写原始台账。

2）考勤记录法。记录出勤、缺勤及原因，以及是否请假。

3）指导记录法。同时记录下属和主管的行动、意见和反映。

4）定期抽查法。由专职人员定期抽查生产。加工、销售、运输和服务的数量、质量，并做好记录。

（5）做出分析评价。这一阶段是绩效考评的具体实施阶段，一般考评者要在考评计划的指导下，以考评标准为依据对员工各个方面的表现进行考评，得出考评意见。具体包括：确定单项的等级和分值，对同一项目各考评来源的结果进行综合分析，对不同项目考评的结果进行综合分析。

（6）考评结果反馈。绩效考评反馈即将考评的意见反馈给被考评者。一般有两种形式：一是绩效考评意见认可，即考评者把考评意见给被考评者，若其认可，则签名盖章，若不认可，则可以提出，并要求上级主管部门予以裁定。二是绩效考评面谈，即考评者通过面谈把考评结果告知被考评者，了解其意见和看法，同时，绩效考评意见需要被考评者签字。绩效考评的最后一个阶段就是考评结果的运用，也就是进入了绩效管理的流程，使考评结果真正运用于企业管理的实践中。

3．绩效考评的基本方法

（1）关键事件法。关键事件法是通过分析和评价被考评者在工作中极为成功或极为失败的事件来考察被考评者工作绩效的一种方法。显然，某一工作的关键事件是在有效工作和无效工作之间造成差别的行为。由主管将每个人做的事记录在案，这些记录为绩效考评提供了一个以行为为基础的出发点。当然，不同被考评者的关键事件可能不能直接比较，所以事先可由人力资源专家准备一些标准化的关键事件。

关键事件法应用较为成功的原因有：首先，它使主管不得不考虑下属在整年时间里所积累的关键事件，从而避免了考评中只关注最近有关绩效情况的倾向；其次，保留一系列关键事件还可以使主管更清楚哪些方面是下属做得较好的，哪些方面还需要通过指导来改进；最后，关键事件法由于借助一系列事实记录而使得许多考评误差得以较好的控制。

（2）强制比例法。强制比例法是按预先规定的比例将被考评者分配到各个绩效类别上的方法。这种方法根据统计学正态分布原理进行，其特点是两边的最高分、最低分者很少，中间分布者居多。强制比例法的核心思想就是，通过对考评结果进行修正和调整来实现考评结果满足预先设定的等级分布。这种考评方法可以有效地避免由于考评者的个人因素而产生的考评误差。根据正态分布原理，优秀的员工和不合格的员工的比例应该基本相同，大部分员工应该属于工作表现一般的员工。所以，在考评分布中，可以强制规定优秀员工的人数和不合格员工的人数。强制比例法适合相同职务员工较多的情况。

（3）平衡计分法。平衡计分法是从财务、顾客、内部业务过程、学习与成长四个方面来衡量绩效的。平衡计分法一方面考评企业的产出（上期的结果），另一方面考评企业未来成长的潜力（下期的预测）；再从顾客角度和内部业务流程角度两个方面考评企业的运营状况参数，充分把企业的长期战略与企业的短期行动联系起来，把远景目标转化为一套系统的绩效考评指标。

（4）小组评价法。小组评价法是指由两名以上熟悉该员工工作的经理，组成评价小组进行绩效考评的方法。小组评价法的优点是操作简单，省时省力，缺点是容易使评价标准模糊，主观性强。为了提高小组评价的可靠性，在进行小组评价之前，应该向员工公布考评的内容、依据和标准。在评价结束后，要向员工讲明评价的结果。在使用小组评价法时，最好和员工个人评价结合进行。当小组评价和个人评价结果差距较大时，为了防止考评偏差，评价小组成员应该首先了解员工的具体工组表现和工作业绩，然后做出评价。

（5）360 度考评法。360 度考评法又称全方位考评法，最早被英特尔公司提出并加以实施运用。该方法是指员工通过自己、上司、同事、下属、客户等不同主体来了解自己的工作绩效，达到提高自身能力的目的。这种考评并不是每个员工都必须要做的，一般针对工作时间较长的员工和骨干员工。考评的内容主要是跟公司的价值观有关的各项内容。这种考评方法是背对背的，是为了避免在考评中出现人为因素的影响。

360 度考评法的优点在于：第一，考评者来自不同的群体，可以全方位、多角度地为被考评者提供反馈信息，有助于被考评者多方面能力的提升；第二，打破了由上级考评下属的传统考评制度，可以避免传统考评中考评者极容易发生的"光环效应""个人偏见"和

"考评盲点"等现象；第三，促进了来自不同渠道的信息在企业内部的交流，增进了上下级以及同级人员之间的信息交流，有利于员工间建立和谐的工作关系。但是，这种考评方法的成本较高，并且对考评者的培训工作难度较大。

9.3.2 食品企业人力资源的薪酬管理

1. 薪酬的概念和内容

薪酬即含有薪水和酬劳的意思，它是食品企业对员工提供劳务和所做贡献的回报。员工的贡献包括客观绩效和付出的努力、时间、精力、学识及才能。

食品企业在不同时期的薪酬体系构成不尽相同，但一般来说，由以下几部分构成。

（1）工资。工资主要以员工所在部门、岗位、职务以及员工个体间的劳动差异为标准，完成定额内的劳动而得到的报酬，主要包括基础工资、岗位工资、技能工资、年功工资。工资是根据员工的工作性质支付的基本现金报酬，反映的是工作或技能的价值，不体现因员工个人素质等因素而引起的对企业贡献的差异。

（2）奖金。奖金是指员工在完成定额任务的基础上，付出超额劳动的报酬。奖金是对员工过去劳动的认可，目的在于激励员工，使其继续保持良好的工作态度与势头。它是在基本工资基础上的增加，是随员工业绩的变化而调整的。

（3）福利。福利是指企业为了保留和激励员工，通过设置集体生活设施、提供劳务和建立补贴制度等方式，解决员工在物质和精神生活上的需求与困难。例如，企业建立的食堂、浴室、幼儿园、图书馆、俱乐部等福利设施，发放给员工的生活困难补助、冬季取暖补助、支付的保险等个人福利，以及提供的培训与休假的机会。

（4）激励性薪酬。激励性薪酬是指提前将受益分享方案告知员工，员工根据自己的业绩所达到的标准，获得收益的一种薪酬。这种薪酬与员工的业绩直接挂钩，是可变性的薪酬。衡量员工业绩的标准主要有产品质量、成本节约、投资收益、利润增加等。激励性薪酬分为短期和长期两种。

2. 工资制度

（1）技术等级工资制。技术等级工资制，是根据劳动的复杂程度、繁重程度、精确程度等因素将劳动技术分成不同的等级，按等级规定相应的工资标准的一种制度。它主要是根据劳动的质量来对劳动进行区分，进而据此制定工资的差别。

（2）职务工资制。职务工资制，是按照职务规定工资标准的一种工资等级制度。它可实行单一型的工资标准，也可实行重合可变型工资标准。我国企业中的管理人员和专业技术人员大多实行的就是职务等级工资。在实行职务工资制时，企业必须有健全的、合理的编制与定员标准；要做到职务范围清晰、责任分明、工作规范、便于评价；要建立严格的职工调配、考评和晋升制度。

（3）岗位工资制。岗位工资制，是按照工人在生产中的不同岗位确定工资的一种工资等级制度。岗位工资标准是根据各个岗位技术的复杂程度、工作的责任大小、劳动的繁重程度而制定的。制定岗位工资制是在分析、评价各岗位工作的基础上给各岗位评分，再按其所得总分由低到高顺序排列、划岗归类，组成统一的岗位工资标准体系。

（4）结构工资制。结构工资制，是根据决定工资的不同因素和工资的不同作用，将工资划分为几个部分，通过对各部分工资数额的合理确定，构成员工的全部工资。结构工资的各个组成部分之间具有内在的结构关系，互相联系、互相制约、互相补充，形成一个有机的统一体。结构工资制既适用于企业管理层职员，也适用于一般工人，具有较灵活的调节作用，有利于合理安排各单位职工构成中各类职工的工资关系，能够调动各方面职工的劳动积极性，更能充分发挥工资的职能作用。

（5）年薪制。年薪制，是以企业的有关经营业绩指标为依据，确定经营者该年度薪酬的一种制度。年薪制一般作为高层管理人员使用的薪资方式，是一种"完全责任制"薪资。一般来说，年薪制包括基本薪金和风险收入两大部分。基本薪金主要包括基本工资和福利性报酬，风险收入则根据经营者的经营业绩来确定。从人力资源管理的角度看，年薪制是一种有效的激励措施，对提升绩效有很大作用。

任务 4　食品企业人力资源的激励

9.4.1　激励的概念和过程

1. 激励的概念

激励是为了实现食品企业目标，通过满足员工的生理、兴趣、情感等需要，有效地启迪员工的心灵，达到挖掘员工潜力的管理手段。

激励的本质是双赢。通过激励能让激励的主体——企业管理者和激励的对象——员工实现双赢的激励，才是最有效的激励。

2. 激励的过程

激励的过程主要有四个部分，即需要、动机、行为、绩效。首先是需要的产生，在个人内心引起不平衡状态，产生了行为的动机。通过激励，使个人按照组织目标去寻求和选择满足这些需要的行为，最后达到提高绩效的目的。如图 9-2 所示。

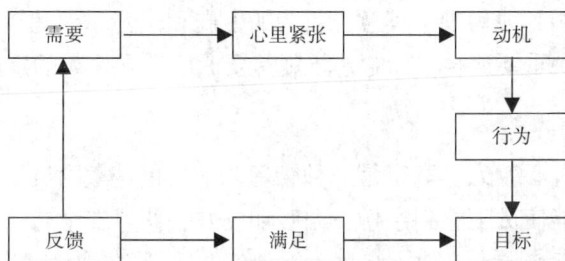

图 9-2　激励的过程

9.4.2 食品企业人力资源激励的手段

1．榜样激励

为员工树立一个行为标杆。在任何一个组织里，管理者都是下属的镜子。可以说，只要看一看这个组织的管理者是如何对待工作的，就可以了解整个组织成员的工作态度。"表不正，不可求直影"。要让员工充满激情地去工作，管理者就要做出一个样子来。

2．目标激励

激发员工不断前进的欲望。人的行为都是由动机引起的，并且都是指向一定的目标的。这种动机是行为的一种诱因，是行动的内驱力，对人的活动起着强烈的激励作用。管理者通过设置适当的目标，可以有效诱发、导向和激励员工的行为，调动员工的积极性。

3．授权激励

有效授权是一项重要的管理技巧。不管多能干的领导，也不可能把工作全部承揽过来，这样做只能使管理效率降低，下属成长得过慢。通过授权，管理者可以提升自己及下属的工作能力，更可以极大地激发下属的积极性和主人翁精神。

4．尊重激励

给人尊严远胜过给人金钱。尊重是一种最人性化、最有效的激励手段。以尊重、重视自己的员工的方式来激励他们，其效果远比物质上的激励要来得更持久、更有效。可以说，尊重是激励员工的法宝，其成本之低、成效之卓，是其他激励手段都难以企及的。

5．沟通激励

下属的干劲是"谈"出来的。管理者与下属保持良好的关系，对于调动下属的热情，激励他们为企业积极工作有着特别的作用。而建立这种良好的上下级关系的前提，也是最重要的一点，就是有效的沟通。可以说，沟通之于管理者，就像水之于游鱼，大气之于飞鸟。

6．信任激励

诱导他人意志行为的良方。领导与员工之间应该肝胆相照。你在哪个方面信任他，实际上也就是在哪个方面为他勾画了其意志行为的方向和轨迹。因此，信任也就成为激励诱导他人意志行为的一种重要途径。而管理不就是要激励诱导他人的意志行为吗？

7．宽容激励

胸怀宽广会让人甘心效力。宽容是一种管理艺术，也是激励员工的一种有效方式。管理者的宽容品质不仅能使员工感到亲切、温暖和友好，获得安全感，更能化为启动员工积极性的钥匙，激励员工自省、自律、自强，让他们在感动之中甘心情愿地为企业效力。

8．赞美激励

效果奇特的零成本激励法。人都有做个"重要"人物的欲望，都渴望得到别人的赞美和肯定。赞美是一种非常有效而且不可思议的推动力量，它能赋予人一种积极向上的力量，能够极大地激发人对事物的热情。用赞美的方式激励员工，管理者所能得到的将远远大于付出。

9. 情感激励

让下属在感动中奋力打拼。一个领导能否成功，不在于有没有人为你打拼，而在于有没有人心甘情愿地为你打拼。须知，让人生死相许的不是金钱和地位，而是一个情字。一个关切的举动、几句动情的话语、几滴伤心的眼泪，比高官厚禄的作用还要大上千百倍。

10. 竞争激励

增强组织活力的无形按钮。人都有争强好胜的心理。在企业内部建立良性的竞争机制，是一种积极的、健康的、向上的引导和激励。管理者摆一个擂台，让下属分别上台较量，能充分调动员工的积极性、主动性、创造性和争先创优意识，全面地提高组织活力。

11. 文化激励

用企业文化熏陶出好员工。企业文化是推动企业发展的原动力。它对企业发展的目标、行为有导向功能，能有效地提高企业生产效率，对企业的个体也有强大的凝聚功能。优秀的企业文化可以改善员工的精神状态，熏陶出更多的具有自豪感和荣誉感的优秀员工。

12. 惩戒激励

不得不为的反面激励方式。惩戒的作用不仅在于教育其本人，更重要的是，让其他人引以为戒，通过适度的外在压力使他们产生趋避意识。惩戒虽然是一种反面激励，但不得不为之。因为，"怀柔"并不能解决所有的问题。

项目案例分析

杭州娃哈哈集团有限公司人力资源开发管理之道

对于消费者来说，娃哈哈的创新体现在不断推出的新产品上；而对于娃哈哈自身而言，质量和创新的基础，都在于人。27年来，借助竞争与激励机制双驱动的培养模式，其塑造了一支"拉得出、打得响、过得硬"的干部员工队伍，为质量和创新打下了坚实的基础。

1. 为员工"量身定制"职业通道

有一句名言是，不想当将军的士兵不是好士兵。可要是大家都奔着将军去了，谁来当士兵呢？娃哈哈长期专注饮料行业，属于劳动密集型行业。对于一线工人而言，当领导似乎太遥远，可长期在岗位上重复劳动又太过枯燥，该如何激发他们的积极性呢？

近年来，娃哈哈对公司岗位体系进行了全面梳理和挖掘，按照职种归类的原则将外地员工、杭州员工、销售员工、行政干部四套职位体系进行整合，并进行了重构拓展，形成1 200多个岗位容量、适应公司当前人力资源队伍结构和未来发展需要的职业通道体系。

该体系囊括管理、专业、技术工人、行政干部、营销五类通道发展模式，每类通道按知识技能水平的高低和承担责任的大小分为若干等级，构成员工职业晋升通道。这样一来，员工晋升通道实现多元化，不同专业类型的员工可以平行发展，只要达到更高的任职资格标准，都可以在自己的专业领域获得发展，也可以通过专门的培训转向自己感兴趣的领域，打破了"管理独木桥"现象。

有了发展空间，职工便有了进步的动力。于是，考评和激励就变得更为重要。娃哈哈以"按岗位、讲业绩、凭能力"的原则制定任职资格标准。首先，进行岗位价值评估。根据评估结果对不同岗位对应的任职资格标准中级别通道长短进行设计。例如，设备工程师从专业5级到专业主管，SIDEL灌装机操作维修工是从五级技工到一级技工，理瓶机操作维修工则是从操作工到五级技工。其次，根据对不同职位级别的角色定义和要求，制定任职资格标准通用定义。作为员工能力的总标尺和标准制定、修订、认证评审的统一指导框架。最后，以通用标准为纲，制定所有岗位的任职资格标准，包含岗位职责、绩效与贡献、专业技能、必备知识和基本任职条件五大模块，全面描述每类岗位不同能力级别人员应该知道什么、能做什么、应该如何做、能够做到什么程度，为人才选聘、培养和晋升评估工作建立参考。

如此一来，每个职业通道的不同职位级别在任职资格标准的五个模块内容上都体现广度、深度和难度方面的差异，并且层级差异的大小和总体水平随着公司发展要求的变化和员工整体任职水平的提高而不断变化。为此，娃哈哈还建立了任职资格标准常态化修订制度，确保公司文化、战略目标以及管理要求及时转化为员工的职业化行为。

在考评方面，娃哈哈已经形成员工自评、部门/片区初评、人力资源部审核、集团业务线复评、公司审批、结果公示、反馈等在内的成熟流程和执行规范。员工通过优秀的工作表现和业绩获取认证申请的机会，以实际做出的工作成果和经历的工作项目证明已掌握申报级别所要求的各项能力指标，以实实在在可呈现的工作事例、创新成果、服务成效等第三方证明来举证说明。通过认证，将有能力的员工晋升到更高的级别，承担更重要的职责，鼓励做出更大的贡献，将不能胜任的员工降级，形成能上能下的级别动态管理机制。

对于大家最关注的薪酬体系，娃哈哈将员工职位分类分级与薪酬直接挂钩，其中，岗位工资、薪级工资、绩效奖金系数、持股额度都与职务级别严格挂钩。员工级别的升降直接触发薪酬的较大幅度变动，从而激励员工不断提升能力，创造业绩。

2. 为员工科学搭建自我提升平台

人是最大的生产力。员工素质和技能的提升，是企业发展的必经之路。在员工培训上，娃哈哈向来舍得花钱，更舍得下功夫。

近年来，娃哈哈坚持"自己的员工自己培养，自己人培训自己人"的思路，每年组织开展视频课程开发大赛，发动员工成立课程开发团队，对先进的操作方法、优秀的经验技巧进行总结并以视频形式予以呈现；制定实行内部课程常规评审制度，鼓励内部培训师积极开发优秀课程。目前，娃哈哈集团级课程资源库拥有岗位教材160套、课程600门以及题库1632套，并已实现分级分类管理。娃哈哈还通过部门子公司推荐、公司审核评定等程序，选拔出一批专业能力强、具有一定授课能力的员工成为兼职培训师。娃哈哈通过制定兼职培训师激励政策，每年对兼职培训师的业绩进行评定和奖励表彰，激发兼职培训师队伍的活力和责任心。目前，娃哈哈已经选拔培养集团级金种子培训师 200 余人，子公司级金种子培训师 1 000 余人。

娃哈哈还自主设计开发了一套定制化信息平台资源，集在线学习考试、培训信息传播互动、培训计划跟踪管理等功能于一体。该平台通过"资源中心"更便捷高效地分享自主开发课程，员工可按需在线学习相应的课程并取得学分，亦可通过"培训通知"模块了解培训计划并在线报名，通过"学习档案"模块查询学分规划自主学习，通过"认证中心"模块查询业务技能认证资格。同时，该平台还实现了培训全流程分级管理的无纸化操作，培训中心通过系统实现培训通知发布、报名信息整理、培训计划执行管理、课程资源管理、兼职培训师队伍管理、员工学习考试管理、持证信息管理等多项管理功能。

为了提高培训的效率和针对性，娃哈哈基于任职资格标准和胜任力模型建立了分层分类培训体系。例如，部厂级干部聚焦于领导力、工业工程科学、企业生产经营管理实践等方面的培训，以专题讲座、业务研讨、标杆参访、立项实践为主要形式；储备干部聚焦于基础管理理论、实用管理技术、通用素质、生产经营管理实践等方面的学习，以挂职锻炼、集中培训、导师帮带培养为主要形式；研发人员聚焦于行业前沿资讯及动态、本领域尖端技术、科研思路与方法、创新思维、研发与市场的匹配等方面的汲取，以学术论坛交流、专业期刊学习研讨、内部跨部门培训交流为主要形式。

基于技能人才"一专多能"的培养目标以及其自我提升规划意识和能力相对薄弱的特点，娃哈哈还自主设计建立内部岗位技能鉴定体系，分初、中、高三个等级，对应能力评价体系中的"掌握、熟练、精通"三种程度，构建一条明确的技能增长路径图。

经过四年的努力，目前该套体系已经覆盖 71 个岗位。娃哈哈每年组织开展一轮鉴定，对于通过鉴定的人员，以通报形式公示并表扬，对通过中级及以上人员给予一次性物质奖励，员工取证情况还与技能系数挂钩，进而影响每月收入，充分调动员工学习知识、钻研技术的热情。

目前，娃哈哈每年参与认证的人数已经超过 1 万，累计持有岗位技能鉴定证书人员 8 051 人，其中持有中级证书 1 014 人、高级证书 222 人，持有两项以上证书 1 588 人，有效提升了技能人才的能力水平。该体系还填补了饮料行业的空白，被认定为"浙江省企业技能人才评价标准化体系建设基地"。

让员工成为企业的主人，让企业成为员工的学校。娃哈哈的人才培养模式证明，员工的创造性和积极性一旦被调动起来，将为企业发展壮大提供无穷动力。

资料来源：中国质量报，2015-02-04。

? 辩证性思考：

杭州娃哈哈集团有限公司人力资源开发管理之道的创新表现在哪些方面？

项目检测

管理知识目标检测

1．食品企业人力资源管理的内容有哪些？

2．食品企业人力资源规划的主要内容是什么？

3．食品企业人力资源培训招聘的基本程序是什么？

4．食品企业人力资源激励的内容和手段有哪些？

管理能力目标检测

检测项目：

选择一家食品企业，对该企业人力资源管理现状进行分析，撰写食品企业的人力资源管理分析方案。

检测目的：

通过训练，进一步熟悉、掌握企业人力资源管理的程序，具备分析食品企业人力资源管理的基本能力。

检测要求：

由班级学习委员组织全员分团队对食品企业人力资源管理分析方案进行讨论，评选三个优秀方案，在全班进行宣讲，教师进行评价。

项目 10 ●●●

食品企业财务管理

项目目标

管理知识目标

明确食品企业财务管理的目标、内容和任务；明确食品企业筹资的概念、筹资渠道和方式；了解现代资金成本、资本结构优化及资本结构决策；明确食品企业投资的概念和类型；了解食品企业投资组合的选择；熟悉固定资产、流动资产、无形资产的投资管理；明确食品企业成本费用管理的意义和成本费用的开支范围和分类；了解食品企业成本预测、成本计划、成本分析和利润管理；明确食品企业财务分析的概念和目的；掌握食品企业财务分析的内容和方法。

管理能力目标

具备食品企业财务分析的能力。

项目导入案例

"秦池"为何昙花一现

1996 年 11 月 8 日下午，中央电视台传来一个令全国震惊的新闻：名不见经的秦池酒厂以 3.2 亿元人民币的"天价"，买下了中央电视台黄金时间段广告，从而成为令人炫目的连任二届"标王"。1995 年该厂曾以 6 666 万元人民币夺得"标王"。

秦池酒厂是山东省临朐县的一家生产"秦池"白酒的企业。1995 年临朐县人口数量 88.7 万，人均收入 1 150 元，低于山东省平均水平。中标后的一个多月时间里，秦池就签订了销售合同 4 亿元；头两个月秦池销售收入就达 2.18 亿元，实现利税 6 800 万元，相当于秦池酒厂建厂以来前 55 年的总和。至 6 月底，订货已排到了年底。1996 年秦池酒厂的销售也由 1995 年只有 7 500 万元一跃为 9.5 亿元。事实证明，巨额广告投入确实带来了"惊天动地"的效果。对此，时任厂长十分满意。

然而，新华社 1998 年 6 月 25 日报道："秦池目前生产、经营陷入困境，今年亏损已成定局。"秦池为什么在这么短的时间就风光不再而陷入困境？从现代企业财务管理的角度分析，秦池衰落的主要原因是：巨额广告支出使经营杠杆作用程度加大，给企业带来更大的经营风险；资产结构的失衡，导致盈利能力与流动能力矛盾恶化；财务资源有限性制约企业持续发展。

资料来源：https://wenku.baidu.com/view/f3f1ec12cc7931b765ce1589.html。

❓ **辩证性思考：**

从"秦池"案例中应吸取什么教训？

任务 1　食品企业财务管理概述

财务管理是食品企业管理的核心内容之一。资本是企业财务活动的基本要素。财务管理是以资本收益最大化为目标，对企业资本进行优化配置和高效利用的一种资本运动。财务管理是指食品企业在再生产过程中组织财务活动、处理财务关系而产生的一项综合性管理工作。

10.1.1　食品企业财务管理目标

财务管理目标，又称理财目标，是指食品企业进行财务活动所要达到的根本目的，它决定着食品企业财务管理的基本方向。财务管理目标是一切财务活动的出发点和归宿，是评价企业理财活动是否合理的基本标准。

1．利润最大化

利润最大化目标认为，利润代表了食品企业新创造的财富，利润越多则说明食品企业的财富增加得越多，越接近食品企业的目标。

2．股东财富最大化

股东财富最大化是指通过财务上的合理经营，为股东创造最多的财富，实现食品企业财务管理目标。

10.1.2　食品企业财务管理的内容和任务

1．财务管理的内容

（1）筹资管理。在筹资过程中，一方面，食品企业需要根据战略发展和投资计划来确定各个时期食品企业总体的筹资规模，以保证投资所需资金；另一方面，要通过筹资渠道、筹资方式或工具的选择，合理确定筹资结构，以达到降低筹资成本和风险、提高食品企业价值的目的。

（2）投资管理。食品企业在投资过程中通过对投资活动的管理，合理确定投资规模（为确保最佳投资效益，食品企业应投入的资金数额），同时通过投资方向和投资方式的选择来确定合适的投资结构，以达到降低投资风险、提高投资效益的目的。

（3）成本管理。食品企业产品的生产过程也是生产的耗费过程，食品企业生产经营过程中所耗费的资金总和就是成本费用。成本管理的主要内容就是正确计算产品成本，对费用进行科学分类管理，尽可能地降低耗费，最终达到提高经济效益的目的。

（4）利润管理。食品企业利润管理的首要环节是根据企业一定时期内的财务状况、经营状况、预期的经济效益以及企业外部相关因素确定目标利润，进行目标利润管理；其次是要对食品企业实现的经营成果在各方面之间进行合理分配，即利润分配。税后利润分配要按照规定提取盈余公积金和公益金，并确定向投资者分配利润，同时按照《公司法》等法律法规的规定进行股利分配管理。

2．财务管理的任务

食品企业的经营目标是生存、发展和盈利。财务管理要为实现食品企业目标服务，其具体任务可以概括以下四个方面：

（1）合理安排财务收支，使食品企业保持较强的支付能力和偿债能力。

（2）以较低的资金成本和较小的筹资风险，为食品企业发展筹集到所需要的资金。

（3）合理运用资金，选择最佳的资金投向，加速资金周转，不断提高资金的利用效果，以尽可能少的资金投入，取得尽可能大的经营成果。

（4）合理确定利润分配比例和分配形式，提高食品企业的盈利能力，提升企业的整体价值。

任务 2　食品企业筹资管理

10.2.1　食品企业筹资的概念

食品企业筹资是指食品企业通过各种方式和法定程序，从不同的资金渠道，筹措所需资金的全过程。无论其筹资的来源和方式如何，其取得途径不外乎两种：一种是接受投资者投入的资金，即食品企业的资本金；另一种是向债权人借入的资金，即食品企业的负债。

筹资是食品企业财务活动的起点，筹资活动是食品企业生存、发展的基本前提，没有资金，食品企业将难以生存，也不可能发展。所以，食品企业应科学合理地进行筹资活动。

10.2.2　食品企业筹资的渠道和方式

1．食品企业的筹资渠道

筹资渠道是指食品企业筹资来源的方向与通道，体现了资金的源泉和流量。筹资渠道的种类有：

（1）国家财政资金。国家财政资金是国家对企业的直接投资或税前还贷、减免各种税款形成的。

（2）银行信贷资金。银行信贷资金是银行对企业的各种贷款。

（3）非银行金融资金。非银行金融资金是保险公司、证券公司、信托投资公司、租赁公司等提供的各种金融服务。

（4）其他企事业资金。其他企事业资金是指企业间相互投资、商业信用形成的债权、债务资金。

（5）居民个人资金。居民个人资金形成民间资金来源渠道。

（6）企业自留资金。企业自留资金是指企业内部形成的资金，如公积金和未分配利润。

（7）外商资金。

2．食品企业的筹资方式

筹资方式是指可供企业在筹措资金时选用的具体筹资形式。筹资方式有：吸收直接投资；发行股票；利用留存收益；向银行借款；利用商业信用；发行公司债券；融资租赁；杠杆收购。其中，前三种方式筹措的资金为权益资金，后几种方式筹措的资金是负债资金。

筹资渠道解决的是资金来源问题，筹资方式则解决通过何种方式取得资金的问题，它们之间存在一定的对应关系。一定的筹资方式可能只适用于某一特定的筹资渠道，但是同一渠道的资金可采用不同的方式取得，同一筹资方式又适用于不同的筹资渠道。因此，食品企业在筹资时，应实现两者的合理配合。

10.2.3　现代资金成本及资本结构的优化

资金成本是指食品企业为筹集和使用资金而付出的代价。资金成本主要用于筹资决策和投资决策。准确测定食品企业欲筹资金的资金成本是比较筹资方式、选择筹资方案的依据，是评价投资项目可行性的主要尺度，是评价食品企业经营成果的最低标准。资金成本包括资金筹集费用和资金占用费用两部分。资金筹集费用是指资金筹集过程中支付的各种费用，如发行股票，发行债券支付的印刷费、律师费、公证费、担保费及广告宣传费。需要注意的是，食品企业发行股票和债券时，支付给发行公司的手续费不作为企业筹集费用。资金占用费用是指占用他人资金应支付的费用，如股东的股息等。现代资金成本具有以下几种。

1．个别资本成本

个别资本成本是指各种筹资方式的成本，主要包括长期借款资本成本、债券成本、优先股成本、普通股成本和留存收益成本。前两者可统称为负债资金成本，后三者统称为权益资本成本。

（1）长期借款资本成本。

1）特点：借款利息计入税前成本费用，可以起到抵税的作用；筹资费很小时可以略去不计。

2）计算公式为：

$$K_i = \frac{Li(1-T)}{L(1-f)} = \frac{i(1-T)}{1-f}$$

式中：K 代表长期借款资本成本；L 代表银行借款筹资总额；i 代表银行借款利率；T 代表所得税税率；f 代表银行借款筹资费率。

【例 10-1】某食品企业取得长期借款 100 万元，年利率 8%，期限为 5 年，每年付息一次，到期一次还本，筹措借款的费用率为 0.2%，食品企业所得税税率为 25%，计算其资金成本：

$$K = \frac{Li(1-T)}{L(1-f)} = \frac{i(1-T)}{1-f} = \frac{8\% \times (1-25\%)}{1-0.2\%} = 5.61\%$$

（2）债券成本。

1）特点：债券利息应计入税前成本费用，可以起到抵税的作用；债券筹资费用一般较高，不可省略。

2）债券成本的计算公式为：

$$K_b = \frac{Bi(1-T)}{B_0(1-f)}$$

式中：K 代表债券成本；B 代表债券面值；i 代表债券票面利率；T 代表所得税税率；B 代表债券筹资额，按发行价格确定；f 代表债券筹资费率。

【例 10-2】某食品企业发行面值 1 000 元的债券 1 000 张，票面利率 8%，期限为 5 年，每年付息一次，发行费用率为 2%，企业所得税税率为 25%，债券按面值发行，计算其资金成本：

$$K_b = \frac{Bi(1-T)}{B_0(1-f)} = \frac{1\,000 \times 8\% \times (1-25\%)}{1\,000 \times (1-2\%)} = 6.12\%$$

（3）优先股成本。企业发行优先股，既要支付筹资费用，又要定期支付股息，且股利在税后支付，其资金使用成本计算公式为：

$$K_P = \frac{D}{P_0(1-f)}$$

式中：K 代表优先股成本；D 代表优先股每年股利；P_0 代表发行优先股总额；f 代表优先股筹资费率。

【例 10-3】某食品企业发行优先股，每股发行价为 8 元，每股每年支付股利 1 元，发行费用率为 2%，计算其资金成本：

$$K_P = \frac{D}{P_0(1-f)} = \frac{1}{8 \times (1-2\%)} = 12.76\%$$

（4）普通股成本。如果公司股利不断增长，假设年增长率为 g，则普通股成本为：

$$K_s = \frac{D_1}{V_0(1-f)} + g$$

式中：K_s 代表普通股成本；D_1 代表第一年股利；V_0 代表普通股金额，按发行价计算；f 代表普通股筹资费率。

【例 10-4】某食品企业发行普通股，每股发行价为 8 元，第一年支付股利 1 元，发行费用率为 2%，预计股利增长率为 5%，计算其资金成本：

$$K_s=\frac{1}{8\times(1-2\%)}+5\%=17.76\%$$

（5）留存收益成本。留存收益包含盈余公积和未分配利润，是所有者追加的投入，与普通股计算原理相同，只是没有筹资费用。

计算留存收益成本的方法主要有三种。

1）股利增长模型法。假定收益以固定的年增长率递增，其计算公式为：

$$K_e=\frac{D_1}{V_0}+g$$

式中：K_e 代表留存收益成本。

【例 10-5】某企业普通股每股股价为 8 元，预计明年发放股利 1 元，预计股利增长率为 5%，计算留存收益成本。

$$K_e=\frac{1}{8}+5\%=17.5\%$$

2）资本资产定价模型。按照资本资产定价模型，留存收益成本计算公式为：

$$K_s=R_f+\beta（R_m-R_f）$$

式中：R_f 代表无风险报酬率；β 代表股票的贝他系数；R_m 代表平均风险股票必要报酬率。

【例 10-6】假设市场无风险报酬率为 8%，平均风险股票必要报酬率为 10%，某公司的普通股 β 值为 1.2，计算该公司留存收益成本。

$$K_s=8\%+1.2\times（10\%-8\%）=10.4\%$$

3）风险溢价。根据某项投资"风险越大，要求的报酬率越高"，普通股股东对企业的投资风险高于债券投资者，因此会在债券投资者要求的收益率上再要求一定的风险溢价。其资金成本计算公式为：

$$K_e=K_b+RP_c$$

式中：K_b 代表债券成本；RP_c 代表股东比债权人承担更大风险所要求的风险溢价。

一般某企业普通股风险溢价对其自己发行的债券来讲，在 3%~5% 之间，当市场利率达到历史性高点时，风险溢价通常较低，在 3% 左右；当市场利率处于历史性低点时，风险溢价通常较高，在 5% 左右；而通常情况下，采用 4% 的平均风险溢价。

【例 10-7】某公司债券成本为 8%，采用 4% 的平均风险溢价，则该公司留存收益成本为：

$$K_s=8\%+4\%=14\%$$

2. 加权平均资本成本

加权平均资本成本是指企业全部长期资金的总成本，是以各种资金所占的比重为权数，对各种资金成本进行加权平均计算出来的。

权数由市场价值权数、账面价值权数（常用）、目标价值权数来确定。

计算公式如下：

$$K_{\omega} = \sum_{i=1}^{n} W_j K_j$$

式中：K_{ω}代表加权平均资本成本；W_j代表第 j 种资金占总资金的比重；K_j代表第 j 种资金的成本；n 代表筹资方式种类。

【例 10-8】某公司共有资金 1 000 万元，其中，长期借款 300 万元，普通股 500 万元，留存收益 200 万元，各种资金的成本分别为 6%、13% 和 12%，计算该公司综合资本成本。

$$K_{\omega} = 300/1\ 000 \times 6\% + 500/1\ 000 \times 13\% + 200/1\ 000 \times 12\% = 10.7\%$$

3. 边际资本成本

边际资本成本是指企业每增加一个单位量的资本而形成的追加资本的成本。

公司无法以某一固定的资本成本筹集无限的资金，当公司筹集的资金超过一定限度时，原来的资本成本就会增加。追加一个单位的资本增加的成本称为边际资本成本。

10.2.4　资本结构决策

资本结构是指企业资本总额中各种资金来源的构成及其比例关系，又称"资金结构"。资本结构决策是企业筹资决策的核心问题。评价企业最佳资本结构的标准是每股收益最大化或资金成本最小化。实现资金成本最小化自然也就实现了每股收益最小化。资金成本最小化就是综合资金成本最低，或是在追加筹资的情况下边际资金成本最低。

在企业筹资管理活动中，资本结构有广义和狭义之分。广义的资本结构是指企业全部资金的构成及其比例关系，不仅包括长期资本，还包括短期资本；狭义的资本结构仅指企业长期资金的构成及其比例关系，尤其是指长期权益资金和债务资金的构成及其比例关系。

确定最佳资本结构，其决策方法主要有三种：比较资本成本法、每股收益无差别点分析法、企业价值分析法。

1. 比较资本成本法

比较资本成本法是指企业在筹资决策时，首先拟定多个备选方案，分别计算各个方案的加权平均资本成本，并相互比较来确定最佳资本结构。即通过计算不同资本结构的综合资本成本率，并以此为标准相互比较，选择综合资本成本率最低的资本结构作为最佳资本结构的方法。该方法可以用于资金规模小、资本结构较简单的非股份有限公司。

2．每股收益无差别点分析法

每股收益无差别点是指食品企业在分别采用债务筹资和权益筹资两种方式下使每股收益相等的销售额（销售量、息税前利润）。在每股收益无差别点分析法下，当预计销售额大于每股收益无差别点的销售额时，采用负债筹资可以获得较高的每股收益；当预计销售额小于每股收益无差别点的销售额时，采用权益筹资可以获得较高的每股收益。该方法可以用于资金规模不大、资本结构不太复杂的股份有限公司。

3．企业价值分析法

前两种资本结构决策方法均未充分考虑财务风险因素，而食品企业价值分析法在充分考虑财务风险的前提下，测算每种筹资方案下的食品企业价值，选择使食品企业价值最大的筹资方案。该方法的分析决策过程较为复杂，通常用于资金规模较大、资本结构较为复杂的上市公司。

任务 3   食品企业投资管理

10.3.1   食品企业投资的种类

食品企业投资是指企业为了在未来可预见的时期内获得收益或使资金增值，而在一定时期内向一定领域投放足够数额的资金或货币等价物的经济行为。

投资可以按不同的标志进行分类。

（1）按照投资的内容不同，可分为固定资产投资、无形资产投资、流动资产投资、房地产投资、有价证券投资、期货期权投资、信托投资、其他资产投资等。

（2）按照企业对投资行为的介入程度不同，可分为直接投资和间接投资。直接投资是指由企业直接介入的投资，即将货币直接投入投资项目的一种投资；间接投资即证券投资。

（3）按照投资方向的不同，可分为内部投资和外部投资。内部投资是把资金投向企业内部，购置生产经营所需的各项资产；外部投资是企业以现金、实物、无形资产等方式投放于其他企业或购买有价证券。

（4）按照投资期限的长短，可分为长期投资和短期投资。长期投资是在一年以上的时间才能收回的投资。内部长期投资主要包括固定资产投资、无形资产投资；外部长期投资主要包括对外直接长期投资和长期有价证券投资。短期投资是在一年内收回的投资。

10.3.2   食品企业投资组合的选择

1．投资组合的影响因素

投资组合是指食品企业在进行投资时，同时进行多种证券的投资，从而分散风险。影响企业投资组合的因素随时都在不断变化中。影响投资组合的因素包括：

（1）风险与成本。由于流动资产的变现能力强，食品企业持有这部分资产可以降低偿债风险，但是持有得太多，也会导致资金的闲置，从而减少投资收益。

（2）企业所处的行业。不同行业的企业对于流动资产中存货、应收账款等所占比例不同，食品企业应根据自身情况最终决定投资组合。

（3）经营规模。食品企业不同的经营规模对于投资组合也有不同的要求，一般大企业的流动资产占总资产的比例都较小。

（4）利息率状况。市场利息率的不同也会影响食品企业的投资组合。当利息率较高时，企业会减少流动资产的占有比例；与利息率较低时，企业会增加流动资产的占有比例。

2．投资组合策略

食品企业为了降低投资风险，增加投资收益，往往会采取相应的策略，具体有以下几种。

（1）保守型策略。这种投资策略是指食品企业应尽量将各种投资方式包含进来，从而分散非系统风险。采用这种策略时投资报酬率一般较低，比较适合不愿意冒风险的投资者。

（2）适中型策略。这种投资策略是指由于股票的价格取决于公司的经营业绩，因此，这种策略比较常见，但它需要一定的专业知识。这种策略风险不太大，投资报酬率较高，金融机构、投资基金一般都采用这种策略。

（3）冒险型策略。这种投资策略是指只要选对投资组合，就可以获得远远高出平均水平的收益。这种策略风险比较大，但投资报酬率也高，比较适合愿意冒风险的投资者。

3．不同的资产组合对企业报酬和风险的影响

食品企业的资产可分为流动资产和长期资产。其中，流动资产包括现金、应收账款、存货等；长期资产包括固定资产、无形资产、其他资产等。企业的资产组合是指企业资产总额中流动资产和长期资产各占有的不同比例。

食品企业的资产组合不同，对企业报酬和风险的影响也不同。较多地投资于流动资产可降低企业的财务风险。流动资产可以迅速转化为现金，可以在食品企业经营不佳时及时偿还债务。但是，如果流动资产投资过多，会造成现金的闲置，从而减少企业利润。

总之，在资产总额和筹资组合都保持不变的情况下，流动资产的增加可降低食品企业的风险，也会减少食品企业的收益；相反，如果流动资产减少则会增加食品企业的风险，但也可以给食品企业带来更多的报酬。风险和报酬两者间的权衡对于现今的食品企业而言越来越重要了。

10.3.3　食品企业固定资产投资管理

固定资产是企业的主要劳动手段，其价值逐渐地、部分地转移到产品中，并从销售收入中逐渐地、部分地得到弥补，要经过多个生产周期才能完成一次循环。根据现行工商企业财务制度的规定，固定资产是指使用期限超过一年的房屋、建筑物、机器、机械、运输工具以及其他与生产经营有关的设备、器具、工具等。不属于生产经营主要设备的物品，单位价值在 2 000 元以上，并且使用年限超过两年的，也应当作为固定资产。凡不符合规定条件的劳动手段，列为低值易耗品。企业应根据实际情况，制定固定资产目录。

1. 固定资产折旧管理

（1）固定资产折旧。固定资产因损耗而转移到产品上的那部分价值，叫固定资产折旧。固定资产的原始价值在其全部折旧年限内转移到所生产的产品上去，从产品销售收入中收回的相当于计入产品成本中的折旧费，应是进行固定资产更新的资金来源。

固定资产的损耗有有形损耗和无形损耗两种形式。固定资产从投入使用起，到报废为止的使用年限，称为物理折旧年限。物理折旧年限是正确计算折旧的前提。确定固定资产的折旧年限，既要考虑有形损耗，又要考虑无形损耗。考虑无形损耗后而确定的折旧年限，称为经济折旧年限。考虑固定资产的无形损耗，才能使固定资产的价值在科学技术不断进步的条件下也能全部得到补偿。

（2）固定资产折旧的计算。计算固定资产折旧额，要采用合理的计算方法。

1）平均年限法。采用平均年限法计算固定资产折旧额，是根据固定资产的原始价值，按照其使用年限平均计算的。它是我国目前广泛采用的一种方法。

计算固定资产折旧额，除了依据原始价值和使用年限这两个主要因素，还要考虑在报废清理时可能发生的清理费用和残余价值。

年度固定资产折旧额除以 12，即月份折旧额。

折旧率是指折旧额占原始价值的比率，它反映固定资产的损耗程度。

年折旧率除以 12，即月份折旧率。

固定资产折旧率一般有三种：个别折旧率、分类折旧率和综合折旧率。目前，国有企业的固定资产一般按分类折旧率计算、提取折旧。

2）工作量法。

① 按照行驶里程计算固定资产折旧额。它是以固定资产折旧总额除以预计使用期内可以完成的总行驶里程。使用工作量法时，每行驶里程的折旧额是相同的。

② 按照工作小时计算固定资产折旧额。它是以固定资产折旧总额除以预计使用期内可以完成的总工作小时。使用工作量法时，每工作小时的折旧额是相同的。

3）双倍余额递减法。双倍余额递减法根据年初固定资产折余价值乘以双倍余额递减法折旧率，确定固定资产的年折旧额。

根据现行企业财务制度规定，实行双倍余额递减法的固定资产，应当在其固定资产折旧年限到期前两年内将固定资产折余价值扣去预计净残值后的净值平均摊销。

4）年数总和法。年数总和法根据折旧总额乘以递减分数（折旧率），确定年度折旧额。

双倍余额递减法和年数总和法都是在固定资产使用年限内，折旧费先多分摊、后少分摊的递减法，又称加速折旧法。

2. 固定资产投资决策评价指标

运用固定资产投资决策评价指标进行投资决策要考虑现金流量。现金流量是指在投资活动过程中，由投资项目引起的现金流入和流出的数量，即现金流入量和现金流出量，两者之间的差额为净现金流量。

（1）静态投资回收期。静态投资回收期，是指以投资项目经营净现金流量抵偿原始总投资所需要的全部时间。它有"包括建设期的投资回收期（PP）"和"不包括建设期的投资回收期（PP）"两种形式。其单位通常用"年"表示。投资回收期一般从建设开始年算起，也可以从投资年开始算起，计算时应具体注明。

计算出的静态投资回收期应与行业或部门的基准投资回收期进行比较，若小于或等于行业或部门的基准投资回收期，则认为项目是可以考虑接受的，否则不可行。

（2）投资收益率。投资收益率是指投资收益（税后）占投资成本的比率。投资收益率又称投资效果系数，定义为每年获得的净收入与原始投资的比值。投资收益率反映投资的收益能力。当该比率明显低于公司净资产收益率时，说明其对外投资是失败的，应改善对外投资结构和投资项目；而当该比率远高于一般企业净资产收益率时，则存在操纵利润的嫌疑，应进一步分析各项收益的合理性。

（3）净现值和净现值率。净现值率是指项目净现值与总投资现值的比率，又称"净现值总额"。净现值率是一种动态投资收益指标，用于衡量不同投资方案的获利能力大小，说明某项目单位投资现值所能实现的净现值大小。净现值率小，单位投资的收益就低，净现值率大，单位投资的收益就高。净现值率的经济含义是单位投资现值所能带来的净现值，是一个考察项目单位投资盈利能力的指标，常作为净现值的辅助评价指标。

（4）内部收益率。内部收益率，是指资金流入现值总额与资金流出现值总额相等、净现值等于零时的折现率。它是一项投资可望达到的报酬率，该指标越大越好。一般情况下，内部收益率大于等于基准收益率时，该项目是可行的。投资项目各年现金流量的折现值之和为项目的净现值，净现值为零时的折现率就是项目的内部收益率。

固定资产投资管理的核心是综合考虑各种因素、合理选择适当的决策方法，以投资决策评价指标作为决策的标准来做出最终的投资决策。

10.3.4　食品企业流动资产投资管理

流动资产是食品企业生产经营过程中短期置存的资产，是食品企业资产的主要组成部分，是指可以在一年内或超过一年的一个营业周期内变现或者运用的资产。流动资产在食品企业的再生产过程中是以各种不同的形态同时存在的，这些不同的存在形态就是流动资产的组成内容。

1．流动资产周转

食品企业为形成流动资产而占用的资金是流动资金，而流动资金存在的具体形态是流动资产。流动资产以不同形态分别表现企业资产的分布状况，流动资金则以价值形态表现企业流动资产的规模，以及在食品企业全部资产中的结构。

随着再生产过程的不断进行，流动资金在每次循环中，都要顺序地经过供应过程、生产过程和销售过程，表现为生产储备资金、未完工产品资金、成品资金、货币资金与结算资金四种占用形态。流动资产占用形态不断变化，占用在资产上的资金也不断循环周转。

从货币形态开始，到最后以货币形态收回的运动，称为流动资金的循环。流动资金周而复始地循环，称为流动资金的周转。

流动资金周转率是反映企业流动资金周转速度的指标，也是反映食品企业生产经营活动的一项综合性财务指标。它有两种表示方法：周转次数、周转天数。一定时期内流动资金周转次数越多，则周转一次所需天数越少，说明流动资金周转越快，利用效果越好。两种指标的经济意义是相同的。

2．流动资金管理

加强流动资金管理，可以加速流动资金周转，减少流动资金占用，促进食品企业生产经营的发展。

流动资金管理要求：

（1）既要保证生产经营需要，又要节约合理使用资金。要在保证生产经营需要的前提下，遵守勤俭节约的原则，挖掘资金潜力，精打细算地使用流动资金。只有这样，才能充分发挥流动资金促进生产经营的作用。

（2）资金管理和资产管理相结合。要管好流动资金，必须做到管理流动资金的部门和人，应参与流动资产管理，同时管理流动资产的部门和人，也应参与流动资金管理，把流动资金管理和流动资产管理结合起来。为此，流动资金的管理，必须在实行财务管理部门集中管理的同时，实行分口分级管理，建立有关部门管理的责任制度。

（3）赊销商品和预付货款意味着企业单位彼此之间融通资金。这在商品经济下虽然是常有发生的，但如果长期发生商业信用而不及时清理，就会产生不良后果。只有坚持钱货两清，遵守结算纪律，才能保证每个企业的流动资金不被其他单位长期占用，保证生产经营顺利进行。

10.3.5 食品企业无形资产投资管理

1．无形资产的摊销管理

无形资产是指食品企业长期使用的、具有一定价值但不具有实物形态的资产。它一般包括专利权、商标权、著作权、非专利技术、土地使用权、商誉等。它通常代表食品企业所拥有的一种法定权或优先权，或者食品企业具有的高于一般水平的获利能力。正确确定无形资产摊销的期限是无形资产摊销管理的关键。摊销期限应按照以下原则确定：

（1）法律、法规、合同或企业申请书分别规定使用年限的，按照法定期限与合同或企业申请书上规定的使用年限确定。

（2）法律、法规无规定使用年限，企业合同或企业申请书规定使用年限的，按照合同或企业申请书分别规定的使用年限确定。

（3）法律、法规、合同或企业申请书均没有规定期限的，按预定使用期限确定。

（4）使用期限难以预计的无形资产，按不少于 10 年的期限作为摊销期限。

2．无形资产的转让管理

无形资产的转让方式有两种，即转让其所有权和转让其使用权。两种转让方式的成本确定方式不一致。转让所有权的转让成本应按转让无形资产的折余价值确定，而转让使用权则应将为履行出让合同所规定义务时所发生的费用作为转让成本。在转让过程中无形资产转让价值的确定是无形资产转让管理的一个关键问题。常见的转让价值确认方法有提成法和协商估价法。

任务4   食品企业成本费用与利润管理

10.4.1   食品企业成本费用管理

1．成本费用管理的意义

成本费用管理（简称成本管理），是对食品企业生产经营过程中各项费用的发生和产品成本的形成所进行的预测、计划、控制、核算和分析评价等管理工作，以便节约费用，降低成本。加强成本管理，努力降低产品成本具有重要意义。

（1）加强成本管理，降低生产经营耗费是发展生产的重要条件。

（2）加强成本管理，有利于促进企业改善生产经营管理，提高经济效益。

（3）加强成本管理，能为社会主义国家积累资金奠定坚实的基础。

2．成本费用的开支范围和分类

（1）成本费用的开支范围。成本费用的实质决定成本费用理论上的内容。成本费用实质上的内容，称为成本费用开支范围，它要以理论内容为基础，考虑贯彻经济核算制、提高经济效益的要求而规定。

1）产品生产经营成本。工业企业的生产成本是指工业产品的制造成本，包括直接材料、直接工资、其他直接支出、制造费用。商品流通企业的经营成本，也就是在商品购销过程中采购商品的进价成本。依据企业采购商品的不同，分为国内购进商品进价成本和国外购进商品进价成本。

2）期间费用。期间费用是指食品企业在生产经营过程中发生的，与产品生产活动没有直接联系，属于某一时期耗用的费用。期间费用不计入产品生产经营成本，而是直接冲减当期销售收入。

食品企业的期间费用包括管理费用、财务费用、销售费用。

（2）生产经营费用的分类。

1）按费用的经济内容分类。按照费用的经济内容，生产经营费用可划分为若干要素，称为生产经营费用要素。工业企业的生产经营费用要素一般分为外购材料、外购燃料、外购动力、工资、提取的职工福利费、折旧费、利息支出、税金、其他支出。

2）按费用的经济用途分类。按照费用的经济用途，生产经营费用可划分为若干项目，称为产品成本项目和期间费用项目。

3）其他分类方法。按照费用计入产品成本的方法，生产经营费用可划分为直接费用和间接费用。按照费用与产品产量之间的关系，生产经营费用可划分为变动费用和固定费用。按照费用能否被某一责任单位所控制，生产经营费用可划分为可控费用和不可控费用。

按照不同的标志对生产经营费用进行分类，它们各自具有不同的作用。但总的作用是，正确地计算产品成本，有效地控制费用支出，分析成本升降的原因，寻求降低成本的途径。

3．成本预测

成本预测是根据成本特性及有关数据和情况，结合发展的前景和趋势，采用科学的方法，对一定时期、一定产品或某个项目、方案的成本水平、成本目标所进行的预计和测算。

（1）成本预测的内容。

1）新建和扩建企业的成本预测；

2）确定技术措施方案的成本预测；

3）新产品的成本预测；

4）原有产品条件变化后的成本预测等。

（2）成本预测步骤。

1）明确预测对象和目标要求；

2）收集和整理各项资料；

3）选择适当方法，进行分析测算；

4）根据预测结果，确定最佳方案。

10.4.2　食品企业利润管理

利润管理与成本管理有着密切的联系，它建立在成本管理之上。食品企业只有不断提高成本管理水平和效益，才能实现利润管理的目标。

1．利润预测与规划

利润预测是对食品企业未来某一时期可实现的利润的预计和测算。它是按影响食品企业利润变动的各种因素，预测食品企业将来所能达到的利润水平，或按实现目标利润的要求，预测需要达到的销售量或销售额。

目标利润是指食品企业计划期内要求达到的利润水平。它既是食品企业生产经营的一项重要目标，又是确定食品企业计划期销售收入和目标成本的主要依据。正确的目标利润预测，可促使食品企业为实现目标利润而有效地进行生产经营活动，并根据目标利润对食品企业的经营效果进行考核。

食品企业的利润包括营业利润、投资净收益、营业外收支净额三部分，所以利润的预测也包括营业利润的预测、投资净收益的预测和营业外收支净额的预测。在利润总额中，通常营业利润占的比重最大，是利润预测的重点，其余两部分可以较为简便的方法进行预测。

2．利润分配

利润分配是将食品企业实现的净利润，按照国家财务制度规定的分配形式和分配顺序，在食品企业和投资者之间进行的分配。利润分配的过程与结果，是关系到所有者的合法权益能否得到保护，食品企业能否长期、稳定发展的重要问题，为此，食品企业必须加强利润分配的管理和核算。食品企业利润分配的主体是投资者和企业，利润分配的对象是企业实现的净利润；利润分配的时间即确认利润分配的时间，是利润分配义务发生的时间和企业做出决定向内向外分配利润的时间。

3．制定合理的股利分配政策

股利分配是指食品企业向股东分派股利，是食品企业利润分配的一部分，包括股利支付程序中各日期的确定、股利支付比率的确定、支付现金股利所需资金的筹集方式的确定等。

股利分配政策是指股份制企业确定股利以及与之有关的事项所采取的方针和策略，其核心是正确处理公司与投资者之间、当前利益与长远利益之间的关系，从实际情况出发，确定股利支付比率。一般来说，股份制企业股利分配政策有：

（1）剩余股利政策，即将企业的税后可分配利润首先用作内部融资，在满足投资需要后，剩余部分用于向股东分配股利。

（2）稳定的股利政策。即支付给股东的股利总是维持在一定水平上，不随盈利的增减变化而变化。

（3）变动的股利政策。即企业支付给股东的股利随盈利额的变动而变动。

（4）正常股利加额外股利的股利政策。企业一般每年按固定数额向股东支付正常股利，遇到盈利有较大幅度增长时，再加付一部分额外股利。

食品企业在制定股利分配政策时，要遵循一定的原则，并充分考虑影响股利分配政策的相关因素与市场反应，使食品企业的收益分配规范。股利分配政策不仅影响股东的利益，而且影响企业在资本市场上的形象、声誉及股票的价格，影响企业的长短期利益，因此制定合理的股利分配政策是十分重要的。

4．食品企业股利支付的形式

根据《股份有限公司规范意见》规定，我国股份制食品企业的股利发放主要有现金股利和股票股利两种形式。无论采用什么形式分派股利，公司董事会均应确定一些必要的日期界限，主要是股利发放宣告日、股权登记日、除息日、股利发放日。

（1）现金股利形式。现金股利是以现金方式向股东派发的股利，也是最常见的一种股利派发方式。投资者之所以投资于股票，主要是希望得到较一般投资者多的现金股利。发放现金股利，必须具备三个条件：有足够的留存收益；有足够的现金；有董事会的决定。

（2）股票股利形式。股票股利是食品企业将应分配给股东的股利以股票的形式发放。股票股利对食品企业来说，并没有现金流出，也不会导致食品企业的财产减少，而只是将食品企业的留存收益转化为股本。但股票股利会增加流通在外的股票数量（股数），同时降低股票的每股价值。它不会改变股东权益总额，但会改变股东权益的构成结构。从表面上看，分配股票股利除了增加所持股数好像并没有给股东带来直接收益，事实上并非如此。因为市场和投资者普遍认为，食品企业如果发放股票股利往往预示着公司会有较大的发展和成长，这样的信息传递不仅会稳定股票价格，甚至可能使股票价格上升。另外，如果股东把股票股利出售，变成现金收入，还会带来资本利得在纳税上的好处。因为相对于股利收入的纳税来说，投资者对资本利得收入的纳税时间选择更具有弹性，这样，即使股利收入和资本利得收入没有税率上的差别，仅就纳税时间而言，由于投资者可以自由向后推资本利得收入纳税的时间，所以它们之间也会存在延迟纳税带来的收益差异。所以，股票股利对股东来说并非像表面上看到的那样毫无意义。

5. 食品企业的经济效益

食品企业的经济效益从其内涵与提高途径角度看，可分为潜在经济效益、资源配置经济效益、规模经济效益、技术进步经济效益和管理经济效益。对食品企业来说，企业经济效益是企业一切经济活动的根本出发点。提高经济效益，有利于增强企业的市场竞争力。企业要发展，必须降低劳动消耗，以最小的投入获得最大的效益。只有这样，企业才能在市场竞争中不被淘汰，获得发展。

采用现代管理方法、提高经营管理水平是提高食品企业经济效益的主要方法，科学的管理也是现代企业制度的重要内容。食品企业经营中涉及产品结构调整、市场开发、人力资源配置、产品质量等一系列环节。在经济管理中能不能分清经营中的"大石块"并首先处理好，是一个食品企业管理科学与否的问题。只有这样，才能提高食品企业的经济效益。提高经济效益的另一条途径是——管理和科技，二者本身就是不可分割、相互依赖、相互促进的。因为管理本身就是一种科学，提高管理水平也需要先进的科学技术和手段，而管理水平的提高也有利于先进技术的有效使用。所以，如果提高经济效益是食品企业一切经济活动的根本出发点，是食品企业生产的最大目的的话，那么依靠科技和管理则是达到这一目的的两种方法和途径，它们是一致的，只是两个不同侧面而已。

任务 5　食品企业财务分析

10.5.1　财务分析的概念和目的

1. 财务分析的概念

财务分析是以会计核算和报表资料及其他相关资料为依据，采用一系列专门的分析技术和方法，对食品企业过去和现在有关筹资活动、投资活动、经营活动的偿债能力、盈利能力和营运能力状况进行分析与评价，为食品企业的投资者、债权人、经营者及其他关心食品企业的组织或个人了解食品企业过去、评价食品企业现状、预测食品企业未来，做出正确决策提供准确的信息或依据的经济应用学科。

2．财务分析的目的

（1）了解企业生产经营的规律。财务分析是要通过对有关资料进行分析，了解资金运动的规律，为食品企业的生产经营和财务管理服务。

（2）展示食品企业生产经营管理的现状。通过对财务分析中各种指标数值的横向和纵向比较，可以揭示食品企业经营的现状和存在的问题，分析问题存在的原因，寻找解决问题的途径和方法，来改善经营管理，提高经济效益，为食品企业生产经营决策和管理服务。

（3）区分企业的优势和弱势。食品企业财务指标，如偿债能力、获利能力和营运能力等各项指标数值，能够反映食品企业生产经营的优势和弱势。通过食品企业财务分析，可以掌握经济活动的内在联系，找到生产经营活动中的成绩和不足，帮助食品企业提高其经济效益，从而提高其市场竞争力。

10.5.2　财务分析的内容

1．偿债能力分析

（1）短期偿债能力分析。

1）流动比率。流动比率表示每一元流动负债有多少流动资产作为偿还的保证。它反映食品企业流动资产对流动负债的保障程度。具体公式为：

$$流动比率=流动资产÷流动负债$$

一般情况下，该指标越大，表明食品企业短期偿债能力越强，流动负债得到偿还的保障越大，企业财务风险越小；反之风险越大。通常，该指标在 200% 左右较好。过高的流动比率可能使食品企业滞留在流动资产上的资金过多，未能加以有效利用，从而影响食品企业的获利能力；而过低的流动比率可能影响食品企业的偿债能力。

2）速动比率。速动比率表示每一元流动负债有多少速动资产作为偿还的保证，进一步反映流动负债的保障程度。具体公式为：

$$速动比率=速动资产÷流动负债$$

$$速动资产=流动资产-存货-预付账款-待摊费用$$

速度比率可用作流动比率的辅助指标。有时食品企业流动比率虽然较高，但流动资产中易于变现、可用于立即支付的资产很少，则食品企业的短期偿债能力仍然较差。因此，速动比率能更准确地反映食品企业的短期偿债能力。通常该指标在 100% 左右较好。如果速动比率过低，说明食品企业的偿债能力存在问题；但如果速动比率过高，则说明食品企业因拥有过多的货币性资产，而可能失去一些有利的投资和获利机会。

3）现金比率。现金比率表示每一元流动负债有多少现金及现金等价物作为偿还的保证，反映食品企业可用现金及变现方式清偿流动负债的能力。具体公式为：

$$现金比率=现金类资产÷流动负债$$

现金比率虽然能反映食品企业的直接支付能力，但在一般情况下，食品企业不可能也没必要保留过多的现金类资产。如果现金比率过高，就意味着食品企业所筹集的流动负债未能得到合理的运用，而经常以获利能力低的现金类资产保持着。

（2）长期偿债能力分析。

1）资产负债率。资产负债率是食品企业负债总额对资产总额的比率。它表明食品企业资产总额中，债权人提供资金所占的比重，以及食品企业资产对债权人权益的保障程度。这个比率越小，表明食品企业的长期偿债能力越强。具体公式为：

$$资产负债率=负债总额÷资产总额$$

资产负债率也表示食品企业对债权人资金的利用程度。如果这个比率较小，对食品企业所有者来说，利用较少的自有资本投资，形成较多的生产经营用资产，不仅扩大了生产经营规模，而且在经营状况良好的情况下，可以利用财务杠杆的原理，得到较多的投资利润。但如果这个比率过大，则表明食品企业的债务负担重，食品企业的资金实力不强，遇有风吹草动，食品企业的债务偿还能力就缺乏保证，对债权人不利。食品企业资产负债率过高，债权人的权益就有风险，一旦资产负债率超过 1，则说明食品企业资不抵债，有濒临倒闭的危险，债权人将受到损失。

2）股东权益比率。股东权益比率是股东权益总额同资产总额的比率。该比率反映食品企业资产中有多少是所有者投入的。具体公式为：

$$股东权益比率=股东权益总额÷资产总额$$

股东权益比率越大，负债比率就越小，企业的财务风险也就越少。

2．盈利能力分析

（1）销售利润率。销售利润率是食品企业利润总额与销售收入净额的比率。它反映食品企业销售收入中，职工为社会劳动新创价值所占的份额。具体公式为：

$$销售利润率=利润总额÷销售收入净额×100\%$$

该比率越高，表明食品企业为社会新创价值越多，贡献越大，也反映食品企业在增产的同时，为食品企业多创造了利润，实现了增产增收。

（2）成本费用利润率。成本费用利润率是指食品企业利润总额与成本费用总额的比率，它是反映食品企业生产经营过程中发生的耗费与获得的收益之间关系的指标。具体公式为：

$$成本费用利润率=利润总额÷成本费用总额×100\%$$

该比率越高，表明食品企业耗费所取得的收益越高。这是一个能直接反映增收节支、增产节约效益的指标。食品企业生产销售的增加和费用开支的节约，都能使这一比率提高。

（3）总资产利润率。总资产利润率是食品企业利润总额与资产平均总额的比率，即过去所说的资金利润率。它是反映食品企业资产综合利用效果的指标，也是衡量食品企业利用债权人和所有者权益总额所取得盈利的重要指标。具体公式为：

$$总资产利润率=利润总量÷资产平均总额×100\%$$

资产平均总额为年初资产总额与年末资产总额的平均数。该比率越高，表明资产利用的效益越好，整个食品企业的获利能力越强，经营管理水平越高。

（4）资本金利润率。资本金利润率是食品企业的利润总额与资本金总额的比率，是反映投资者投入食品企业资本金的获利能力的指标。具体公式为：

$$资本金利润率=利润总额÷资本金总额×100\%$$

该比率越高，说明食品企业资本金的利用效果越好，反之，则说明资本金的利用效果不佳。

（5）每股盈余。每股盈余也称每股收益，主要是针对普通股股东而言的。每股盈余是指食品企业发行在外的普通股每股所取得的利润，它可以反映食品企业获利能力的大小。具体公式为：

$$普通股每股利润=（净利润–优先股股利）÷普通股发行在外股数$$

（6）市盈率。市盈率又称价格盈余率或价格与收益比率，是指普通股每股市价与每股利润的比率。具体公式为：

$$市盈率=普通股每股市场价格÷普通股每股利润$$

市盈率是反映食品企业获利情况的一个重要财务比率，无论是食品企业管理当局，还是投资者对此比率都十分关心。

3．营运能力分析

（1）存货周转率。存货周转率是指食品企业在一定时期内存货占用资金可周转的次数，或存货每周转一次所需要的天数。因此，存货周转率指标有存货周转次数和存货周转天数两种形式。

$$存货周转次数=销售成本÷平均存货$$

式中：平均存货=（期初存货+期末存货）÷2

$$存货周转天数=计算期天数÷存货周转次数$$

在一定时期内存货周转的次数越多，说明存货管理水平越高，食品企业生产销售能力越强；否则相反。但该比率过高或过低则说明食品企业在存货管理上或多或少都存在问题。

（2）应收账款周转率。应收账款周转率是反映应收账款周转速度的指标。应收账款周转率有应收账款周转次数和应收账款周转天数两种形式。

$$应收账款周转次数=赊销收入净额÷应收账款平均余额$$

$$赊销收入净额=销售收入–现销收入–销售退回–销售折让$$

$$应收账款平均余额=（期初应收账款+期末应收账款）÷2$$

$$应收账款周转天数=计算期天数÷应收账款周转次数$$

在一定时期内应收账款周转的次数越多，表明应收账款回收速度越快，食品企业管理工作的效率越高。这不仅有利于食品企业及时收回货款，减少或避免发生坏账损失的可能性，而且有利于提高食品企业资产的流动性，提高食品企业短期债务的偿还能力。

项目案例分析

双汇从费用里抠出 1 亿元利润

2016 年，双汇发展（000895.SZ）半年报显示，其肉制品业务基本保持稳定，生鲜冻品经营呈现了积极进攻的态势，收入大幅增长，但是受猪价高烧不退的影响，利润微薄。

上半年，双汇发展屠宰生猪 621 万头，同比 2015 年增长 0.09%；鲜冻肉及肉制品外销量 144.02 万吨，同比 2015 年增长 11.16%；实现营业收入 255.29 亿元，同比 2015 年增长 25.42%；实现利润总额 28.88 亿元，同比 2015 年增长 9.48%；实现归属于母公司股东的净利润 21.51 亿元，同比 2015 年增长 8.51%。

双汇发展营业收入的增长主要是靠生鲜冻品。2016 年上半年，双汇发展肉制品业务实现营业收入 109.5 亿元，同比减少 1.68%；屠宰业务实现营业收入 156.9 亿元，同比增长 48.59%。

在生猪价格居高不下的情况下，不少肉类企业缩减经营规模，保证利润。双汇明显是反其道而行之，别人在收缩的时候，不守反攻，你退我进。国内冷鲜肉还是群雄割据的状态，还没有一家，包括双汇在内，市场份额达到 10%。第一名与第二名的差距拉得还不够开。先占领市场，将对手逼出去，回头再考虑利润，这是一种很有想法的策略。对于双汇来说，这样做的难处也显而易见。双汇是一家对股东特别在意的公司，一直以来以大手笔的分红来回报股东，冷鲜肉增收不增利，股东能在多大程度上接受和支持，决定了让利扩大市场份额的战略能走多远。

从利润来看，虽然冷鲜肉收入增幅大幅领先肉制品，但是营业利润"比纸还薄"。上半年双汇发展屠宰业务实现营业利润 1.6 亿元，同比减少 51.73%；肉制品业务实现营业利润 24.5 亿元，同比增加 10.29%。上半年双汇发展的利润，是靠肉制品的"老本"撑起来的。

不过，下半年生猪价格已经有下行的迹象，冷鲜肉的利润率有望回升。

冷鲜肉增收不增利，肉制品难有突破，双汇要保持利润指标稳中有升，在控制费用上下足了力气。

上半年，双汇发展销售费用 10.99 亿元，同比减少 700 万元；管理费用 6.32 亿元，同比减少 9 300 万元。两项费用合计减少约 1 亿元。要知道，2016 年上半年，双汇发展的利润比 2015 年同期也就增加了 2.5 亿元。开源这一块不明显，节流就变得很重要，费用控制为双汇做出了不小贡献。

资料来源：第一财经日报（上海），2016-08-17。

? 辩证性思考：

运用财务分析的方法，说明双汇财务管理的成功。

项目检测

管理知识目标检测

1．食品企业财务管理的目标和内容是什么？

2．食品企业筹资的渠道和方式有哪些？

3．简述食品企业投资的概念和类型。

4．简述食品企业成本费用的开支范围和分类。

5．食品企业财务分析的内容有哪些？

管理能力目标检测

检测项目：

选择一家食品企业，要求学生对该企业的财务管理进行调查、分析，并对该企业的财务管理活动提出发展建议并撰写方案。

检测目的：

通过检测，进一步熟悉、掌握食品企业财务管理的概念、目标、内容，初步具备分析食品企业财务管理的基本能力。

检测要求：

由班级学习委员组织全员分团队对食品企业财务管理分析方案进行讨论，评选三个优秀方案，在全班进行宣讲，教师进行评价。

项目 11 ●●●

食品企业技术和信息化管理

项目目标

管理知识目标

掌握食品企业技术管理的概念、内容和任务；明确食品企业技术创新的概念和过程；了解食品企业技术引进和技术改造以及食品企业技术转让与知识产权保护；明确食品企业管理信息系统的概念、结构和内容；掌握食品企业信息化管理的实施运作过程。

管理能力目标

具备运用食品企业技术管理和信息化管理的基本能力。

项目导入案例

三全食品的信息化之路

郑州三全食品股份有限公司（简称三全食品）是中国速冻食品行业的开创者和领导者，全国最大的速冻食品生产企业，公司依托产品、品牌、渠道的优势，连续多年位居行业第一。伴随着三全食品的逐步扩大以及营销的快速增长，其信息化需求日益迫切。为了满足营销增长、生产基地建设、企业并购、内部管理及决策支持，三全食品采用了 SAP ERP、SAP CRM、SAP NetWeaver BW 及 SAP Business Objects 解决方案来满足企业信息化的总体需求，支撑业务的快速扩张。通过 SAP 解决方案，三全食品信息化水平有了重大提高，其中，应收账款到期收款率由 63% 提高到 97%，物料库存准确率由 52% 提高到 99%，各产品线车间生产余料平均减少 85%，降低了花费开支，又增强了工作效率，快速满足了业务需求。

三全食品 CIO 周清湘表示，"实施好信息化项目，必须具备两类人员：第一，决策层应具备对信息化建设必胜的信念和意志，并强力支持信息化建设；第二，拥有一个技术过硬、业务清晰的信息化团队，能够扎扎实实地将企业业务流程、信息化愿景通过信息系统来实现。只有拥有了强悍'军队'，才能够在信息化实施中'开疆拓土'"。2012 年，三全食品信息系统实现了全面的升级和对接，并通过这一系统完美解决了三全食品系统在渠道、供应链以及移动终端等之前无法解决的问题。

资料来源：www.51CTO.com。

?辩证性思考：

谈谈信息化管理在食品企业中的重要作用。

任务 1 食品企业技术管理

11.1.1 食品企业技术管理概述

1. 食品企业技术管理的概念

食品企业技术管理是整个企业管理系统的一个子系统，是对食品企业的技术开发、产品开发、技术改造、技术合作以及技术转让等进行计划、组织、指挥、协调和控制等一系列管理活动的总称。食品企业技术管理的目的，是按照科学技术工作的规律性，建立科学的工作程序，有计划地、合理地利用食品企业技术力量和资源，把最新的科技成果尽快地转化为现实的生产力，以推动食品企业技术进步和经济效益的实现。

2. 食品企业技术管理的内容

（1）进行科学技术预测，制定规划并组织实施；

（2）改进产品设计，试制新产品；

（3）制定和执行技术标准，进行产品质量的监督检验；

（4）组织信息交流；

（5）建立健全技术操作规程；

（6）技术改造、技术引进和设备更新；

（7）做好生产技术准备和日常技术管理；

（8）做好技术经济的论证工作。

3. 食品企业技术管理的任务

食品企业技术管理的任务主要是推动科学技术进步，不断提高食品企业的劳动生产率和经济效益。

（1）正确贯彻执行国家的技术政策。技术政策是国家根据食品企业生产的发展和客观需要，根据科学技术原理制定的，是指导食品企业各种技术工作的方针政策。食品企业许多技术问题和经济问题的解决都离不开国家的有关技术政策。我国食品企业的技术政策很多，主要包括产品质量标准、工艺规程、技术操作规程、检验制度等，其中产品的质量标准是最重要的。

（2）建立良好的生产技术秩序，保证食品企业生产的顺利进行。良好的生产技术秩序，是保证食品企业生产顺利进行的必要前提。食品企业要通过技术管理，使各种机器设备和工具经常保持良好的技术状况，为生产提供先进合理的工艺规程，并要严格执行生产技术责任制和质量检验制度，及时解决生产中的技术问题，从而保证食品企业的生产顺利进行。

（3）提高食品企业的技术水平。食品企业要通过各种方式和手段，提高工人和技术人员的技术素质，对生产设备、工艺流程、操作方法等不断进行挖潜、革新和改造，推广行之有效的生产技术经验；努力学习和采用新工艺、新技术，充分发挥技术人员和工人的作用，全面提高所有生产人员的科学文化水平和技术水平，以加速食品企业的现代化进程。

（4）保证安全生产。操作工人和机器设备的安全是食品企业生产顺利进行的基本保证，也是社会主义制度的一个基本要求。如果食品企业不能确保生产的安全，工人的人身安全和健康就不能得到保证，国家的财产就会遭受损失，食品企业的生产经营活动也会受到极大影响，所以，安全就是效益。食品企业生产的安全应靠企业上下各方面的共同努力，从技术上采取有力措施，制定和贯彻安全技术操作规程，从而保证生产安全。

（5）广泛开展科研活动，努力开发新产品。在市场经济中，食品企业必须及时生产出符合社会需求的产品，才能取得相应的经济效益。这就要求食品企业必须发动广大技术人员和工人，广泛开展科学研究活动，努力钻研技术，积极开发新产品，不断满足需求，开拓新市场。

11.1.2 食品企业技术创新

1. 食品企业技术创新的概念

技术创新是指生产技术的创新，包括开发新技术，或者将已有的技术进行应用创新。科学是技术之源，技术是产业之源，技术创新建立在科学道理的发现基础之上，而产业创新主要建立在技术创新基础之上。

进入 21 世纪，在信息技术的推动下知识社会的形成及其对技术创新的影响进一步被认识，科学界进一步反思对技术创新的认识。《复杂性科学视野下的科技创新》认为，技术创新是各创新主体、创新要素交互复杂作用下的一种复杂涌现现象，是技术进步与应用创新的"双螺旋结构"共同演进的产物。信息通信技术的融合与发展推动了社会形态的变革，催生了知识社会，使得传统的实验室边界逐步"融化"，进一步推动了科技创新模式的嬗变。要完善科技创新体系急需构建以用户为中心、以需求为驱动、以社会实践为舞台的共同创新、开放创新的应用创新平台，通过创新双螺旋结构的互动形成良好的创新生态，打造用户参与的创新 2.0 模式。

2. 技术创新的过程

（1）创意思想的形成阶段。创意的形成主要表现在创意思想的来源和创意思想形成环境两个方面。创意思想可能来自科学家或从事某项技术活动的工程师的推测或发现，也可能来自市场营销人员或用户对环境或市场需要或机会的感受，但是这些创意要变成创新还需要很长时间。人造纤维从创意到创新大约用了 200 年，计算机是 100 年，而航天飞机更长。创意思想的形成环境主要包括市场环境、宏观政策环境、经济环境、社会人文环境、政治法律环境等。

（2）研究开发阶段。研究开发阶段的基本任务是创造新技术，一般由科学研究（基础研究、应用研究）和技术开发组成。食品企业从事研究开发活动的目的是，开发可以或可能实现实际应用的新技术，即根据本企业的技术、经济和市场需要，敏锐地捕捉各种技术机会和市场机会，探索应用的可能性，并把这种可能性变为现实性。研制出可供利用的新产品和新工艺是研究开发的基本内容。研究开发阶段是根据技术、商业、组织等方面的可能条件对创新构思阶段的计划进行检查和修正。有些企业也可能根据自身的情况购买技术或专利，从而跳过这个阶段。

（3）中试阶段。中试阶段的主要任务是完成从技术开发到试生产的全部技术问题，以满足生产需要。小型试验在不同规模上考验技术设计和工艺设计的可行性，解决生产中可能出现的技术和工艺问题，是技术创新过程不可缺少的阶段。

（4）批量生产阶段。按商业化规模要求把中试阶段的成果变为现实的生产力，产生出新产品或新工艺，并解决大量的生产组织管理和技术工艺问题。

（5）市场营销阶段。技术创新成果的实现程度取决于其市场的接受程度。本阶段的任务是实现新技术所形成的价值与使用价值，包括试销和正式营销两个阶段。试销具有探索性质，探索市场的可能接受程度，进一步考验其技术的完善程度，并反馈到以上各个阶段，予以不断改进与完善。市场营销阶段实现了技术创新所追求的经济效益，完成技术创新过程中质的飞跃。

（6）创新技术扩散阶段。即创新技术被赋予新的用途，进入新的市场。例如，雷达设备用于机动车测速，微波技术用于微波炉的制造。

在实际创新过程中，各阶段的划分不一定十分明确，各个阶段的创新活动也不仅仅是按线性序列递进的，有时存在着过程的多重循环与反馈以及多种活动的交叉和并行。下一阶段的问题会反馈到上一阶段以求解决，上一阶段的活动也会从下一阶段所提出的问题及其解决中得到推动、深入和发展。各阶段既相互区别又相互连接和促进，形成技术创新的统一过程。

11.1.3　食品企业技术改造和技术引进

1. 食品企业技术改造和技术引进的概念

食品企业技术改造是指企业为了提高经济效益、提高产品质量、增加花色品种、促进产品升级换代、扩大出口、降低成本、节约能耗、加强资源综合利用和三废治理、劳保安全等目的，采用先进的、适用的新技术、新工艺、新设备、新材料等对现有设施、生产工艺条件进行的改造。

实践证明，用先进、实用技术改造传统产业，不仅具有投资少、工期短、见效快等特点，而且不需要再铺新摊子，能有效避免重复建设，同时有利于优化产业结构，改变增长方式，提高企业的效益和竞争力。

食品企业技术引进是指一个国家或地区的食品企业、研究单位、机构通过一定方式从本国或其他国家、地区的企业、研究单位、机构获得先进适用的技术的行为，是一种跨国行为。

技术引进方式是指食品企业可以引进国内外市场上已经成熟的先进技术开发新产品。具体有两种形式：一是引进样品仿制；二是引进工艺技术，用于新产品的设计生产。这种方式投资少，节约时间，而且可以在较短时间内大幅度提高企业的技术水平、生产效率和产品质量。但是，企业引进新技术，还要考虑技术的成熟性、经济性、适用性，并进行论证；否则，会给企业造成重大损失。

人们常将"技术"广义化，把技术分为软件技术和硬件技术。软件技术就是前面提到的技术知识、经验和技艺，属纯技术；硬件技术是指机器设备之类的物化技术。只从国外购入机器设备而不买入软件技术，一般称为设备进口。若只从国外购入软件技术或与此同时附带购进一些设备，这种行为才能称为技术引进。

技术引进是为提高引进国或企业的制造能力、技术水平和管理水平。要达到目的，只有引进软件技术，通过自我消化吸收，才能做到。

2．技术引进的分类

（1）从国外引进工艺、制造技术，包括产品设计、工艺流程、材料配方、制造图纸、工艺检测方法和维修保养等技术知识和资料，以及聘请专家指导、委托培训人员等技术服务。

（2）引进技术的同时，进口必要的成套设备、关键设备、检测手段等。

（3）通过引进先进的经营管理方法，充分发挥所引进技术的作用，做到引进技术知识和引进经营管理知识并举。

（4）通过广泛的技术交流、合作以及学术交流活动、技术展览等，引进国外的新学术思想和科学技术知识。

（5）引进人才。技术引进的远期目标是根本上消除本国、本单位与国外其他企业在技术方面的差距，提高本国、本单位的技术水平；近期目标则是从生产需要出发，填补技术空白。

11.1.4　食品企业新产品的开发管理

1．新产品开发的概念

新产品开发是指从研究选择适应市场需要的产品开始到产品设计、工艺制造设计，直到投入正常生产的一系列决策过程。从广义而言，新产品开发既包括新产品的研制，也包括原有老产品的改进与换代。新产品开发是企业研究与开发的重点内容，也是食品企业生存和发展的战略核心之一。

2．新产品开发的分类

为了便于对新产品进行分析研究，可以从多个角度进行分类。

（1）按新产品创新程序分类。

1）全新新产品。利用全新的技术和原理生产出来的产品。

2）改进新产品。在原有产品的技术和原理的基础上，采用相应的改进技术，使外观、性能有一定进步的新产品。

3）换代新产品。采用新技术、新结构、新方法或新材料在原有技术基础上有较大突破的新产品。

（2）按新产品所在地的特征分类。

1）地区或企业新产品。在国内其他地区或企业已经生产但本地区或本企业初次生产和销售的产品。

2）国内新产品。在国外已经试制成功但国内尚属首次生产和销售的产品。

3）国际新产品。在世界范围内首次研制成功并投入生产和销售的产品。

（3）按新产品的开发方式分类。

1）技术引进新产品。直接引进市场上已有的成熟技术制造的产品，这样可以避开自身开发能力较弱的难点。

2）独立开发新产品。从用户所需要的产品功能出发，探索能够满足功能需求的原理和结构，结合新技术、新材料的研究独立开发制造的产品。

3）混合开发的产品。在新产品的开发过程中，既有直接引进的部分，又有独立开发的部分，将两者有机结合在一起而制造出的新产品。

3．新产品开发的方向

食品企业开发新产品，把有限的人、财、物，有效地分配在急需的开发项目上，使新产品开发取得最佳效果，关键在于准确地确定新产品开发方向。由于市场竞争日益激烈，消费需求日益多样化和个性化，新产品开发呈现出多能化、系列化、复合化、微型化、智能化、艺术化等发展趋势。

食品企业在选择新产品开发方向时应考虑以下几点：

（1）考虑产品性质和用途。

（2）考虑价格和销售量。

（3）充分考虑消费者需求的变化速度和变化方向。

（4）企业产品创新满足市场需求的能力。

（5）企业技术力量储备和产品开发团队建设。

4．新产品开发的基本方式

（1）独创方式。从长远考虑，企业开发新产品最根本的途径是自行设计、自行研制，即所谓的独创方式。采用这种方式开发新产品，有利于产品更新换代及形成企业的技术优势，也有利于产品竞争。自行研制、开发产品需要企业建立一支实力雄厚的研发队伍、一个深厚的技术平台和一个科学、高效率的产品开发流程。

（2）引进方式。技术引进是开发新产品的一种常用方式。企业采用这种方式可以很快地掌握新产品制造技术，减少研制经费和投入的力量，从而赢得时间，缩短与其他企业的差距。但引进技术不利于形成企业的技术优势和企业产品的更新换代。

（3）改进方式。这种方式是以企业的现有产品为基础，根据用户的需要，采取改变性能、变换形式或扩大用途等措施来开发新产品。采用这种方式可以依靠企业现有设备和技术力量，开发费用低，成功把握大。但是，长期采用改进方式开发新产品，会影响企业的发展速度。

（4）结合方式。结合方式是独创与引进相结合的方式。

5. 新产品开发的程序

（1）调查研究阶段。发展新产品的目的，是为了满足社会和消费者需要。消费者的要求是新产品开发选择决策的主要依据。为此，必须认真做好调查计划工作。这个阶段主要是提出新产品构思以及新产品的原理、结构、功能、材料和工艺方面的开发设想和总体方案。

（2）新产品开发的构思创意阶段。新产品开发是一种创新活动，产品创意是开发新产品的关键。在这一阶段，要根据社会调查掌握的市场需求情况以及企业本身条件，充分考虑用户的使用要求和竞争对手的动向，有针对性地提出开发新产品的设想和构思。产品创意对新产品能否开发成功有至关重要的意义和作用。企业新产品开发构思创意主要来自三个方面：

① 来自用户。企业着手开发新产品，首先要通过各种渠道掌握用户的需求，了解用户在使用老产品过程中有哪些改进意见和新的需求，并在此基础上形成新产品开发创意。

② 来自本企业职工。特别是销售人员和技术服务人员，经常接触用户，用户对老产品的改进意见与需求变化他们都比较清楚。

③ 来自专业科研人员。科研人员具有比较丰富的专业理论和技术知识，要鼓励他们发扬这方面的专长，为企业提供新产品开发创意。此外，企业还通过情报部门、工商管理部门、外贸等渠道，征集新产品开发创意。

新产品创意包括三个方面的内容：产品构思、构思筛选和产品概念的形成。

1）产品构思。产品构思是在市场调查和技术分析的基础上，提出新产品的构想或有关产品改良的建议。

2）构思筛选。并非所有的产品构思都能发展成新产品。有的产品构思可能很好，但与企业的发展目标不符合，也缺乏相应的资源条件；有的产品构思可能本身就不切实际，缺乏开发的可能性。因此，必须对产品构思进行筛选。

3）产品概念的形成。经过筛选后的构思仅仅是设计人员或管理者头脑中的概念，离产品还有相当距离。还需要形成能够为消费者接受的、具体的产品概念。产品概念的形成过程实际上就是构思创意与消费者需求相结合的过程。

（3）新产品设计阶段。产品设计是指从确定产品设计任务书起到确定产品结构为止的一系列技术工作的准备和管理，是产品开发的重要环节，是产品生产过程的开始，必须严格遵循"三段设计"程序。

1）初步设计阶段。这一般是为下一步技术设计做准备。这一阶段的主要工作就是编制设计任务书，让上级对设计任务书提出体现产品合理设计方案的改进性和推荐性意见，经上级批准后，作为新产品技术设计的依据。它的主要任务是正确地确定产品最佳总体设计方案、设计依据、产品用途及使用范围、基本参数及主要技术性能指标、产品工作原理及系统标准化综合要求、关键技术解决办法及关键元器件，对特殊材料资源进行分析，对新产品设计方案进行分析比较，运用价值工程，研究确定产品的合理性能（包括消除剩余功能），并通过不同结构原理和系统的比较分析，从中选出最佳方案等。

2）技术设计阶段。技术设计阶段是新产品的定型阶段。它是在初步设计的基础上完成设计过程中必需的试验研究（新原理结构、材料元件工艺的功能或模具试验），并写出试验研究大纲和研究试验报告；做出产品设计计算书；画出产品总体尺寸图、产品主要零部件图，并校准；运用价值工程，对产品中造价高的、结构复杂的、体积笨重的、数量多的主要零部件的结构、材质精度等选择方案进行成本与功能关系的分析，并编制技术经济分析报告；绘出各种系统原理图；提出特殊元件、外购件、材料清单；对技术任务书的某些内容进行审查和修正；对产品进行可靠性、可维修性分析。

3）工作图设计阶段。工作图设计的目的，是在技术设计的基础上完成供试制（生产）及随机出厂用的全部工作图样和设计文件。设计者必须严格遵守有关标准规程和指导性文件的规定，设计绘制各项产品工作图。

（4）新产品试制与评价鉴定阶段。新产品试制阶段又分为样品试制和小批试制阶段。

1）样品试制阶段。它的目的是考核产品设计质量，考验产品结构、性能及主要工艺，验证和修正设计图纸，使产品设计基本定型，同时要验证产品结构工艺性，审查主要工艺存在的问题。

2）小批试制阶段。这一阶段的工作重点在于工艺准备，主要目的是考验产品的工艺，验证它在正常生产条件下（在生产车间条件下）能否保证所规定的技术条件、质量和良好的经济效果。

试制后，必须进行鉴定，对新产品从技术上、经济上做出全面评价。然后才能得出全面定型结论，投入正式生产。

（5）生产技术准备阶段。在这个阶段，应完成全部工作图的设计，确定各种零部件的技术要求。

（6）正式生产和销售阶段。在这个阶段，不仅要做好生产计划、劳动组织、物资供应、设备管理等一系列工作，还要考虑如何把新产品引入市场，如研究产品的促销方式、价格策略、销售渠道和提供服务等方面的问题。新产品的市场开发既是新产品开发过程的终点，又是下一代新产品再开发的起点。通过市场开发，可确切地了解开发的产品是否适应需要以及适应的程度；分析与产品开发有关的市场情报，可为开发产品决策、为改进下一批（代）产品、为提高开发研制水平提供依据，同时可取得有关潜在市场大小的数据资料。

11.1.5 食品企业技术转让与知识产权的保护

1. 技术转让的概念

技术转让是指技术成果由一方转让给另一方的经营方式。所转让的技术包括获得专利权的技术、商标，以及非专利技术，如专有技术、传统技艺生物品种、管理方法等。对输出方来说是技术转让，对输入方来说技术市场是技术引进。

2. 技术转让的形式

技术转让的主要形式有采用成套设备引进和转让、合作生产、补偿贸易及合资经营四种形式。此外，技术商品的转让还有租赁设备、工程承包、技术培训等多种形式。

3. 技术转让的类型

由于转让技术的权利化程度和性质的不同，技术转让又可分为四种基本类型。

（1）专利权转让。专利权转让是指专利人作为让与方，将其发明创造专利的所有权或持有权移交给受让方的技术转让形式。

（2）专利申请权转让。专利申请权转让是指让与方将其特定的发明创造申请专利的权利移交给受让方的技术转让形式。

（3）专利实施许可。专利实施许可是指专利权人或者授权人作为让与方，许可受让方在约定的范围内实施专利的技术转让形式。

（4）非专利技术转让。非专利技术（技术秘密）转让是指让与方将其拥有的非专利技术成果提供给受让方，明确相互之间非专利技术成果的使用权、转让权的技术转让形式。

4. 知识产权的保护

知识产权是指人类智力劳动产生的智力劳动成果所有权。它是依照国家法律赋予符合条件的著作者、发明者或成果拥有者在一定期限内享有的独占权利，一般认为它包括版权（著作权）和工业产权。版权（著作权）是指创作文学、艺术和科学作品的作者及其他著作权人依法对其作品所享有的人身权利和财产权利的总称；工业产权则是指包括发明专利、实用新型专利、外观设计专利、商标、服务标记、厂商名称、货源名称或原产地名称等在内的权利人享有的独占性权利。

自 2008 年《国家知识产权战略纲要的通知》颁布之后，我国陆续出台了《商标法》《专利法》《技术合同法》《著作权法》和《反不正当竞争法》等法律法规文件。从宏观层面上讲，国家已经在法律制度层面为企业知识产权权益的保护提供了较强的法律依据，为食品企业在制定知识产权保护制度及具体实施方法上指明了方向，但是目前还缺乏侵权案件的单独法律法规详细文件。

任务 2　食品企业信息化管理

11.2.1　食品企业管理信息系统

1．食品企业管理信息系统的概念

管理信息系统是一个以人为主导，利用计算机硬件、软件、网络通信设备以及其他办公设备，进行信息的收集、传输、加工、储存、更新和维护，以企业战略竞争、提高效益和效率为目的，支持企业高层决策、中层控制、基层运作的集成化的人机系统。

2．食品企业管理信息系统的结构

从不同的角度来观察信息系统，信息系统有不同的概念结构。

（1）从信息系统的作用观点来看，信息系统由四个主要部件构成，即信息源、信息处理器、信息用户和信息管理者。

1）信息源是信息系统的数据来源，它是信息的产生地。信息源包括内信息源和外信息源两种。内信息源是指企业内部生产经营活动中所产生的各种数据，如生产数据、财务数据、销售数据等。外信息源是指来自企业外部环境的各种信息，如国家宏观经济信息、市场信息等。

2）信息处理器负责信息的传输、加工、存储，为各类管理人员即信息用户提供信息服务。

3）信息用户是信息的使用者，也就是企业不同部门和不同层次的管理人员。

4）信息管理者是指负责管理信息系统开发和运行的人员，他们在系统实施过程中负责信息系统各部分的组织和协调。

（2）从信息系统对信息的处理过程来看，信息系统可以看成是由三个基本的行为部件构成的，它们是输入、处理和输出。信息系统收集企业内部和外部环境相关的原始数据，经过适当处理后变成有用的信息输出，输出的信息提供给信息使用者和反馈给信息输入端。信息提供给用户，用于进行辅助决策或解决工作当中的有关问题；反馈给输入端可以参与对输入数据的评价，修正数据输入阶段出现的问题。

（3）从信息系统对信息的处理内容及决策层次来看，信息系统可以看成一个金字塔式的结构。

一般的组织管理均是分层次的，分为战略计划、管理控制、运行控制三层，为它们服务的信息处理与决策支持也相应分为三层，并且有最基础的业务处理。而一般管理按职能划分为市场、生产或服务、财务、人力资源等，处于下层的系统处理量大，上层的处理量小，所以就构成了横向划分和纵向划分相结合的纵横交织的金字塔结构。

3．食品企业信息化管理的内容

（1）食品企业信息化建设。食品企业信息化建设是企业实现信息管理的必要条件。包括：计算机网络基础设施建设（企业计算机设备的普及、企业内部网/企业外部网的建立与互联网的连接等）；生产制造管理系统的信息化（计算机辅助设计、计算机辅助制造等的运用）；企业内部管理业务的信息化（管理信息系统、决策支持系统、企业资源计划管理、客户关系管理、供应链管理、知识管理等）；企业信息化资源的开发与利用（企业内外信息资源的利用，企业信息化人才队伍培训，企业信息化标准、规范及规章制度的建立）；企业信息资源建设（包括信息技术资源的开发、信息内容资源的开发等）。

（2）食品企业信息开放与保护。信息开放有两层含义，即信息公开和信息共享。信息公开包括向上级主管公开信息、向监督部门公开信息、向社会公开信息、向上下游企业公开信息、向消费者公开信息、向投资者公开信息等。食品企业信息按照一定的使用权限在企业内部部门之间、员工之间和与之合作伙伴之间进行资源共享。食品企业信息保护的手段很多，如专利保护、商标保护、知识产权保护、合同保护、公平竞争保护等。

（3）食品企业信息的开发与利用。从信息资源类型出发，食品企业信息资源有记录型信息资源、实物型信息资源和智力型信息资源。智力型信息资源是一类存储在人脑中的信息、知识和经验，这类信息需要人们不断开发并加以利用。食品企业信息开发与利用的内容包括市场信息、科技信息、生产信息、销售信息、政策信息、金融信息和法律信息等。

11.2.2　食品企业信息化管理概述

1. 食品企业信息化管理的概念

食品企业信息化管理是指将企业的生产过程、物料移动、事务处理、现金流动、客户交互等业务过程数字化，通过各种信息系统网络加工生成新的信息资源，提供给各层次的人们去掌握各类动态业务中的一切信息，以做出有利于生产要素组合优化的决策，使企业资源合理配置，从而使企业能适应瞬息万变的市场经济竞争环境，求得最大的经济效益。食品企业信息化管理的实质是企业全面实现业务流程数字化和网络化。

2. 食品企业信息化管理的层面

（1）以数据的信息化实现精确管理。即将业务过程发生的事务处理，如把库存信息、销售凭证、费用凭证、采购凭证给出准确的记录，随时提供查询。这样，通过信息的查询，就可以得到同类业务在不同工作主体上的效果差异，进而能够提出业务改进的可靠依据。随着市场经济的快速发展和现代信息技术在企业管理中的广泛应用，从财务管理中的资金的精确管理，到库存物料价值的准确分析，再到整个供应链的执行过程，都在进行着科学管理的信息化处理。这种投资在企业管理中既容易实现，也容易见效。因此，实现企业的精确管理，成为食品企业适应信息技术发展、提高企业管理水平的基础。

（2）以流程的信息化实现规范业务。把食品企业已经规范的一些流程以软件程序的方式固定下来，使得流程所涉及岗位员工的工作更加规范、高效，减少人为控制和"拍脑袋"的管理行为，同时能提升客户满意度。规范化的业务模式，提高了业务交互过程的效率，提高了事务处理的效益，消除了信息传递的不规则问题，使食品企业内部能够基于共同的业务规范而提高信息传递的效率，这就增加了单位时间内的企业效益。

（3）以决策的信息化改善企业经营。通过对已信息化的原始数据进行科学的加工处理，运用一定的计算模型，从而起到对管理和决策的支持作用。首先，对于经营各环节的状况进行及时反馈和跟踪，对于关键环节如库存、销售、资金运用等进行预警。其次，对于关键业务的经济指标进行计算分析，如财务运营指标、库存周转率、销售业绩评估、生产成本分析等。最后，提供企业整体运行的系统指标，从而为经营决策提供可靠的依据。

3. 食品企业信息化管理的实施运作过程

食品企业信息化管理实施运作过程包括：信息化过程的计划、组织、控制、协调和指挥。

（1）计划。对食品企业信息化过程的管理，首先要通过对企业信息化的规划，在制定企业信息化蓝图的基础上找出信息化存在的差距，确定企业信息化过程中所要解决的问题，进而确定主要实施内容、资金投入计划、实施步骤、阶段目标和考核指标等内容。

（2）组织。为食品企业信息化实施确定组织架构和职能，包括：确定首席信息总管的职权，确定信息化组织岗位，建立信息化项目团队，制定信息化管理制度，对信息化人员技能与绩效进行考核。

（3）控制。对食品企业信息化的过程进行有效控制，包括：信息系统实施项目的选择，信息化项目实施过程的管理，制定企业信息化评价体系、评价方法，对信息技术的风险进行分析管理等。

（4）协调。调节食品企业信息化过程中产生的各种矛盾，包括：首席执行官与首席信息官之间关系的协调；业务部门与 IT 部门关系的协调，提高业务战略和信息化战略一致性的协调；在不同 IT 项目之间进行资源分配的协调；对不同信息化岗位职责间的矛盾进行的协调等。

（5）指挥。通过下达命令、指示等形式，对组织内部个人施加影响，将信息化规划的目标或者领导者的决策变成全员的统一活动。

项目案例分析

燕京啤酒股份有限公司管理信息系统的应用

1. 企业背景介绍

北京燕京啤酒集团公司是 1993 年以原北京市燕京啤酒厂为核心发展组建的国家二级企业。燕京啤酒集团现拥有总资产 50 多亿元，员工 12 800 人，占地 220 万平方米，年产销能力超过 160 万吨，已经成为中国啤酒行业吨位最大的"航空母舰"。燕京啤酒集团是国家经贸委重点支持的 520 家大型企业之一，下属拥有控股子公司（厂）16 个。北京燕京啤酒股份有限公司（简称燕京啤酒）是燕京啤酒集团的上市公司，2000 年燕京啤酒完成啤酒销售量 141 万吨，实现销售收入 25 亿元，实现利税总额 9.2 亿元。

一个企业的成功固然与其生产技术息息相关，然而管理是否科学直接影响到这些先进的生产技术能否真正给企业带来效益，良好的技术只有与优秀的管理思想相结合才能产生预期的效果。作为一个大规模的企业，企业管理水平的高低依赖于其信息化建设情况和信息管理水平。企业管理系统是企业管理思想的体现。

2．燕京啤酒管理系统解决方案

（1）硬件方案。由于燕京啤酒财务、销售、仓库等部门位于不同的办公楼，办公楼之间相距上千米，为了便于各部门之间实时传递信息，加强对各部门的管理和监控，需要在公司厂区内建立一个内部网。

（2）软件应用方案。燕京啤酒管理系统主要由销售管理系统、财务系统、存货管理系统和采购管理系统等构成，目前采购管理系统为预留系统。销售管理系统包括销售开票、送货管理、运输费管理、结算管理、退货管理、退变质酒管理等模块；存货管理系统主要包括包装物周转管理、扎鲜啤酒桶周转管理和产成品库房管理等模块；财务系统主要包括总账、固定资产管理、工资管理、应收应付管理、UFO报表、现金流量表、财务分析等子系统。各模块之间实时传递信息，完全实现了销售、财务信息共享。

（3）燕京啤酒管理系统应用效果评析。燕京啤酒管理系统在实现企业信息共享、加强业务控制和利用信息加强企业管理等方面取得了显著的成效。

1）满足财务和业务协同，实现企业信息共享。销售发票一次录入，销售业务信息全公司共享，实现了数据共享和信息的有机集成，全公司各部门可以根据管理需要和相应的权限及时、准确地获取财务、业务以及管理信息；销售部门和仓库部门数据的共享，为杜绝假票现象创造了条件。在手工条件下，会出现利用假票骗取企业利益的情况，使用计算机后，只要录入票据的保密信息，系统就会自动显示该票据的全部真实信息，票据的真伪当即就可以识别。

2）降低原始数据错误率，减少企业经济损失，保证统计信息的真实性。系统对于产品和客户信息都提供了参照，可以直接从系统中选取而无须人工录入，而且在系统中选定某产品后，其对应成套包装物会自动进入销售发票。这种便捷的录入方式不仅减轻了操作员的劳动强度，而且最大限度地消除了发票原始数据错误的可能性，为企业对外报送报表和提取内部管理报表等提供了准确的数据源。

3）强化客户满意与忠诚度管理。客户是企业存在和发展的支柱，维护客户的权益，在客户心目中树立良好的公司形象至关重要。燕京啤酒在企业运作过程中强调以客户为中心的管理，因此用友公司在燕京啤酒管理系统的规划中，从大模块的设计到每个功能的实现，处处体现着这一理念。

4）加强产品管理，满足市场需求。对产品的研究分析是管理的一个重要组成部分。不同的产品适合不同的市场，不同产品的市场需求量也不同，同一种产品在不同时期的需求量也不同，这些信息不仅直接影响到产品的销售，而且决定着产品的生产。

5）业绩考核有据可依，部门、职员评价科学合理。怎样使业绩考核更科学、更有说服力，一直是理论界和实务界研究的重要课题。该管理系统为部门业绩考核、员工业绩考核提供了定量分析方法，使业绩考核更科学合理。

6）加强应收账款管理，加速资金周转。在客户数量众多的情况下，为每个客户都建立一本账，不仅可能违背成本效益原则，而且信息不准确、不及时。因此，即便企业已有很先进的应收款管理方法，手工处理方式也制约了这些方法的使用，造成应收账款管理上出现失误。在燕京啤酒管理系统中，可以进行账龄分析，通过对各客户所欠款项进行账龄分析，可以快捷、全面地了解其欠款情况，及时对应收款项进行催收，加速资金周转，减少坏账损失。同时，燕京啤酒是上市公司中采用账龄法计提坏账的第一家，账龄分析表为账龄法的使用创造了前提条件。

7）及时、准确地对外提供报表，为利益相关者提供决策信息。燕京啤酒是上市公司，其财务数据必须对外披露，为债权人、所有者、政府部门等利益相关者进行分析决策提供信息。燕京啤酒管理系统实现了财务和销售的集成，销售系统可以将有关业务信息实时进行提炼，编制成账务凭证，自动传递到财务系统。财务系统根据需要即可在 UFO 中快速生成企业所需的各种报表和分析图表。例如，可以生成对利润构成的分析图表。这不仅能保证对外报表及时、快速地获取，而且对外报表的准确性也有了可靠保障。

总而言之，燕京啤酒管理系统实现了财务业务一体化，对企业的业务进行了有效的控制，为企业管理提供了丰富的工具和手段，准确、及时地为企业提供各种对内管理报表和对外财务报表，在企业管理升级中起到了非常重要的作用。

资料来源：https://wenku.baidu.com/view/8008a56ca98271fe910ef902.html。

? 辩证性思考：

分析燕京啤酒管理信息系统管理的成功经验。

项目检测

管理知识目标检测

1．简述食品企业技术创新的概念。

2．简述食品企业技术引进和技术改造的概念。

3．简述食品企业新产品开发的策略。

4．简述食品企业技术转让的类型。

5．简述管理信息系统的基本概念及分类。

管理能力目标检测

检测项目：

选择一家食品企业，对该企业的技术和信息化管理现状进行分析，撰写该食品企业的技术和信息化管理分析方案。

检测目的：

通过训练，进一步熟悉、掌握食品企业的技术管理和信息化管理，初步具备分析食品企业技术管理和信息化管理的基本能力。

检测要求：

由班级学习委员组织全员分团队对食品企业技术管理和信息化管理分析方案进行讨论，评选三个优秀方案，在全班进行宣讲，教师进行评价。

项目 12 ●●●

食品企业管理创新

项目目标

管理知识目标

明确食品企业管理创新的概念、特点和管理创新的条件；熟悉食品企业管理创新的内容、管理创新的发展趋势和管理创新机制的内容；掌握食品企业管理创新的过程和方法。

管理能力目标

具备运用食品企业管理创新的能力。

项目导入案例

创新为魂

由中国食品科学技术学会主办的以"创新与变革"为主题的"第十七届中国方便食品大会暨方便食品展"在北京隆重召开。思念食品凭借"儿童成长营养水饺云吞"荣获 2017 年方便食品创新大奖，这是思念食品连续三年捧回奖杯。2016 年国家提出"三品战略"（增品质、提品质、创品牌），产业创新成为工业发展实现快速提升的通路。对方便食品产业而言，从产品创新到产业升级，企业可以发挥的空间非常大。思念食品在如何提升消费体验、如何迎合消费需求等方面，多年来进行着不断的创造和积累。从最早开创性地推出重量仅 3.5 克"小小汤圆"，到结合南方灌汤包特点的"金牌灌汤水饺"；随着消费升级的趋势，又开发了中西合璧的"牛魔王"牛肉水饺以及金牌虾饺；再到迎合"宝宝经济"的"儿童营养水饺云吞"……一次次创新成为企业发展的最大驱动。创新是企业的生命线。对于创新的定义，思念食品认为，不围绕消费者为中心，不根据消费者的诉求变化来改变产品特征或企业策略的就不是真正的创新，因为市场是检验创新的唯一标准。

资料来源：http://www.sina.com.cn。

(?) **辩证性思考：**

通过"创新为魂"案例，谈谈食品企业创新的重要性。

任务 1 食品企业管理创新概述

从互联网到移动互联网，从大数据到云计算，从传统化到智能化，市场在日新月异地变化。食品企业处在一个风云变幻的世界，一个充满机会与挑战的时代。面对新变化、新形势、新发展和全新的商业竞争模式，驱动企业发展的管理只有创新，食品企业才能得到生存和发展。

12.1.1 食品企业管理创新的概念、特点及条件

1. 食品企业管理创新的概念

食品企业管理创新是指食品企业管理理念创新、企业管理模式创新以及企业的管理效果创新，这三点都要遵循"创"和"新"的规律。新的管理方法一定要与传统的管理办法不同，并且要具备新颖性、先进性和价值性。管理就是创新，创新是管理的基本职能。企业管理创新的发展是螺旋上升式的，每一个创新周期都是以前一个周期为基础的，每一个创新周期又都是为下一个创新周期的发展做了铺垫和准备。管理创新只有不断地处于这种"创新—稳定—凝滞—再创新"的周期性循环过程中，企业的管理水平才能不断地得以提高。

2. 食品企业管理创新的特点

（1）创造性。以原有的管理思想、方法和理论为基础，充分结合实际工作环境与特点，积极地吸取外界的各种思想、知识和观念，在汲取合理内涵的同时，创造出新的管理思想、方法和理论。其重点在于突破原有的思维定式和框架，创造具有新属性的、增值的东西。

（2）长期性。管理创新是一项长期的、持续的、动态的工作过程。

（3）风险性。风险是无形的，对管理进行创新具有挑战性。管理创新并不总能获得成功。创新作为一种具有创造性的过程，包含着许多可变因素、不可知因素和不可控因素，这种不确定性使得创新必然存在着许多风险。这也就是创新的代价之所在。但是存在风险并不意味着要一味地去冒险，要理性地看待风险，要充分认识不确定性因素，尽可能地规避风险，使成本付出最小化，成功概率最大化。

3. 食品企业管理创新的基本条件

（1）创新主体（企业家、管理者、企业员工）应具有良好的心智模式。这是实现管理创新的关键。心智模式是指由过去的经历、习惯、知识素养、价值观等形成的基本固定的思维认识方式和行为习惯。创新主体具有的心智模式：一是远见卓识；二是具有较好的文化素质和价值观。

（2）创新主体应具有较强的能力结构。创新主体必须具备一定的能力才可能完成管理创新。创新主体应具有核心能力、必要能力和增效能力。核心能力突出地表现为创新能力；

必要能力包括将创新转化为实际操作方案的能力，从事日常管理工作的各项能力；增效能力则是控制协调加快进展的各项能力。

（3）食品企业应具备较好的基础管理条件。食品企业的基础管理主要是指一般的最基本的管理工作，如基础数据、技术档案、统计记录、信息收集归档、工作规则、岗位职责标准等。管理创新往往是在基础管理较好的基础上才有可能产生，因为基础管理好可提供许多必要的准确的信息、资料、规则，这本身有助于管理创新的顺利进行。

（4）食品企业应营造一个良好的管理创新氛围。创新主体能有创新意识，能有效发挥其创新能力，与拥有一个良好的创新氛围有关。在良好的工作氛围下，人们思想活跃，新点子产生得多而快，而不好的氛围则可能导致人们思想僵化，思路堵塞，头脑空白。

（5）管理创新应结合本企业的特点。食品企业之所以要进行管理上的创新，是为了更有效地整合本企业的资源以完成本企业的目标和任务。因此，这样的创新就不可能脱离本企业和本国的特点。在当前的国际市场中，短期内中国大部分企业的实力比西方企业弱，如果以刚对刚则会失败，若以柔克刚，则可能是中国企业走向世界的最佳方略。中国企业应充分发挥以"情、理、法"为一体的中国式管理制度的优势和特长。

（6）管理创新应有创新目标。管理创新目标比一般目标更难确定，因为创新活动及创新目标具有更大的不确定性。尽管确定创新目标是一件困难的事情，但是如果没有一个恰当的目标则会浪费企业的资源，这本身又与管理的宗旨不符。

12.1.2　食品企业管理创新的内容

大数据、云计算、网络信息技术等的迅速发展和应用，以及"互联网+企业"的新形态，在当今世界企业资本股份化、产业规模化、技术创新化、融资多元化、管理科学化、经济国际化的浪潮中，不仅为食品企业发展创新带来了新的环境和助力，同时对食品企业管理的模式和水平提出了新的、更高的要求。

1．观念创新

管理观念又称管理理念，是指管理者或管理组织在一定的哲学思想支配下，由现实条件决定的经营管理的感性知识和理性知识构成的综合体。一定的管理观念必定受到一定社会的政治、经济、文化的影响，是企业战略目标的导向、价值原则，同时管理观念必定折射在管理的各项活动中。尤其在"互联网+"思维的企业管理理念指导下，食品企业必须更多地去围绕消费者的需求，转向以消费者为中心的管理理念。没有创新的、符合时代需要的管理理念，就不能领导企业在管理中进行全面的创新，满足食品企业的发展需求。

2．营销模式创新

食品企业的经济效益大多数都来源于其消费者，消费者需求的满足联系着食品企业利润的实现，而营销就是为了寻找和满足消费者的需求，以达到食品企业营利的目的。在"互联网+"时代，消费者的需求更加多样化，而且满足其需求的途径也更加多样化。这对食品企业来说既是机遇又是挑战。想要获得更多的盈利和发展，就需要以消费者的需求和意愿为中心；通过互联网和数据挖掘与分析技术的应用，多渠道掌握消费者的消费信息并加以分类和筛选，进行精准营销和催化营销与新型业务和服务的开发；通过对食品企业市场营销活动的优化和升级，不断提高消费者的忠诚度和满意度，培养和形成固定的消费群体，为食品企业的经济效益和发展提供保证；最大限度地占有市场，提升食品企业的市场竞争力，使食品企业在长期发展中获得竞争优势。

3．组织结构创新

复杂的管理层级和封闭的管理组织结构，使得食品企业对外界的信息和变化反应变慢，不能对变幻莫测的市场和外部环境做出及时应对，以及对稍纵即逝的机会进行把握，因此，必须对食品企业的组织结构进行创新，进行"网状扁平化管理"。所谓的网状扁平化管理，也就是将食品企业分为一个个小的单位，每个单位自主运行和管理，但是之间又建立着紧密的联系，彼此之间的影响向外扩散成网状结构。

首先，在互联网时代，采用这种组织结构，可以使食品企业各部分直接与市场和消费者对接，便于对市场和消费者的各种信息进行收集、整理以及分析处理，使食品企业最快掌握市场和消费者的需求与变化，快速做出决策和行动；其次，这种组织结构与以往的组织结构的最大区别就是，其结构更加简单，消除了复杂的层级结构，每个员工都可以和企业高层进行沟通，传递信息，不再受到原来所有信息、决策以及请示和汇报都要经过层层上传和下达的约束和限制，大大加快了食品企业的反馈和决策速度；同时，由于每个单位都有较强的自主性和灵活性，都可以自主进行与外界信息的交互并及时做出反应，增加了食品企业成员的参与和利润分配，也使他们更容易进行创新，也更加符合互联网具有的平等、开放以及协作的本质。

4．人力资源管理创新

人力资源管理创新是食品企业管理创新的重中之重，有着不可替代的作用。食品企业的人才就是企业的核心竞争力。在当前"互联网+"时代的竞争中，食品企业人力资源管理面临着新的改变，也存在着一些问题，无法充分发挥其应有的作用，必须进行管理创新来适应新的发展趋势。

首先，在人才招聘方面，可以充分利用互联网平台。食品企业可以通过网络进行招聘信息的发布，并且各部门可以通过自身的具体人才需求进行分类招聘。而网络招聘的好处就在于方式比较简单，不会像以往招聘花费太长时间和太多精力，而且当出现人员流失时，也可以通过网络招聘迅速进行补充，不仅节省了成本，也提高了人力资源部门的工作效率。

其次，在培训方面，以往的人力资源管理中的员工培训多数是采用线下定期的、面对面的教学模式，这种方式容易受到诸多因素的影响，往往达不到预期的效果，而且容易影响正常的食品企业生产经营活动。当前食品企业可以充分利用网络和信息通信技术，直接在线上进行远程教学。这样一来，就不需要专门花费人力、物力和财力来组织，打破了时间和空间的限制，还可以扩大职业培训的范围和内容，可以使员工更加灵活地接受培养或者自主学习，达到更好的培训效果。

　　然后，"互联网+"时代为食品企业绩效考核带来了新的指标和内容，食品企业需要根据自身的情况进行绩效评价体系的更新；"互联网+"时代的员工在工作上表现出了更大的主动权，需要从更高层次和更切身的角度去进行激励；可以建立人力资源管理平台，进行信息共享和大数据管理，提升人力资源管理的效率和水平，为食品企业赢得更强的人才竞争力。

5．财务管理创新

　　网络技术为食品企业的财务管理，在方法和手段的创新上提供了技术支持。基于电子货币作为主要的流通方式，网上银行作为资金周转的保障，食品企业能够通过网络进行动态的和实时的财务管理。在财务管理模式的创新方面，食品企业可以进行财务管理云平台的搭建，利用这一互联网管理平台，可以对食品企业的各职能部门或者分支机构和企业整体等进行统一化管理，将财务管理的链条进行延伸和扩展，进行远程且集中的企业财务的处理和管理；也可以对所有的分支机构进行远程的（如审计、查账等）财务监管工作以及通过系统解决下属机构的常规财务问题，集中精力去解决非常规问题，大幅提高财务管理工作的效率，进一步提升食品企业自身的竞争实力。

6．文化创新

　　现代管理发展到文化管理阶段，可以说已经到达顶峰。企业文化通过员工价值观与企业价值观的高度统一，通过企业独特的管理制度体系和行为规范的建立，使得管理效率有了较大提高。创新不仅是现代企业文化的一个重要支柱，而且是社会文化中的一个重要部分。如果文化创新已成为企业的根本特征，那么，创新价值观就能得到食品企业全体员工的认同，行为规范就会得以建立和完善，食品企业的创新动力机制就会高效运转。

12.1.3　食品企业管理创新的发展趋势

1．利润最大化向企业可持续发展转变

　　把利润最大化作为管理的唯一主题，是食品企业夭折的重要根源之一。在产品、技术、知识等创新速度日益加快的今天，成长的可持续性已经成为食品企业所面临的比管理效率更重要的课题。

2．传统的要素竞争转向企业运营能力的竞争

　　提升食品企业的运营能力，就要使食品企业成为一个全新的"敏捷性"经营实体。在生产方面，它能依照用户订单，任意批量制造产品和提高服务；在营销方面，它能以用户价值为中心，丰富用户价值，生产个性化产品和服务组合；在组织方面，它能整合食品企业内部和外部与生产经营过程相关的资源，创造和发挥资源杠杆的竞争优势；在管理方面，它能将管理思想转换到领导、激励、支持和信任上来。

3．由一般合作模式转向其他形式

　　食品企业合作由一般合作模式转向供应链协作、网络组织、虚拟企业、国际战略联盟

等形式。食品企业不能只提供各种产品和服务，还必须懂得如何把自身的核心能力与技术专长恰当地同其他各种有利的竞争资源结合起来，弥补自身的不足和局限性。

4．员工的知识和技能成为重要资源

知识被认为是和人力、资金等并列的资源，并将逐渐成为食品企业最重要的资源。食品企业要更多地通过组织学习、知识管理和加强协作能力来应对知识经济的挑战，将现有组织、知识、人员和流程与知识管理和协作紧密结合起来。

5．单一绩效考核转向全面绩效管理

传统的绩效考核是通过对员工工作结果的评估来确定奖惩的，但过程缺乏控制，没有绩效改善的组织手段作为保证，在推行绩效考核时会遇到员工的反对等。因此，食品企业把绩效管理与公司战略联系起来，变静态考核为动态管理，是近年来绩效管理的显著特点。

6．信息技术改变企业的运作方式

信息技术的发展和应用，使业务活动和业务信息得以分离，原本无法调和的集中与分散的矛盾也得以解决。食品企业通过整合，能够实现内部资源的集中、统一和有效配置。借助信息技术手段，食品企业能够跨越内部资源界限，实现对整个供应链资源的有效组织和管理。

7．自身利益转变为履行社会责任

由片面追求食品企业自身利益转变为注重履行社会责任，实现经济、环境、社会协调发展。良好的食品企业社会责任策略和实践可以获取商业利益。社会责任表现良好的食品企业不仅可以获得社会利益，还可以改善风险管理，提高食品企业的声誉。

12.1.4　食品企业管理创新机制的构建

1．食品企业管理创新动力机制

食品企业管理创新动力机制是食品企业管理创新的动力来源和作用方式，是能够推动食品企业创新实现优质、高效运行并为达到预定目标提供激励的一种机制。食品企业管理创新动力机制的作用，就是激发食品企业和员工创新的积极性，推动食品企业创新的有效运行。

（1）市场拉动创新动力。市场拉动创新动力是指由于市场需求和市场竞争的影响而导致管理创新。其中，市场需求引致的创新包括，生产要素稀缺导致该要素相对价格的提高而诱致能节约该要素或寻找替代要素的创新，以及企业家独具慧眼发现新的市场机会而诱发的开发新产品、占领新市场的创新；市场竞争引致的创新，是指由于市场竞争给食品企业造成实际威胁（竞争者成功地引入创新，使食品企业在产品和服务竞争上处于劣势）和潜在威胁（如竞争者投入的规模和重点，创新投入强度和结构，科技人员的数量、素质以及普通员工的素质等），而迫使食品企业进行管理创新，战胜竞争对手，获得持续生存和发展。

（2）科技推动创新动力。科技推动创新动力是指科技发展日新月异，越来越多的先进科学技术直接服务于经济领域，从而促使食品企业不断采用先进科技进行适用性创新。仅有市场需求，没有科学技术的保障，食品企业创新是无法实现的。科技发展是推动食品企业创新的另一个决定性力量。

（3）政策激励创新动力。政策激励创新动力是指食品企业通过制定各种激发员工创新积极性、鼓励员工创新的政策和措施来推进企业不断创新发展。只有市场拉动和科技推动，而没有食品企业内部正确有效的激励政策，市场再好，科技再先进，也无法促使食品企业员工主动进行创新。

2．食品企业管理创新运行机制

食品企业管理创新运行机制的建设方面，应建立一套能够有效进行决策、指挥、控制、信息反馈的组织、制度和各种人才的合理结构，形成既能够调动创新所需的各种资源，又可以协调管理和实施创新过程中诸多环节的有机运行的组织系统，最终达到人尽其才、晋升刺激、沟通顺畅、合作有效，从而促进企业创新顺利进行。目前，一些食品企业在组织结构上存在着条块分割、各自为政等问题，严重妨碍了食品企业创新目标的实现。食品企业应在深化改革中努力地解决这个问题，建立知识、信息共享机制，使企业朝着扁平化、柔性化方向发展，从而提高食品企业的整体创新能力。

3．食品企业管理创新发展机制

食品企业管理创新发展机制是在创新利润的驱动下，食品企业充分挖掘利用和发展内部资源并广泛吸纳外部资源，加强人才、技术、资金、信息等资源储备，不断谋求创新发展的机制。现代企业处于科学技术飞速发展和竞争十分激烈的环境中，食品企业若不能不断地更新自己并有所发展，就会在市场竞争中处于不利地位，最终有可能破产倒闭。食品企业要能够不断地创新，就要有资源的储备和积累机制，处理好近期发展和长远发展的关系。在人才方面，要牢固树立"人本观念"，积极强化企业的人才优势。在技术与信息方面，除食品企业必须建立内部学习积累机制以总结企业技术经验、提高员工技术水平，从而不断提高食品企业整体技术水平和创新能力外，食品企业还必须建立技术与信息收集机构，专门负责收集相关技术和信息资料，及时跟踪国内外的科技发展动态。对一些暂时不具备独立发展技术条件的食品企业来说，应建立利用外部资源"借鸡下蛋"的机制。对具有一定技术能力和优势但不完全具备独立开发能力的食品企业，可通过与其他企业、大学或科研机构建立战略联盟以达到优势互补、互惠互利、共同发展。在资金方面，要不断拓宽融资渠道，加大对科研创新经费的投入，为食品企业员工从事创新提供必要的资金支持。

以上三种管理创新机制，不是简单的叠加，而是相互有机联系在一起的，由内在动力、有效运行、不断发展三个方面的机制构成食品企业管理创新活动不断循环增值的新机制系统，并贯穿于食品企业管理创新的整个过程中。

任务 2　食品企业管理创新的过程与方法

12.2.1　食品企业管理创新的过程

1．密切关注环境变化

食品企业必须不断地审视和调查企业的内外部环境，并从中收集潜在的创新信息。这些潜在的创新信息可能来源于食品企业面临的市场的多样化需求、其他研究活动所带来的新的机会、竞争对手的行为模式变化等。食品企业必须处理这些潜在的创新信息，并对其做出快速有效的反应。

2．筛选企业所需要的关键信息

以食品企业的发展战略为基础，结合企业的现实状况，对潜在的创新信息进行评估，做出战略选择，将食品企业的资源投入具有战略意义的创新项目中。任何食品企业的资源都是有限的，食品企业不可能对所有的创新项目都进行投入，因此食品企业必须做出正确的战略抉择，选择那些真正能够带来竞争优势的最佳机会。

3．获得资源

食品企业在做出战略抉择之后，就需要投入资源（主要是知识资源）以开发这些创新项目。食品企业可通过两种方式获取知识资源：研发和技术转移。技术转移可以使食品企业快速获得所需技术，但有时只靠这种方式不利于食品企业的长远发展，食品企业还要通过自我研发来获取资源。

4．创新验证实施阶段

经过多个阶段的发展，通过一系列具体的操作设计，将创新思想变成切实有助于食品企业资源配置的最终创新产物——外部市场的新产品和新服务，或者食品企业内部使用的新工艺和新方法，且确实在企业的管理过程中得到了验证。

5．总结阶段

总结前面各个阶段的成功和失败的经验教训，并对其进行合理评估，从中获取相关知识，从而找出改进管理创新的方式。

12.2.2　食品企业管理创新的方法

1．头脑风暴法

头脑风暴法是美国创造工程学家奥斯本在 1939 年发明的一种创新方法。这种创新方法是通过一种别开生面的小组畅谈会，在较短的时间内充分发挥群体的创造力，从而获得较多的创新设想。当一个与会者提出一个新的设想时，这种设想就会激发小组内其他成员的联想。当人们卷入"头脑风暴"的洪流之后，各种各样的构想就像燃放鞭炮一样，点燃一个，引爆一串。这种方法的规则是：

（1）不允许对别人的意见进行批评和反驳，任何人不做判断性结论。

（2）鼓励每个人独立思考，广开思路，提出的改进设想越多越好，越新越好。

（3）集中注意力，针对目标，不私下交谈，不干扰别人的思维活动。

（4）可以补充和发表相同的意见，使某种意见更具说服力。

（5）参加会议的人员不分上下级，平等相待。

（6）不允许以集体意见来阻碍个人的创造性意见。

（7）参加会议的人数不超过 10 人，时间限制在 20 分钟到 1 小时。

这种方法的目的在于创造一种自由奔放的思考环境，诱发创造性思维的共振和连锁反应，产生更多的创造性思维。讨论一小时能产生数十个乃至几百个创造性设想，适用于问题比较单纯、目标较明确的决策。这种方法在应用中又发展出"反头脑风暴法"，做法与头脑风暴法一样，对一种方案不提肯定意见，而是专门挑毛病、找矛盾。它与头脑风暴法一反一正正好可以相互补充。

2．综摄法

综摄法是由美国麻省理工学院教授戈登在 1952 年发明的一种开发潜在创造力的方法。它是以已知的东西为媒介，把毫不相关、互不相同的知识要素结合起来创造出新的设想，也就是吸取各种产品和知识精华，综合在一起创造出新产品或知识。这样可以帮助人们发挥潜在的创造力，打开未知世界的窗口。综摄法有两个基本原则。

（1）异质同化，即"变陌生为熟悉"。这实际上是综摄法的准备阶段，是指对待不熟悉的事物要用熟悉的事物、方法、原理和已有的知识去分析对待它，从而提出新设想。

（2）同质异化，即"变熟悉为陌生"。这是综摄法的核心，是对熟悉的事物、方法、原理和知识去观察分析，从而启发出新的创造性设想。

3．逆向思维法

逆向思维是顺向思维的对立面。逆向思维是一种反常规、反传统的思维。顺向思维的常规性、传统性，往往导致人们形成思维定式，是一种从众心理的反映，因此往往使人形成一种思维"框框"，阻碍人们创造力的发挥。这时如果转换一下思路，用逆向思维法来考虑，就可能突破这些"框框"，取得出乎意料的成功。逆向思维法由于是反常规、反传统的，因而它具有与一般思维不同的特点。

（1）突破性。这种方法的成果往往冲破传统观念和常规，常带有质变或部分质变的性质，因此往往能取得突破性的成就。

（2）新奇性。由于思维的逆向性，改革的幅度较大，因此必然是新奇、新颖的。

（3）普遍性。逆向思维法适用的范围很广，几乎适用于一切领域。

4．检核表法

检核表法几乎适用于任何类型与场合的创造活动，因此又被称作"创造方法之母"。它是用一张一览表对需要解决的问题逐项进行核对，从各个角度诱发多种创造性设想，以促进创造发明、革新或解决工作中的问题。实践证明，这是一种能够大量开发创造性设想的方法。检核表法是一种多渠道的思考方法，包括以下一些创造技法：迁移法、引入法、改变法、添加法、替代法、缩减法、扩大法、组合法和颠倒法。它启发人们缜密地、多渠道地思考和解决问题，并广泛运用于创造、发明、革新和企业管理上。它的要害是一个"变"字，而不把视线凝聚在某一点或某一方向上。

5. 信息交合法

信息交合法通过若干类信息在一定方向上的扩展和交合，来激发创造性思维，提出创新性设想。信息是思维的原材料，大脑是信息的加工厂。通过不同信息的撞击、重组、叠加、综合、扩散、转换，可以诱发创新性设想。要正确运用信息交合法，必须注意以下三个环节。

（1）收集信息。不少企业已设立专门机构来收集信息。网络化已成为当今食业收集信息的发展趋势。例如，日本三菱公司在全世界设置了 115 个海外办事处，约 900 名日本人和 2 000 多名当地职员从事信息搜集工作。收集信息的重点放在收集新的信息，只有新的信息才能反映科技、经济活动中的最新动态、最新成果，这些往往对企业有着直接的利害关系。

（2）拣选信息。包含着核对信息、整理信息、积累信息等内容。

（3）运用信息。收集、整理信息的目的都是为了运用信息。运用信息，一要快，快才能抓住时机；二要交汇，即这个信息与那个信息进行交汇，这个领域的信息与那个领域的信息进行交汇，把信息和所要实现的目标联系起来进行思考，以创造性地实现目标。信息交汇可以通过本体交汇、功能拓展、杂交、立体动态四个方式进行。总之，信息交汇法就像一个"魔方"，通过各种信息的引入和各个层次的交换会引出许多系列的新信息组合，为创新对象提供了千万种可能性。

6. 模仿创新法

人类的发明创造大多是由模仿开始的，然后进入独创。勤于思考就能通过模仿做出创造发明，当今有许多物品模仿了生物的一些特征，以致形成了仿生学。模仿不仅被用于工程技术、艺术，也被应用于管理方面。

项目案例分析

双汇集团：创新发展引领转型升级

在经济新常态下，供给侧改革加速，原材料及环保成本持续上升。企业如何才能顺势而变加快发展？双汇集团的选择是，用创新引领转型升级。

紧紧围绕"调结构、扩网络、促转型、上规模"的经营方针，双汇集团加快改革创新和转型升级的步伐，企业规模、效益连创历史新高。2016 年，双汇集团控股股东万洲国际成功跨入世界 500 强，成为全省唯一一家进入世界 500 强的企业，也是全国进入世界 500 强的唯一一家食品企业。2017 年，万洲国际又成功入选恒生指数成分股，成为唯一在列的肉类食品加工企业，彰显了企业在国际资本市场的地位和影响力。

创新整合资源，完善产业布局。充分利用国内外两种资源、两个市场，实现优势互补、协同效应，推动质量、技术、管理、市场与国际接轨。近两年来，双汇集团先后投入 30 多亿元，引进世界先进技术、设备和工艺，快速推进郑州美式工厂、上海西式工厂等陆续建成投产，产业布局更加完善，智能化水平不断提高，"国际范儿"更足。

创新技术市场，推动技术创新和渠道变革。改组技术中心，把研发中心由一个变成八个，进一步增强企业研发能力；加快网络建设，成立新渠道销售队伍和省级办事处。新技术、新渠道的变革，激发了企业的活力，增强了企业顺应市场、引领消费的竞争力。

创新产品研发，加快结构调整步伐。围绕七大产品战略，高温、低温、中式、西式、休闲、调理等各类产品一齐上。以"进厨房、上餐桌"为新产品研发方向，研发投产多种适合家庭消费和餐饮企业的新产品。推出高档美式、欧式的培根、火腿、香肠，使中国消费者在家门口就能品尝到纯正美式、欧式产品，引领了肉类消费趋势。

创新营销模式，讲好产品故事。适应新时代、新消费的变化，双汇集团坚持传统媒体和新媒体联合投入，线上线下营销相结合，通过事件营销、体验营销、跨界营销、动漫视频和有血有肉的小故事，拉近了产品与消费者之间的情感距离，增强了消费黏性与品牌活力。

创新发展业态，优化企业生态环境。2016 年，双汇财务公司获批运营，进口肉类口岸漯河查验区投入运行，国际贸易顺势展开。进入 2017 年，双汇集团积极筹建双汇电商，加快实现实业与互联网、金融、国际贸易融合发展。

资料来源：漯河日报，2017-12-05。

？辩证性思考：

双汇集团是从哪些方面进行创新发展引领转型升级的？

项目检测

管理知识目标检测

1．简述食品企业管理创新的概念和特点。

2．简述食品企业管理创新的内容。

3．简述管理创新应具备的条件。

4．简述食品企业管理创新机制的内容。

5．简述食品企业管理创新的过程和方法。

管理能力目标检测

检测项目：

选择一家食品企业，对该企业管理创新的现状进行分析，撰写该食品企业的管理创新分析方案。

检测目的：

通过训练，进一步熟悉、掌握食品企业的管理创新，初步具备分析食品企业管理创新的基本能力。

检测要求：

由班级学习委员组织全员分团队对食品企业管理创新分析方案进行讨论，评选三个优秀方案，在全班进行宣讲，教师进行评价。

附 录 ● ● ●

"制订 XX 食品公司企业管理方案"工学结合团队项目任务化实践培养模式

1. "制订××食品公司企业管理方案"工学结合团队项目任务化实践培养模式的特色

选择两家经营状况一般或经营处于低谷的中小型食品企业进行企业管理实践,根据"食品企业管理"课程的培养目标,设计 13 个"××食品公司市场营销方案"工学结合团队项目任务,让学生针对选择的食品企业运用学习的企业管理理论和方法同步进行分析、诊断、解决,形成实践培养模式的特色。

(1)改变了传统的由教师依据每个项目内容主观设计实训内容和方式的做法。

(2)改变了课后主观设计实训内容和方式,采取课前按照企业管理岗位工作内容和工作任务整体设计实训内容和方式,与学习内容同步进行。

(3)改变了传统实训方式"空对空"(虚)缺乏针对性、实践性的做法。学生针对客观存在的、活生生的管理存在问题的食品企业进行诊断、解决,变"虚"为"实"。

(4)由于学生毕业后大多数要到中小型企业工作,所以选择了中小型企业作为实训对象,为"零距离上岗"打下基础。

(5)采用团队化运作、项目管理的方式,培养学生的团队意识。

因此,"制订××食品公司企业管理方案"团队项目任务化实践培养模式体现了职业性、实践性、技能性,使学生在真实的食品企业管理环境中体验食品企业管理的实践活动,有利于学生职业能力和社会能力的培养。

2. "制订××食品公司企业管理方案"工学结合团队项目任务化实践培养模式的培养目标

"制订××食品公司企业管理方案"工学结合团队项目任务化实践培养模式是为了保证实现食品企业管理的培养目标,因此,实践培养模式的培养目标就是食品企业管理的培养目标。

（1）管理知识目标。

1）熟悉食品企业管理的基本理论和基本方法。

2）掌握食品企业的经营管理、生产管理、质量管理、人力资源管理、信息化管理的内容和方法。

在"制订××食品公司企业管理方案"的实践中，是学生再次学习、认知、消化、掌握食品企业管理理论和方法的过程。

（2）管理能力目标。

1）培养发现、分析食品企业管理问题的能力。

2）培养解决食品企业管理问题的能力。

3）培养管理创新的能力。

4）培养撰写食品企业管理方案的能力。

5）制作 PPT 的能力，宣讲食品企业管理方案与答辩的能力。

（3）社会能力目标。

1）培养管理道德。

2）培养交际沟通的能力。

3）培养团队合作的能力。

4）培养自我管理、自我培养的能力。

3."制订××食品公司企业管理方案"工学结合团队项目任务化实践培养模式的内容

项目实践 1 团队组建

项目任务："制订××食品公司企业管理方案"团队组建项目任务书。

项目目的：体验团队化运作的过程，培养团队意识与团队管理的能力。

项目任务内容：开课前，在教师指导和自愿选择的基础上，学生按 4~6 人进行分组，组成"制订××食品公司企业管理方案"团队，每个团队按照项目任务进行目标管理。每个团队民主选举队长，由队长组织团队成员进行 CIS 设计，确立团队理念。根据团队理念，设计队名、队旗、队歌及团队管理制度，并将设计的队旗张贴在教室的墙上。每次上课时，每个团队由队长带领成员展示团队形象，朗诵队名、团队理念，合唱队歌，激励大家增强团队意识，培养学生团队意识与合作的能力。

项目完成时间：2 课时。

项目实践准备要求：在团队组建过程中，要调动全员的积极性，使全员参与设计队名、队旗、队歌及团队管理制度，共同体验团队化运作。在团队完成"制订××食品公司企业管理方案"的过程中，实行目标管理，有分工又有合作，防止有人没事干的现象出现。

项目实践 2 食品企业调查研究项目

项目任务：食品企业调查研究项目任务书

项目目的：在完成项目实践 1 后，每个团队制订××食品企业管理现状调研计划，带着问题到××食品公司进行参观、访问、座谈，了解和熟悉食品企业概况，重点了解食品企业管理现状，为运用食品企业管理理论和方法解决食品企业管理问题打下基础。

项目任务内容：

1）了解食品企业基本概况。

2）了解食品企业管理现状，包括战略、组织、经营、生产、技术、质量、安全、人力资源等。

3）了解食品企业管理发展的瓶颈。

4）分析食品企业管理存在的问题。

项目完成时间：4 课时。

项目成果与考核：通过对××食品公司企业管理现状的调查研究，每个团队"制订××食品公司企业管理现状的分析方案"，在"××食品公司企业管理现状研讨会"上宣讲，由同学们评议、教师评价，达到交流、提高的目的。

项目实践 3　食品企业组织方案

项目任务："制订××食品公司企业组织方案"项目任务书。

项目目的：运用食品企业组织管理的内容，通过对××食品公司组织现状的分析，培养学生运用食品企业组织管理理论对食品企业组织现状进行分析的能力。

项目任务内容：

1）熟悉食品企业组织管理的内容。

2）掌握食品企业组织管理的方法。

3）对食品企业组织现状进行分析。

4）撰写食品企业组织管理方案。

项目完成时间：2 课时。

项目成果与考核：通过对食品企业组织现状的分析，每个团队撰写食品企业组织管理方案，在"××食品公司组织管理方案研讨会"上宣讲，由同学们评议，教师评价，达到交流、提高的目的。

项目实践 4　食品企业经营管理方案

项目任务："制订××食品公司企业经营管理方案"项目任务书。

项目目的：运用食品企业经营管理的内容，通过对××食品公司经营现状的分析，培养学生运用食品企业经营管理理论对食品企业经营管理现状进行分析的能力。

项目任务内容：

1）熟悉食品企业经营管理的内容。

2）掌握食品企业经营管理的方法。

3）对食品企业经营现状进行分析。

4）撰写食品企业经营管理方案。

项目完成时间：2 课时。

项目成果与考核：通过对食品企业经营现状的分析，每个团队撰写食品企业经营管理方案，在"××食品公司经营管理方案研讨会"上宣讲，由同学们评议、教师评价，达到交流、提高的目的。

项目实践5 食品企业营销管理方案

项目任务："制订××食品公司企业营销管理方案"项目任务书。

项目目的：结合食品企业营销管理的内容，通过对××食品公司营销管理现状的分析，培养学生运用食品企业营销管理理论对食品企业营销管理现状进行分析的能力。

项目任务内容：

1）掌握食品企业营销管理的理论。

2）掌握食品企业营销管理的方法。

3）对食品企业经营现状进行分析。

4）撰写食品企业营销管理方案。

项目完成时间：2课时。

项目成果与考核：通过对×食品企业营销管理现状的分析，每个团队撰写食品企业营销管理方案，在"××食品公司营销管理方案研讨会"上宣讲，由同学们评议、教师评价，达到交流、提高的目的。

项目实践6 食品企业生产管理方案

项目任务："制订××食品公司企业生产管理方案"项目任务书。

项目目的：结合食品企业生产管理的内容，通过对××食品公司生产管理现状的分析，培养学生运用食品企业生产管理理论对食品企业生产管理现状进行分析的能力。

项目任务内容：

1）掌握食品企业生产管理的内容。

2）掌握食品企业生产管理的方法。

3）对食品企业生产管理现状进行分析。

4）撰写××食品公司生产管理方案。

项目完成时间：2课时。

项目成果与考核：通过对××食品公司生产管理现状的分析，每个团队撰写××食品公司生产管理方案，在"××食品公司生产管理方案研讨会"上宣讲，由同学们评议、教师评价，达到交流、提高的目的。

项目实践7 食品企业人力资源管理方案

项目任务："制订××食品公司企业人力资源管理方案"项目任务书。

项目目的：结合食品企业人力资源管理的学习内容，通过对××食品公司人力资源管理现状的分析，培养学生运用食品企业人力资源管理的理论与方法，对食品企业人力资源管理分析的能力。

项目任务内容：

1）掌握食品企业人力资源管理的内容。

2）掌握食品企业人力资源管理的方法。

3）对食品企业人力资源管理现状进行分析。

4）撰写××食品公司人力资源管理方案。

项目完成时间：2 课时。

项目成果与考核：通过对××食品公司人力资源管理现状的分析，每个团队撰写××食品公司人力资源管理方案，在"××食品公司人力资源管理方案研讨会"上宣讲，由同学们评议、教师评价，达到交流、提高的目的。

项目实践 8　食品企业质量管理方案

项目任务："制订××食品公司企业质量管理方案"项目任务书。

项目目的：结合食品企业质量管理的学习内容，通过对××食品公司的质量管理方案的制订，培养学生运用食品企业质量管理理论，为食品企业制订质量管理方案的能力。

项目任务内容：

1）掌握食品企业质量管理的内容。

2）掌握食品企业质量管理的方法。

3）对食品企业质量管理现状进行分析。

4）撰写××食品公司质量管理方案。

项目完成时间：2 课时。

项目成果与考核：通过对××食品公司质量管理现状的分析，每个团队撰写××食品公司质量管理方案，在"××食品公司质量管理方案研讨会"上宣讲，由同学们讨论、教师评价，达到交流、提高的目的。

项目实践 9　食品企业信息化管理方案

项目任务："制订××食品公司企业信息化管理方案"项目任务书。

项目目的：结合××食品公司信息化管理的内容，通过对××食品公司的信息化管理方案的制订，培养学生运用食品信息化管理理论和方法，为食品企业制订信息化管理方案的能力。

项目任务内容：

1）掌握食品企业信息化管理的内容。

2）掌握食品企业信息化管理的方法。

3）对食品企业信息化管理现状进行分析。

4）撰写××食品公司信息化管理方案。

项目完成时间：2 课时。

项目成果与考核：通过对××食品公司信息化管理的分析，每个团队撰写××食品公司信息管理方案，在"××食品公司信息管理方案研讨会"上宣讲，由同学们讨论、教师评价，达到交流、提高的目的。

项目实践 10　食品企业管理方案

项目任务："制订××食品公司企业管理方案"项目任务书。

项目目的：运用食品企业管理的理论和方法，通过对××食品公司企业管理方案的制订，培养学生运用食品企业管理的理论和方法，为××食品公司进行管理诊断、策划的能力，培养学生撰写企业管理方案的能力，培养学生制作 PPT、宣讲答辩方案的语言表达能力，为"零距离上岗"打下基础。

项目任务内容：

1）在进行食品企业管理单项实训的基础上，形成××食品公司整体企业管理方案。

2）学习××食品公司企业管理方案的写作方法。

3）撰写具有特色的××食品公司企业管理方案，制作 PPT。

4）宣讲、答辩企业管理方案。

5）分析、评价企业管理方案。

项目完成时间：8 课时。

项目成果与考核：

1）通过"制订××食品公司企业管理方案"，每个团队撰写企业管理方案后，在"××食品公司企业管理方案研讨会"上宣讲，由同学们讨论、教师指导，达到交流、提高、结业的目的。

2）考核方法。完成"制订××食品公司企业管理方案"项目后，评选优秀的"制订××食品公司企业管理方案"，在全系进行展示，推荐给××食品公司参考，密切产学关系。实践考核由个人"平时成绩 + 团队中个人表现 + 团队合作成果"三个部分构成。

① 个人平时成绩。主要考核平时的课堂纪律、学习态度、学习的积极性和主动性、个人课业完成质量、服从意识及课堂表现。

② 团队中个人表现。主要考核团队活动参与态度、为团队做贡献、对外沟通交往表现、克服学习困难表现、积极进行答辩、敢于发表自己的意见。

③ 团队合作成果。主要考核企业管理方案具有一定的创新性、方案具有可行性，能够具体实施并能取得一定的效果，符合一份企业管理方案的内容要求和格式的要求，封面、目录等齐全，PPT 的制作美观大方。

参考文献 ● ● ●

[1] 马兴胜. 食品工业企业管理[M]. 北京：中国轻工业出版社，2013.

[2] 王小兵. 现代企业管理[M]. 上海：上海交通大学出版社，2015.

[3] 万强，苏朝霞，王闯. 管理学基础[M]. 北京：教育科学出版社，2014.

[4] 刘磊，曾红武. 管理学基础[M]. 第 2 版. 北京：电子工业出版社，2016.

[5] 毛艳丽，李升全. 物流基础[M]. 北京：高等教育出版社，2015.

[6] 孔凡生. 现代企业管理[M]. 北京：北京邮电大学出版社，2016.

[7] 刘厚钧. 食品营销[M]. 北京：电子工业出版社，2017.

反侵权盗版声明

电子工业出版社依法对本作品享有专有出版权。任何未经权利人书面许可，复制、销售或通过信息网络传播本作品的行为；歪曲、篡改、剽窃本作品的行为，均违反《中华人民共和国著作权法》，其行为人应承担相应的民事责任和行政责任，构成犯罪的，将被依法追究刑事责任。

为了维护市场秩序，保护权利人的合法权益，我社将依法查处和打击侵权盗版的单位和个人。欢迎社会各界人士积极举报侵权盗版行为，本社将奖励举报有功人员，并保证举报人的信息不被泄露。

举报电话：（010）88254396；（010）88258888

传　　真：（010）88254397

E-mail：　dbqq@phei.com.cn

通信地址：北京市万寿路 173 信箱

　　　　　电子工业出版社总编办公室

邮　　编：100036